厚德博學
經濟匡時

国家社会科学基金一般项目"不完整合约下的互信机制研究"（项目批准号17BJY208）

"2022年度经济学院精品教材建设经费"（项目号2022120020）

"2019年虚拟仿真实验项目"（项目号2019950913）

匡时 经济学系列

|第2版|

实验经济学

方法与实例

杜宁华 著

上海财经大学出版社

图书在版编目(CIP)数据

实验经济学:方法与实例 / 杜宁华著. —2版. —上海:上海财经大学出版社,2023.1
(匡时·经济学系列)
ISBN 978-7-5642-4096-7/F·4096

Ⅰ. ①实… Ⅱ. ①杜… Ⅲ. ①经济学-教材 Ⅳ. ①F069.9

中国版本图书馆 CIP 数据核字(2022)第 220056 号

策划编辑:刘　兵
责任编辑:石兴凤
封面设计:张克瑶
版式设计:朱静怡

实验经济学:方法与实例(第2版)

著　作　者:杜宁华　著
出版发行:上海财经大学出版社有限公司
地　　址:上海市中山北一路 369 号(邮编 200083)
网　　址:http://www.sufep.com
经　　销:全国新华书店
印刷装订:上海新文印刷厂有限公司
开　　本:787mm×1092mm　1/16
印　　张:17(插页:2)
字　　数:332 千字
版　　次:2023 年 1 月第 2 版
印　　次:2023 年 1 月第 1 次印刷
印　　数:3 001—6 000
定　　价:49.00 元

《实验经济学》第一版前言

经济学在不久以前仍被看成一门无法实验的学科。今天,许多学者仍然围绕"经济学能否实验"争论不休。

在 2000 多年前亚里士多德时代,物理学被视作无法实验的学科。经过 400 余年前伽利略等前驱的开创性探索,当代物理学已经成为毋庸置疑的实验科学。类似地,由于生物学的研究对象是活体,因此在相当长的一段时间内生物学也被视作无法实验的学科。19 世纪,经过孟德尔、巴斯德等科学家的不断努力,今天的生物学显然已经成为一门重要的实验科学。

那么类似的推论能否用于经济学?

正如恩格斯所指出的:"社会一旦有技术上的需要,则这种需要会比十所大学更能把科学推向前进。"在物理学和生物学中出现实验的根本原因是在该学科内出现了不采用实验手段则无法回答的问题。而当代的实验经济学在诸多领域的应用中取得了成功、受到了越来越普遍的关注的根本原因是在现实生活的经济实践中,针对体制转轨的需求,经济实验对新提案的验证具有不可替代的优势。

外部环境迅速变化、新技术大量涌现后,现实变得不可理解,也使未来充满不确定性,这迫使决策者做出选择比任何时候都更加强烈。但任何改革都是利益关系和行为模式的调整,旧体制通常表现出顽固的惯性。体制一旦发生转变,结果不可逆,这使得决策者对于各种政策建议和新提案不得不谨慎小心,力求进行完整、周密的验证。在我国经济社会发展进入关键阶段后,如何选择改革的总体方案和改革的优先顺序尤为重要,未经审慎考虑,不仅不能达到预期的效果,还有可能加剧原先就存在的弊端。最为不利的是,实施新方案失利会对今后进一步的改革造成巨大的负面影响。

比如成品油的价格改革。在新一轮经济周期中,国际石油价格从不足 20 美元/桶上涨到 100 多美元/桶。为了维护社会稳定,政府没有相应调整成品油的出厂价格,这使得炼油厂成本上升,利润减少,缺乏扩大生产的冲动。成品油价低于国际市场价格,却鼓励着社会消费需求的扩张。目前,一些地方出现的汽车排队加油现象恰反映出价格扭曲的后果。在通货膨胀预期较强的情况下,政府可以调整成品油的价格从而反映真实的供求关系吗?如果进行此类价格改革,则会引发通货膨胀吗?不同收入阶层的利益群体会受到哪些影响?出租车司机会抗议吗?改革的边际成本和边际收益是什么?

因此,能否寻找出一种办法,针对新的体制提案可能出现的问题事前进行相对完整、周密的考查,自然就成了体制改革进程中的难点和关键。建立在现代经济理论和技术基础上的经济实验方法的特定优势是:经济实验由于为分析各种不同市场机制的特性提供了工具,因此能在保证改革平缓稳定的前提下适当加速改革进程。经过恰当设计的经济实验能用于检验市场机制的适应性,即考查在经济环境发生了大幅度变化的情况下,该机制是否仍然有效。从所需要回答的问题出发,研究人员可以针对实施新市场机制最有可能出现风险的各种情形设计实验环境,有的放矢地进行实验,以避免机制设计失误所造成的社会损失。

我国在改革开放中采用了"总体渐进"和"试点先行"的路径。经济实验与这些措施在力求降低改革的风险和成本这一指导思想上是完全一致的。但经济实验与通过原型试点积累经验的各种做法在方法论上又有着重大的区别:与原型方法相比,一方面,经济实验所回答的研究问题更单一。每个经济实验只考查一种政策的效果、一种机制的特征。另一方面,经济实验所采用的技术工具更规范。在现实生活的经济实践中有多种因素发挥作用的情形下,经济实验方法要求而且能够将与研究人员的问题无关的因素控制起来,集中考查某一特定因素对具体的经济现象的作用。此外,与原型方法相比,经济实验的成本更低廉。

面对体制改革的要求,如何运用经济实验方法在改革的具体实践中形成中国特色,将是极具挑战性和创新潜力的一项工作。实验经济学能否在我国获得成功,取决于三个方面:首先是政府和有关部门的重视。重视不仅仅表现在从财政上支持经济实验,更应当表现在需要解决问题时用到经济实验。其次是科研团队的建设。我们需要相当一批学者组成分工协作的跨学科的团队来运行经济实验。任何涉及实验的科学研究,都不可能是由一两个人独自完成的。最后,最重要的一点是政府与科研团队的合作,寻找当前我国亟待解决同时又适于用经济实验回答的问题,通过适当的切入点推动我国实验经济学的发展。

随着经济实验在决策、博弈、产业组织、拍卖和资产市场等领域中所取得的成果被介绍到我国,近年来,国内越来越多的学者也开始关注实验经济学。然而,如何通过经济实验来解决我国特有的问题才是我们推动实验经济学的根本目的。当前,"到底应当如何设计实验"对许多学者而言仍然是个困扰。

《实验经济学》一书站在方法论的高度，回答了实验经济学是做什么的，对实验经济学的基本架构和实验设计的基本方法进行了系统的阐述。针对实验设计的各个环节，本书对实验设计所需要的各种工具进行了详细的介绍。最后，本书还给出了一个运用经济实验的手段回答研究问题的实例。对那些希望把经济实验纳入研究手段的学者来说，本书既是对经济学中实验思想的纲领性概括，又是指导初学者动手设计实验的有效教材。

本书作者杜宁华，现为上海财经大学经济学实验室主任。杜宁华于2005年在美国亚利桑那大学取得经济学博士学位。亚利桑那大学的经济科学实验室是北美最早成立的实验经济学研究基地，其创建人弗农·史密斯（Vernon Smith）因为对实验经济学方法论的贡献于2002年获得诺贝尔经济学奖。除弗农·史密斯之外，亚利桑那大学还先后有伊丽莎白·霍夫曼（Elizabeth Hoffman），马克·艾萨克（Mark Isaac），吉姆·考克斯（Jim Cox），杰文·麦凯布（Kevin McCabe），阿姆农·拉波波特（Amnon Rapoport），马丁·杜夫文伯格（Martin Dufwenberg）等世界知名的实验经济学家和博弈论专家驻足。杜宁华在研读博士课程期间修习了弗农·史密斯开设的实验经济学课程，其博士论文的主要指导教师是杰文·麦凯布和马丁·杜夫文伯格。

作为最早从北美回到我国内地的研究实验经济学的学者，2004年杜宁华博士就已经在中国经济五十人论坛的第58期做了题为"实验经济学：方法论与现实意义"的报告，将实验经济学的方法论介绍到我国。正是由于杜宁华的加盟，上海财经大学增设了"实验经济学"这一博士专业，作者本人是该专业的博士生导师。杜宁华博士的专长领域是运用实验的手段回答各种与市场机制相关的问题，他的一些论文已经开始陆续被国际刊物接受。《实验经济学》一书的出版，无疑填补了我国经济学界的又一项空白。

刘 鹤
2008年6月16日

再版说明

距2008年《实验经济学》第一版出版已经有14年的时间。当时作者写这本书,是希望对实验经济学:方法与实例的方法论进行梳理。在英文著作中,由阿尔文·罗恩(Alvin Roth)和约翰·卡格尔(John Kagel)所编辑的、众多著名实验经济学家参与撰写的《实验经济学手册》是实验经济学最重要的参考书。这本手册对实验经济学的各个应用领域进行了文献综述,但并没有告诉读者实验该怎么做。丹·弗里德曼(Dan Friedman)和施亚姆·森德(Shyam Sunder)所编著的实验经济学教材的出发点是帮助初学者设计实验,但该教材对实验设计方法的介绍又显得有些浅显简略。21世纪初,我国实验经济学研究尚处于起步阶段。本书系统地讨论了实验设计方法,为那些期望运用实验手段回答研究问题的学者提供了帮助。2010年,作者的《实验经济学教程》以2008年版的《实验经济学》为基础,补充了章节练习题、实验说明的撰写、实验程序的开发方法与实验运行实例。

进入21世纪以来,实验经济学产生了新的动向与变化。第一,从研究方法上,实地实验(Field Experiment)日益受到重视。近年来,学界对经济学实验的批评集中在实验结论的外部有效性上(见本书第六章参考文献Levitt和List,2007)。比如,经济学的实验室实验通常征召本科生作为实验参加者,支付相对较低的报酬,而实验在较短的时间内完成。如果参加者群体发生变化(如经验丰富的从业者)、报酬规模发生变化、实验环境是现实生活中的市场,那么实验结论是否也会发生变化?实地实验是对这类质疑的有力回应。实地实验是介于实验室实验与完全基于现实市场所自然产生的数据的观察性实证方法之间的一种实证手段。实地实验与实验室实验相同的是,研究人员将实验参与者随机分配到不同的实验条件中去,从而能有效避免样本选择或内生性造成的系统性偏差。但实地实验在现实生活中的市场里进行,从而研究人员对实验的控制不如实验室实验完美。1995年以前,只有不到20篇的实地实验论文发表在经济学国际刊物上,实验的研究内容以劳动经济学的问题为主。1995年至2010年之间,有近百篇实地实验论文发表。2010年以后,实地实验论文普遍见于经济学五大顶级国际刊物,实地实验的研究内容遍及各个经济学应用领域。特别需要提到的是,实地实验近年来在社会政策研究领域取得成功,已逐步成为国际上制定发展政策的关键环节。自2003年起,反贫困行动实验室(The Abdul Latif Jameel Poverty Action Lab,J-PAL)和贫困行动创新组织(Innovations for Poverty Action,IPA)已在全球多个国家或地区开展了信贷、教育等领域的扶贫随机参照实验评估研究,实证研究结果也被广泛应用于南亚、非洲和拉丁美洲等地区和发展中国家政府的决策中。J-PAL的创始人阿比吉特·班纳吉(Abhijit Banerjee)和埃斯特·迪弗洛(Esther Duflo)作为实地实验经济学家,也因其对全球减贫发展的贡献荣获2019年诺贝尔经济学奖。

第二,21世纪,实验经济学的另一个发展动向是研究领域呈跨学科发展,实验经济学与行为经济学、微观机制设计密切结合,出现了行为机制设计这一新的研究热点。行为经济学(Behavioral Economics)是将心理学的研究成果引入经济分析的经济学新分支。从发展趋势看,在20世纪90年代之前,行为经济学家的研究重心是识别心理约束在市场活动中的作用,而关注机制设计问题的传统实验经济学家的研究重心是运用实验手段实现市场设计(成功案例包括拍卖机制设计、择校机制设计、器官移植匹配等),两者看似并无交集。但进入21世纪后,如何将行为经济学中已得到验证的心理约束机制引入市场设计,即通过"行为机制设计"改善市场效率,已经成为当下研究的热点。实验经济学是检验行为机制的核心实证手段。行为机制设计能否在中国国情的基础之上取得成功,取决于对中国的具体环境、特定需求以及道德认同感的深刻理解。包括作者在内,国内已有部分学者从事行为机制设计的研究工作。

第三,还有一个需要提到的变化是,过去十几年实验经济学在国内取得了巨大进展,现在国内有数百名学者从事实验经济学的研究工作,大量在国内完成的实验室实验和实地实验成果已发表在经济学国际一流刊物乃至经济学五大顶级国际期刊上。以作者本人为例,作者与加里·查尼斯(Gary Charness)和杨春雷合作进行的信誉机制实验是在上海财经大学的实验经济学实验室完成的。该项研究于2011年发表于博弈论与实验经济学领域的顶级国际期刊 *Games and Economic Behavior*,这也是在国内完成的实验室实验首次见于经济学国际一流刊物。时至今日,上海财经大学经济学院已有多名优秀青年学者从事实验经济学研究,研究成果发表在 *American Economic Review*,*Econometrica*,*Quarterly Journal of Economics* 等经济学五大顶级刊物,*Management Science* 等管理学顶级刊物,*Journal of Economic Theory*,*Games and Economic Behavior*,*Quantitative Economics* 等国际一流刊物,以及《经济研究》《管理科学学报》等国内权威期刊;国内其他兄弟院校的实验经济学学者在国际国内取得优异成绩的,更是不胜枚举。总之,国内有一批学者将实验经济学的基本方法与我国国情相结合,研究成果也开始走入国际视野。中国早已不是实验经济学领域的不毛之地,国内学者开始在国际上产生越来越重要的影响:Economic Science Association(实验经济学的国际学术组织)开始陆续有国内学者担任学术职务,而 *Management Science*,*Journal of Economic Behavior and Organization*,*Journal of Behavioral and Experimental Economics* 等接受实验经济学论文的知名国际刊物也有国内学者担任编辑工作。

本书的目标是将这些新变化反映出来。在实验方法论部分,补充了实地实验与其他观察性实证方法的章节,详细讨论了实验室实验、实地实验与观察性实证方法之间的异同、优劣和各自的适用范围。实地实验的设计和实施,与实验室实验相比有其特殊性和难点,章节中详细介绍了相关的解决办法。《实验经济学:方法与实例》第二版还补充了"实验实施实例"。一方面,这些研究实例的核心是探究如何运用当代行为与实验经济学的理论方法,基于中国国情进行"行为机制设计":具体而言,就是科学地考察传统规范所形成的心理约束,在何种条件下能作为"非正式制度"、在当下的经济运行中成为"正式制度"的有效补充;另一方面,这些"行为机制设计"实例都来自作者过去十年间的研究项目。这些研究项目采用实验方法,考察特定的社会心理约束在特定的经济环境下所发挥的作用。作者期望这些实例能为现代市场制度下基于中国情境的行为机制设计,特别是推动后续的系统性研究带来启发;更进一步说,在提炼和总结社会规范在我国资源配置中如何发挥作用的过程中,希望这些实例能成为众多支撑点之一。与本书所讨论的实验设计方法相呼应,作者的两个"行为机制设计"实例:一个是在上海财经大学实验经济学实验室进行的实验室实验,另一个是在国内的互联网小微信贷市场上进行的实地实验。

本书结构如下:上篇介绍实验设计方法,设计方法包括新补充的实地实验方法的相关内容;中篇是"实验运行指南",包括实验说明的撰写、实验程序开发方法和撰写实验说明、编写实验程序的范例;下篇"实验实施实例"中,首先对现代市场制度下的行为机制设计做了一般性的介绍,随后讨论了劳动力市场中的行为机制设计和资本市场中的行为机制设计两个案例。

对《实验经济学》第二版还需要进行两点补充说明:第一,《实验经济学》第一版的第六章是作者博士论文的一部分,作为实验设计的案例出现。从全书的整体结构和内容一致性考虑,第二版中这部分不再保留。第二,第二版的中篇"实验运行指南"部分所介绍的实验开发程序和范例,保留了《实验经济学教程》中的内容,以作者本人在2010年前后为自己的实验所编写的 Visual Basic(VB)实验程序为主,以 *z*-Tree 为辅。要注意的是,2020年以后的实验开发程序中,*z*-Tree 占主流,而基于 Python 的 oTree

迅速增长。作者经反复权衡考虑仍保留VB的原因如下：(1)VB面向对象的基本思想在用户界面设计中并没有过时；(2)用VB控件所实现的实验室实验的信息传递具有普遍性意义。因此，在本书的第八章和第九章中，建议读者重点关注面向对象的程序设计方法，从任务(Task)到对象(Object)到事件(Event)的程序规划步骤，以及实验室实验信息传递的基本原则，而VB的程序代码与文档仅供参考。

最后，感谢国家社会科学基金一般项目"不完整合约下的互信机制研究"(项目批准号17BJY208)、上海财经大学经济学院"2022年精品教材建设"项目，上海财经大学实验中心"2019年虚拟仿真实验项目"所提供的资助。

杜宁华
2022年12月8日

目 录

《实验经济学》第一版前言　/1
再版说明　/1

上篇：实验设计方法

第一章　导论　/1
第一节　"智能"市场：运用经济实验进行市场机制设计的实例　/1
第二节　经济实验：一个微型经济系统　/6
第三节　实验经济学与经济学的其他学科分支之间的关联　/12
第四节　经济实验的应用范畴　/13
第五节　实施经济实验的基本条件　/17
第六节　经济学研究从实验中得到了什么　/19
练习题　/21
参考文献　/22

第二章　实验设计初探　/23
第一节　实验设计中的基本术语和基本问题　/23
第二节　有效的实验设计所具备的基本特征　/34
第三节　实验设计的基本步骤　/35
第四节　实验设计的简例：从女贵族品茶的故事中得到的启示　/36
练习题　/38
参考文献　/39

第三章　随机设计　/40
第一节　随机化的基本思路　/40
第二节　完全随机设计　/42
第三节　完全随机设计下的方差分析　/45

第四节　随机区组设计　/ 48
练习题　/ 51
参考文献　/ 52

第四章　多因素问题　/ 54
第一节　拉丁方简介　/ 54
第二节　拉丁方的方差分析　/ 58
第三节　拉丁矩　/ 60
第四节　因子实验　/ 62
练习题　/ 67
参考文献　/ 70

第五章　假设检验　/ 71
第一节　关于均值的参数检验　/ 71
第二节　关于方差和均值差的参数检验　/ 73
第三节　非参数检验方法　/ 74
练习题　/ 79
参考文献　/ 81

第六章　实地实验与其他实证方法　/ 82
第一节　影响评估与实证方法分类　/ 83
第二节　观察性实证方法　/ 86
第三节　准实验　/ 91
第四节　实地实验　/ 93
第五节　实地实验的实施　/ 97
练习题　/ 101
参考文献　/ 101

中篇：实验运行指南

第七章　如何撰写实验说明　/ 105
第一节　撰写实验说明的基本原则　/ 106
第二节　实验说明的基本结构　/ 108
参考文献　/ 112

第八章　实验程序开发方法 / 113
第一节　Visual Basic 的快速入门 / 113
第二节　z-Tree 简介 / 153
参考文献 / 163

第九章　实验运行实例：电子商务信誉机制的有效性检验 / 164
第一节　背景环境 / 164
第二节　实验设计和实验说明 / 166
第三节　程序设计 / 168
第四节　程序代码和文档 / 173
练习题 / 195
参考文献 / 198

下篇：实验实施实例

第十章　现代市场制度下的行为机制设计 / 201
第一节　市场机制设计 / 201
第二节　行为机制设计简述 / 203
第三节　行为机制设计实例简介 / 204
第四节　小结 / 206
参考文献 / 208

第十一章　劳动力市场中的行为机制设计：合约设计中的承诺 / 210
第一节　研究动机介绍 / 210
第二节　相关文献 / 212
第三节　实验设计与理论预测 / 214
第四节　实验结果 / 216
第五节　总结性评注 / 226
参考文献 / 230

第十二章　资本市场中的行为机制设计：小微信贷中的守约行为研究 / 233
第一节　研究动机介绍 / 233
第二节　文献综述 / 236

第三节　　行为假说　/ 239
第四节　　实验设计　/ 240
第五节　　实验结果　/ 244
第六节　　结束语　/ 255
参考文献　/ 255

上篇：实验设计方法

本书分为上篇、中篇和下篇，上篇着重讨论实验设计，中篇侧重于实验的运行，而下篇介绍实验实施实例。上篇从结构上又可分为三个部分：第一部分是第一章和第二章，这两章从总体上介绍实验经济学的基本架构和实验设计的基本方法。第二部分是第三章到第五章，这几章从实验设计的各个环节出发，介绍实验设计所需要的各种工具。第六章为上篇的第三部分，介绍21世纪日益受到关注的实地实验（Field Experiment）设计方法，并将实地实验与其他观察性实证方法进行比较。

第一章"导论"的基本目的，是引领读者初步了解实验经济学的整体框架结构。实验思想的主线是创造出一个真实而特殊的经济环境，其真实性在于经济实验所进行的是真实的交易，不同于仿真模拟；而其特殊性在于研究人员能在实验中控制无关因素并直接观察到被研究的因素对经济运行的影响。在接下来的第二章"实验设计初探"里，我们从总体上介绍如何设计经济实验，集中介绍实验设计的基本问题、基本原则和基本步骤。

第三章至第五章则分别介绍在实验设计的各个环节中所用到的工具。第三章"随机设计"介绍在选取实验参与者以及将实验参与者分配到各个实验中去的过程中，如何控制并淡化与研究人员的问题无关的因素。第四章"多因素问题"介绍当多个与实验目的无关的因素可能对实验结果造成干扰时如何对这些无关因素进行控制，同时介绍实验目的涉及多重因素时如何将这些因素剥离开，分别分析各个因素对实验结果的影响。第五章"假设检验"介绍从实验中得到数据后如何分析数据并运用数据检验理论假说，换言之，就是如何从数据中进一步剥离出需要研究的因素对实验中经济运行的影响。

第六章所介绍的实地实验，是介于实验室实验和完全基于现实市场所自然产生的数据的观察性实证方法之间的一种实证手段。实地实验与实验室实验相同的是，研究人员将实验参与者随机分配到不同的实验条件中去，从而能有效地避免样本选择或内生性造成的系统性偏差。但实地实验在现实生活中的市场里进行，从而研究人员对实验的控制不如实验室实验完美（如研究人员很难在现实生活中控制价值、成本、信息等因素）。实证方法中，从内部有效性来说，实验室实验最强，实地实验次之，观察性实证方法最弱；从外部有效性来说，顺序正好颠倒：观察性实证方法最强，实地实验次之，实验室实验最弱。

为便于教学应用，第一章至第六章都附有练习题。

第一章 导 论

为了获得对实验经济学及其方法论工具的系统认识,在本章的第一节,我们先举出一个运用经济实验进行市场机制设计的实例。通过这一实例,读者能对经济实验所能回答的问题、经济实验的设计和运行有较为直观的了解。本章的第二节回答经济实验"是什么"。与第一节中所举的实例相呼应,通过对微型经济系统的讨论,我们展示出经济实验在市场机制设计过程中的作用。在第三节里,我们梳理出实验经济学与理论经济学以及经济学中其他实证方法的差异和相互关联。第四节探讨的是实验经济学的应用范畴,即"实验经济学是做什么的"。在接下来的第五节和第六节,我们介绍保证经济学实验成功的必要前提条件以及过去的60年里经济学研究从实验中得到了什么。按这样的顺序进行讨论的目的是建立起相对完整的视野,为后几章得以梳理出方法论的脉络提供初始的理论准备。为了避免繁琐,在本章的讨论中我们不再重复经济学文献中所反复出现的概念和理论背景知识,而将注意力始终集中在对实验经济学这一学科的整体、直观而连贯的理解上,以期通俗易懂。

第一节 "智能"市场:运用经济实验进行市场机制设计的实例

美国加利福尼亚州长期供水紧张,人口急剧膨胀,而当前加州对水资源调配的集中管理体制又难以平衡供求。在加州政府的支持下,实验经济学的奠基人弗农·史密斯及其他研究人员运行了大量经济实验,回答了运用"智能"市场解决加州供水问题的可行性(Murphy等人,2000)。"智能"市场是弗农·史密斯和他的同事们于20世纪90年代初设计的以计算机为辅助工具的新市场机制(McCabe等人,1991)。"智能"市场的核心思想如下:在智能市场中,以计算机构成的信息处理中心是平衡供应商与用户之间供求的桥梁。其规则是用户根据自己的购买意愿和预算约束向信息处理中心提交需要购买的数量和愿意支付的价格,而供应商根据自己的生产成本和生产能力向信息处理中心提交期望的销售量和售价。最后,信息处理中心根据用户和供应商所提交的信息,通过优化算法,找出使所有用户和所有供应商的市场收益总和达到最大的价格作为市场成交价格。实验结果表明,"智能"市场是高度有效的机制。

一、美国加州水资源调配现状

在美国的加利福尼亚州,年度降水量极不稳定,连续几年出现干旱是常见的现象。而加州主要的大城市和农业地区都位于干旱区域,常年需要从其他的州购水,以满足城镇用水、工业用水和农业灌溉。近年来,出于对野生动植物的保护等环境因素的考虑,加州本地的水源进一步受到了使用限制。与此同时,加州不断膨胀的人口意味着对水的需求不断上升。尽管加州政府已经加强了对供水系统的投入,在可预见的未来,加州的水资源仍然供不应求。除改善供水系统之外,加州政府必须再另想办法来解决供水问题。

水资源稀缺的问题很早以前就引起了经济学家的关注。研究人员发现,供不应求不仅体现为资源的稀缺,更体现为分配效率的低下。研究人员的主要政策建议是发展完备的水资源市场:通过市场,那些使用水资源所创造的价值最大的部门能优先得到水(Easter 等人,1998)。但"市场"不仅仅是一个空泛的概念,在生活中市场的形态千差万别:在有的市场里,只有销售者有出价的权利,而买东西的人只能选择拒绝或接受,如国有商店;在有的市场上,买卖双方能讨价还价,如自由市场上的小摊贩;另外一些市场中,只有买东西的人能竞相出价,而销售者只能选择接受和拒绝,比如拍卖市场。实践表明,只要市场的特征发生细微的变化,就会对市场效率、成交价格带来重大的影响(Smith,1982)。那么究竟什么样的市场才能使水资源达到有效配置呢?实验经济学为回答这一问题提供了强有力的工具。经济实验能够在实验室里控制市场的基本特征的变化,从而考察这些市场特征的变化对经济活动参与者的行为以及市场运行的效率所带来的影响。

弗农·史密斯和他的同事、学生们详细考察了加州水资源的供求情况。在实验室里,他们将加州水资源供求的状态加以简化、重现,通过运行"智能"市场来平衡供求(Murphy 等人,2000)。通过经济实验,弗农·史密斯等回答了运用"智能"市场解决加州水供给问题的可行性、厂商对供水管道的垄断对水资源配置效率的影响等研究问题。下面就是对他们的实验设计的详细介绍。

二、实验设计

加州用水主要来源于流经加州的几条河流和加州的地下水。而水的主要用途包括各大城市的工业和生活用水以及农场主的农业灌溉。在萨卡拉门托河与科罗拉多河流域的一些农场主,不仅是水的用户,也是水的供应商。此外,在加州承担水的传输业务的企业中有些被政府所控制,还有些被供应商所控制。在实验设计中,研究人员用17个连接起来的节点表示加州水的供求网络:有的节点表示供应商,有的节点表示用户,还有的节点表示水的传送商。研究人员征召亚利桑那大学的本科生参与实验,在实验中每个实验参加者分别控制17个节点中的若干个节点:有的实验参加者扮演"供应商"的角色,有的实验参加者扮演"用户"的角色,有的实验参加者既扮演"供应商"又扮演"传送商"的角色,还有的实验参加者既扮演"供应商"又扮演"用户"的角色(如那些农场主)。

实验设计所需要回答的基本问题是运用"智能"市场究竟能否实现水资源的有效配置。在实验室里,研究人员可以设定扮演"供应商"角色的实验参加者的成本和扮演"用户"角色的实验参加者对水的保有价格(即消费者最多愿意出多高的价格购买一单位的水),从而在实验运行之前就能根据这些基本设定得到水资源的理想分配方案。在实验过程中,各个"供应商"的成本和各个"用户"的保有价格都是其他实验参加者所观察不到的私有信息,而所有实验参加者都通过"智能"市场的平台进行交易。研究人员通过比较实验中得到的交易结果和预先确定的理想分配方案来评断"智能"市场是否达到了预期的目的。

尽管政府无法得到市场参与者的全部信息,但加州政府仍掌握着各地区行业用水以及相关的用水产出的大量数据。通过这些数据,研究人员能粗略地估计出主要供应商的成本和一些大用户对水的保有价格。根据这些估计量,研究人员确定实验中的成本与保有价格之间的相对关系。比方说,如果在生活中圣地亚哥的用户对水的保有价格大概是科罗拉多河流域的农场主生产水的成本的两倍,那么在实验中研究人员所设定的扮演"圣地亚哥用户"的实验参加者对水的保有价格也会是扮演"科罗拉多河农场主"的实验参加者对水的生产成本的两倍。在实验中,"水"只是一种虚拟产品,实验参加者并没有真正见到水,他们只是通过对"水"的交易获利:各"供应商"的所得是成交价格与其成本之差,而"用户"的所得是其保有价格与成交价格之差。在实验结束后,所有实验参加者在实验中的所得都以现金的形式得到支付。所以实验室里的市场也完全是以激励为导向的市场,是真实的市场;但实验室里的市场又是特殊的市场,因为其环境和规则有别于生活中的市场。

在实验室的"智能"市场中,"供应商"销售水时要提供五类信息:自己所在的节点、希望卖给哪个节点的用户、最少希望卖几个单位的水、最多希望卖几个单位的水以及希望卖出的每单位水的价格。类似地,"用户"买水时也要提供五类信息:自己所在的节点、希望从哪个供应商的节点买水、最少希望买几个单位的水、最多希望买几个单位的水以及愿意出多高的价格买水。"智能"市场的运行过程如下:

(1)"供应商"和"用户"向信息处理中心提交销售和购买意愿,"传送商"向信息处理中心提供节点之间的传输价格之后,信息处理中心将运用优化算法,在平衡所有节点上水的总流入量和总流出量的基础上最大化所有市场参与者的收益总和,以此确定各个节点之间的成交价格。

(2)在成交价格最终被确定之前,有一个交易时间段。在交易时间段内,所有市场参与者可以随时提交、更新或撤回自己的决策,而信息处理中心根据新变化即时更新反馈给每个市场参与者的信息。反馈信息包括在当前所有决策基础之上由信息处理中心得到的各个节点之间的临时成交价格,各个市场参与者还可以看到自己在当前的临时成交价格下可达到的收益以及自己的历史交易记录。

(3)交易时间段结束后,在交易时间段的最后时刻所得到的临时成交价格将成为最终成交价格,所有市场参与者将按照最终成交价格结算。

三、实验结论

弗农·史密斯等研究人员征召不同的实验参加者反复进行了多次实验。研究人员从市场效率、收益的分布以及价格的稳定性三个方面来考察"智能"市场。

(一)市场效率

市场效率由所有市场参与者在市场中所实现的收益总和与所有市场参与者在市场中可能达到的最大收益总和的商所表示。在一个100%有效的市场上,所有市场参与者的收益总和达到最大化。实验表明,"智能"市场高度有效,在各次实验中所有实验参与者平均实现了可能达到的最大收益总和的90%左右,而在有些实验里市场效率高达99%。

(二)收益的分布

通过考察市场收益的分布,研究人员发现,在实验中"用户"的收益约占市场上总收益的70%,"供应商"的收益约占30%。实验结果表明,如果某个"供应商"垄断了传输管道,那么"供应商"的总体收益会有所提高,而"用户"的收益会下降。

(三)价格的稳定性

实验发现,在"智能"市场上价格的波动幅度较大、稳定性较差。如何克服"智能"市场上的价格波动,将是下一步的研究问题。

第二节 经济实验:一个微型经济系统

通过前面所举的"智能"市场的实例我们不难发现,经济实验的本质就是针对研究人员的研究问题构造一个可控条件下可观测的微型经济系统。经济实验中所进行的是真实而特殊的经济活动。经济实验所观察的是人在微型经济系统中的实践。例如，在运用"智能"市场进行水资源调配的经济实验里，实验参加者之间进行的是真实的交易，所得到的是真实的报酬。因此，经济实验在性质上不同于单纯的计算机模拟仿真和一般意义上的问卷调查。与此同时，经济实验又迥异于现实生活中的特殊经济活动。经济实验从未试图重现现实生活中的经济现象的全部特征。在现实生活中，多种因素都可能是造成某一个经济现象的原因。所有这些因素中的某一个特定因素到底发挥了多大作用，从现实生活中直接观察经济现象，往往难以得到结论。而经济实验针对特定的问题，通过对实验环境的设计，研究人员凸显出与研究问题相关的因素，控制并淡化与研究问题无关的因素。从而在实验结果中，我们可以直接观察到某一种特定的因素对具体的经济现象的作用。

下面，我们通过对微型经济系统的构成以及市场参与者在微型经济系统中的行为的介绍，引出市场机制设计的基本问题并展示经济实验在市场机制设计过程中的作用。

一、微型经济系统

微型经济系统由市场参与者所处的经济环境和市场机制共同构成。

（一）经济环境

经济环境由市场参与者的集合、商品的集合以及市场参与者的特征共同构成。市场参与者的集合包括多种市场上的参与主体，比如厂商和消费者。在有些市场上，厂商和消费者之间还有中间商；还有些市场上，厂商又分为上游企业和下游企业，上游企业向下游企业销售产品。商品集合的元素，不仅包括最终产品和货币，而且包括生产最终产品所必需的资源，如设备、原材料等。市场参与者的特征包括市场参与者在市场中的目标、市场参与者所拥有的技术以及市场参与者所预先掌握的包括物质产品和信息在内的其他资源。

我们用集合$\{1,2,\cdots,N\}$来表示N个市场参与者，而集合$\{0,1,\cdots,K\}$表示$K+1$种可用于交易的商品。商品集合的元素，不仅包括产品，而且包括生产产品所必需的资源。习惯上，我们用第0种商品表示货币。我们用向量$e^i=(u^i,T^i,w^i)$来描述第i个市场参与者的基本特征，其中，u^i为i的效用函数，T^i描述了i的技术禀赋，而w^i刻画了i的初始资源禀赋。u^i、T^i和w^i分别为定义在$K+1$维商品空间上的函数。综上所述，我们可以用向量$e=(e^1,e^2,\cdots,e^N)$来描述微观经济系统中的经济环境：向量e概括了N个市场参与者的基本特征，而每个市场参与者的每一种特征都分别依赖于$K+1$种不同的商品。

总结起来，经济环境e是在市场参与者参与市场活动前就已经被决定的要素的总和,这些要素不会在市场交易过程中发生变化。

以运用"智能"市场进行水资源调配的实验为例,市场上有"供应商""用户"和"传送商"三类参与者。市场中只有两种商品:虚拟产品"水"和货币。"供应商"的特征包括生产每单位"水"的成本以及生产能力限制,"用户"的特征包括对"水"的保有价格(即购买每单位的水、用户所能承受的最高价格)以及对"水"的需求量。对"水"的传送成本是"传送商"的特征。

(二) 市场机制

在微型经济系统中,市场机制定义了市场参与者赖以交流的一系列约定和赖以交易商品的一系列规则。市场机制包括市场语言和市场规则。

1. 市场语言

市场语言是市场参与者赖以交流的全部市场约定的集合。构成市场约定的基础是各个市场参与者所发送的信号。市场语言用集合列表 $M=(M^1,\cdots,M^N)$ 表示。其中,集合 M^i 为市场参与者 i 所能运用的全部市场语言,而信号 m^i 是 M^i 中的元素。在市场中常见的信号有销售者的标价、购买者的竞价,以及购买者接受或拒绝标价的权利、销售者接受或拒绝竞价的权利等。需要注意的是,不同的市场参与者所能够发送的信号未必相同。例如,标价市场中销售者可以出价,但购买者没有还价的权利。当全部市场参与者都已经完成对信号的发送时,所有市场上已被发送的信号就一起构成了市场参与者之间的市场约定。我们用 $m=(m^1,\cdots,m^N)$ 表示市场约定。以运用"智能"市场进行水资源调配的实验为例,"用户"向"智能"市场(即信息处理中心)发送三类信号,即向哪个供应商购买、购水量以及愿意支付的单价;"供应商"也向"智能"市场发送三类信号,即向哪个用户销售、销量以及售价;而"传送商"则提交各个节点之间的运送价格。在全部市场参与者都已经向"智能"市场提交了各自的信号之后,所有这些"智能"市场上被提交的信号就构成了市场参与者之间的市场约定。

2. 市场规则

市场规则是市场参与者赖以交易商品的规则的集合。市场规则包括配置法则、成本法则和决策时序法则。市场规则的核心是配置法则,即在给定市场参与者之间的市场约定的前提下,市场中的各种商品将如何分配。成本法则原本可以被包括在配置法则内,然而基于其重要性,我们把它单独列出。而决策时序法则规定了各个市场参与者发送信号的次序。如果后发送信号的市场参与者能观察到之前的信号,那么决策时序法则中还隐含着信息传布法则。

(1) 配置法则

配置法则是从市场语言到交易结果的函数,其中,各市场参与者之间的市场约定是函数自变量的取值,而市场语言是函数的定义域。我们用向量 $H=(h^1(m),\cdots,h^N$

(m))来表示配置法则。函数 $h^i(m)$ 是从市场约定 $m=(m^1,\cdots,m^N)$ 到第 i 个市场参与者最终所能得到的所有 K 种不同的非货币商品之间的映射。如果我们用 x_k^i 表示交易完成后市场参与者 i 对第 k 种商品的最终占有量,则

$$x^i=\begin{pmatrix}x_1^i\\\vdots\\x_K^i\end{pmatrix}=\begin{pmatrix}h_1^i(m)\\\vdots\\h_K^i(m)\end{pmatrix}=h^i(m)\tag{1.1}$$

(2) 成本法则

向量 $C=(c^1(m),\cdots,c^N(m))$ 为成本法则。函数 $c^i(m)$ 所描述的是从市场约定 $m=(m^1,\cdots,m^N)$ 到第 i 个市场参与者所承担的货币成本(或所得到的货币收益)之间的映射。如果我们用 x_0^i 表示交易完成后市场参与者 i 对货币的最终占有量,则 $x_0^i=c^i(m)$。

(3) 决策时序法则

向量 $G=(g^1(t_0,t,T),\cdots,g^N(t_0,t,T))$ 为时序法则,即 N 个市场参与者发送信号的次序。其中,t_0 为交易的起始时间,T 为交易终止、资源配置活动开始的时间;而 $g^i(t_0,t,T)$ 描述了第 i 个市场参与者在贸易阶段 t 发出信号的次序。

以运用"智能"市场进行水资源调配的实验为例,其配置法则由信息处理中心根据优化算法完成:信息处理中心在平衡所有节点上"水"的总流入量和总流出量的基础上最大化所有市场参与者的市场收益总和,以此确定各个节点之间的成交价格以及各节点之间"水"的流量。在有效交易时间内,"智能"市场的参与者可以随时提交、更改或撤回自己的信号。

综上所述,市场机制对市场参与者 i 的行为激励可被 $I^i=(M^i,h^i(m),c^i(m),g^i(t_0,t,T))$ 所描述。向量 $I=(I^1,\cdots,I^N)$ 则定义了微型经济系统中的市场机制。

最后,我们用 $S=(e,I)$ 表述经济环境与市场机制共同构成的微型经济系统。

二、市场参与者在微型经济系统中的行为

市场参与者在微型经济系统下的行为(或决策),是指在特定的市场机制下,具有一定特征的市场参与者对某个具体信号的选择。当所有市场参与者都完成了决策之后,市场上的全部信号就构成了市场参与者之间的市场约定。我们用函数 $m^i=\beta^i(e^i|I)$ 刻画市场参与者 i 的行为。其中,e^i 是市场参与者 i 的特征,I 是市场参与者 i 所处的市场机制,而 m^i 是 i 对市场语言的选择,即 i 在市场上所发出的信号。市场参与者的决策是从经济环境到市场语言的函数:经济环境中所刻画的市场参与者的特征是函数的自变量,而市场机制是函数的约束条件。需要注意的是,函数 β^i 所产生的信号

未必基于优化过程。"市场参与者自觉运用优化过程寻求其目标函数的最大化"只是构成经济理论的一个假设。引入对市场参与者行为的描述,微型经济系统就成了从经济环境到市场语言再从市场语言到交易结果的闭合系统。

以运用"智能"市场进行水资源调配的实验为例,实验中"用户"所选择的具体购买量和具体愿意支付的价格、"供应商"所选择的具体销量和售价等,都是市场参与者所做出的决策。"用户"的决策依赖于"用户"的保有价格和需求量,而"供应商"的决策依赖于"供应商"的成本和生产能力。同时,所有市场参与者的决策都要受到"智能"市场上各种规则的约束和激励,比如,决策必须在有效交易时间内提交(决策背后的约束),而有效交易时间内市场参与者向"智能"市场所发送的信号与市场参与者所得到的货币报酬有直接的关联(决策背后的激励)。

三、市场机制设计的基本问题

经济学所回答的基本问题在于如何运用有限的资源,尽可能满足公众的需要。在微型经济系统下,这个问题就成了在给定市场参与者基本特征(即经济环境)的条件下究竟达成什么样的资源配置结果,才能使市场参与者的社会福利达到最大?

上面提到的问题实际上应当被分解为两个问题:问题之一是究竟什么样的资源配置方案才是"最优"的资源配置方案?或者说,我们应当如何度量市场参与者的福利水平高低?问题之二是,如果存在某个"最优"的资源配置方案,那么究竟如何才能实现这个方案?其中,寻找衡量资源配置方案"优劣"的社会福利指标是福利经济学的基本任务;而市场机制设计所关心的是在给定某个预设的资源配置方案的基础上如何才能找到一条具体的途径,以实现该方案。

在现实生活中独立经济个体数量庞大。即便存在某个"最优"的资源配置方案,该方案既不可能被所有市场参与者通过讨论、投票选择,也不可能被某个社会规划者强制执行。可行的办法是通过一定的市场机制实现期望的资源配置方案。市场机制通过激励手段引导市场参与者的决策(即市场参与者在一定的经济环境下对市场信号的选择),在此基础上通过市场规则实现资源配置方案。

市场机制设计的基本问题是究竟什么样的市场机制能有效地激励、引导市场参与者,以实现预期的资源配置方案。

如图1-1所示,在微型经济系统中,市场参与者 i 在市场机制 I(即市场上的约定与规则)的约束和激励下所选择的市场信号 m^i 依赖于其经济环境 e^i;所有市场参与者所发送的信号共同构成了市场约定 $m=[\beta^1(e^1|I),\cdots,\beta^N(e^N|I)]$,该约定是市场语言 M 中的一个元素。最终,在市场参与者的约定的基础上由资源配置法则决定各种商品的归属,即交易结果:

$$x^i = h^i[\beta^1(e^1|I), \cdots, \beta^N(e^N|I)]$$
$$x_0^i = c^i[\beta^1(e^1|I), \cdots, \beta^N(e^N|I)] \tag{1.2}$$

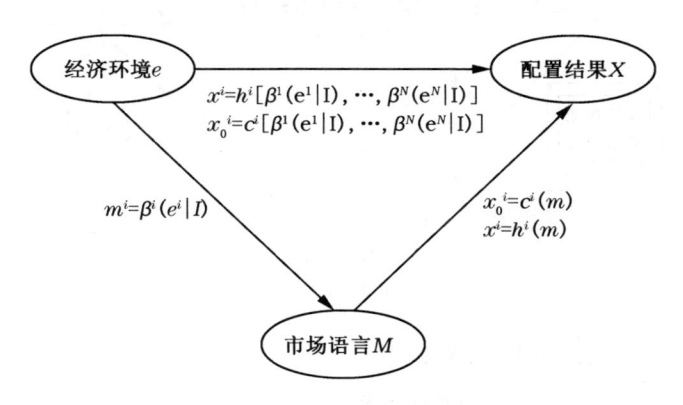

图 1-1 微型经济系统

市场机制决定了非货币商品和货币的最终配置。微型经济系统下的市场参与者不直接选择配置方案；市场参与者发送信号，达成市场约定，通过市场机制来实现配置方案。

四、经济实验在市场机制设计过程中的作用

经济实验的本质是对微型经济系统进行控制，对微型经济系统中市场参与者（即实验参加者）的行为进行观察，从而回答市场机制设计的基本问题。经济实验是市场机制设计最直接、最强有力的工具。

在实验室里，研究人员营造出特殊的实验市场环境，征召实验参加者进入实验室；在实验开始前，实验参加者将阅读实验说明，在实验说明中研究人员对实验市场的环境和规则进行详尽的描述，按照实验说明中所描述的规则进行真实的交易并获得货币回报；最后，研究人员通过分析实验所产生的交易数据回答自己的研究问题。实验室里的市场也完全以激励为导向，是真实的市场；但实验室里的市场又是特殊的市场，因为其环境和规则是针对特定的研究问题设计的，有别于生活中的市场。

如图 1-2 所示，通过物质激励，研究人员对实验室内的经济环境、市场机制（包括市场语言和市场规则）进行控制；在实验中，研究人员对实验参加者的决策、实验的交易结果进行观察；通过比照实验的交易结果与预期的配置方案，研究人员对市场机制的有效性做出评价。

以运用"智能"市场进行水资源调配的实验为例，在实验室里，研究人员通过设定"供应商"的成本和"用户"的保有价格，在实验运行之前就得到在这些设定下使总的市

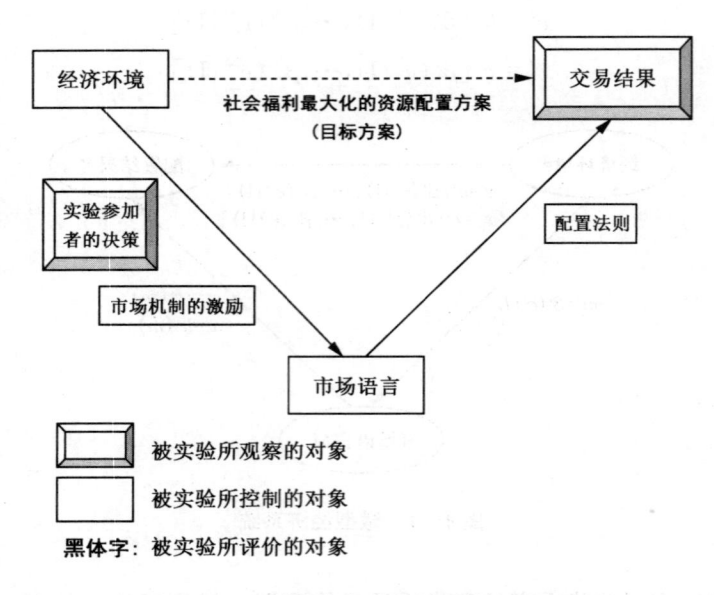

图 1—2　运用经济实验进行市场机制设计

场剩余达到最大的配置方案。在实验过程中,各个"供应商"的成本和各个"用户"的保有价格都是其他实验参加者所观察不到的私有信息,而所有实验参加者都通过"智能"市场的平台进行交易。研究人员通过比较实验中得到的交易结果和预先确定的配置方案来评断"智能"市场是否达到了预期的目的。

第三节　实验经济学与经济学的其他学科分支之间的关联

如果将经济学按照理论研究与实证工作进行划分,实验经济学应当是经济学实证方法中重要的组成部分。但实验经济学从诞生的一刻起就经受了来自各方面的质疑。有的质疑来自理论经济学家,还有的质疑来自不运行实验的实证经济学家。我们通过对这些质疑的回答,梳理出实验经济学与经济学的其他学科分支之间的分野。

一、实验经济学与理论经济学之间的关系:数学证明能否检验经济理论的成败?

需要指出的是,理论的逻辑结构的严密性是理论成功的基本前提。没有对经济现象的因果关系进行严格描述与论证的理论不可能是成熟的理论,对此任何人没有异议。而某些理论经济学家与实验经济学家的分歧在于数学证明究竟是不是经济学理论成功的充分条件。诺贝尔经济学奖得主冯·哈耶克(Von Hayek)曾在与弗农·史密斯的讨论中提到,数学本身已经对逻辑结构进行了检验,经济学家不可能从实验中得到比数学证明更多的东西(Smith,2002)。

上述命题难以成立的原因在于,经济理论除了对经济环境的结构性假设外,还有许多对市场参与者行为的假设。例如,厂商自觉运用优化过程,寻求利润最大化;消费者自觉运用优化过程,寻求效用最大化;"理性预期",即市场参与者充分、有效地运用其全部掌握的信息。所有这些行为假设,都是有条件的、人为设定的,然而又都是理论逻辑结构的出发点。理论经济学家所"观察"到的从经济环境到市场语言的映射,是基于这些缺乏真实性依据的行为假设的条件映射的。

而经济实验在实验室内以物质激励为导向,最大可能地重现理论中对经济环境和市场机制的规定与描述。经济实验记录实验参加者所做出的全部市场决策,从而得以检验从经济环境到市场语言的全部映射。在经济实验过程中,研究人员不对实验参加者的行为进行任何规定,所检验的是无条件映射。从这个意义上说,"数学证明"不是检验理论的充分条件,而经济实验是检验理论的重要工具。

二、实验经济学与其他实证方法(如应用计量经济学)之间的关系:现实生活中的实证数据能否检验理论的成败?

既然研究人员能够从生活中观察到实际数据,那么为什么还有必要在实验室中主动地创造数据呢?这一类疑问往往来自不运行实验的其他实证经济学家。从20世纪六七十年代起,计量经济学取得了重大的发展。运用计量方法和日常生活中的实际数据进行理论检验,是当前应用计量经济学的重要方向之一。然而,由于现实经济环境不可控,研究人员所需要的数据往往不能从日常生活中观测到,而这些数据可以在经济实验的特定系统中凸显出来,作为直接被观察到的实验数据,因此,实验数据是实际数据的有效补充。例如,研究人员提出了下面的理论假说:消费者对同质产品的搜索成本越高,该产品的价格就越高。然而,研究人员很难观察到消费者在日常生活中的搜索成本,从而难以用实际数据检验上述理论。但经济实验可以在实验室的经济环境中预先定义消费者的搜索成本并控制搜索成本的大小,从而观察搜索成本并由此进行理论检验。

第四节 经济实验的应用范畴

通过对实验市场环境和实验市场规则的控制,研究人员能进行经济环境比较和市场机制比较。在经济环境比较和市场机制比较的基础上,研究人员可以运用经济实验进行理论检验,探询理论失效的原因,启发新的理论;还可以运用经济实验进行政策评价。如同前面所介绍的,市场机制设计是经济实验的核心应用之一。

一、经济环境比较

经济学的重要任务之一是进行比较静态分析,即参数变化对决策变量和均衡解的影响。例如,消费者的收入增加,对某种特定商品的需求量会产生怎样的影响?该产品的市场价格会如何变化?

在现实生活中,对于很多特定的经济环境,研究人员无法观察到,但这些特定经济环境的变动所造成的后果又是研究人员所十分关心的。比如,"个人所得税的税率上调后居民的消费倾向会如何变化"是一个很有意义的研究问题,但现实生活中的悖论恰恰是此类研究问题没有得到回答以前个人所得税的税率不会大范围上调。经济实验的一大优势是能够在实验室内对经济环境进行控制和观察,从而得以在同一市场机制下比较不同的经济环境,为比较静态分析提供了可能,也为检验市场机制的适应性提供了可能。

如图1—3所示,3个实线方框内的对象(市场语言、配置法则以及市场机制的激励)都属于市场机制范畴。在运用实验进行经济环境比较时,这些因素都被研究人员控制不变。虚线框内的经济环境是研究人员考察的对象,即实验变量;实验中,在其他一切条件不变的情况下,通过对经济环境中某一个具体因素的变动,研究人员就能剥离出该因素的变动对实验参加者的决策以及交易结果带来的影响。

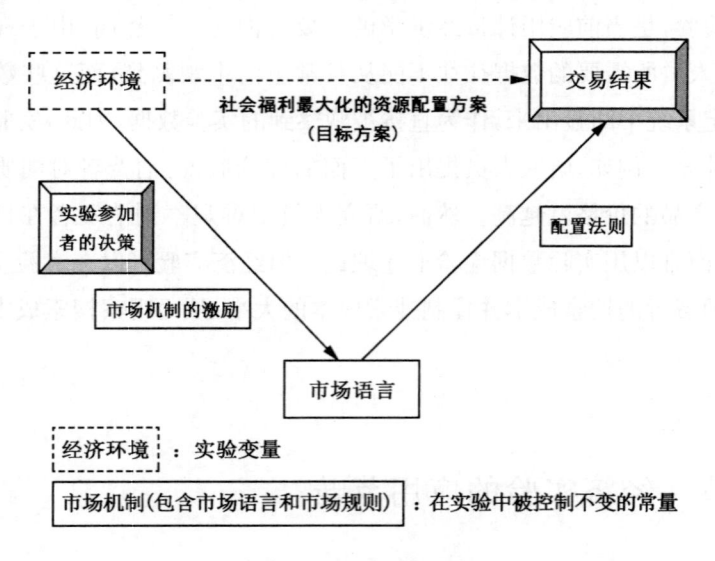

图1—3 经济环境比较

在运用"智能"市场进行水资源调配的实验里,研究人员希望了解"传送商"对传输管道的垄断是否会对市场的效率带来影响。为回答这一问题,研究人员在其他条件都不变的情况下,在实验中改变控制传输管道的"传送商"的数量。实验结果表明,对传输管道的垄断不仅对市场效率造成影响,还会造成市场收益从"用户"向"供应商"的转移。

二、市场机制比较

经济实验还可以在同一经济环境下比较各种不同市场机制的特性。例如,给定竞价者的保留价格分布,实验者可以比较英式拍卖、荷式拍卖、第一价位拍卖及第二价位拍卖对拍卖者收益的影响。给定生产者的数量和成本结构,到底是标价市场支持垄断价格还是双向拍卖市场支持垄断价格?

我国正处于体制转轨期间,很多新的市场机制出现,市场语言、市场规则都发生了一系列的变化。体制转型对市场参与者的行为所造成的影响,是当前亟待回答的问题。而经济实验为解决这一问题提供了有力的工具。

如图1-4所示,在运用实验进行市场机制比较时,实线框内的经济环境是被研究人员控制不变的因素。而三个虚线方框内的对象(市场语言、配置法则以及市场机制对实验参加者的激励)是研究人员所考察的实验变量:实验中,在其他条件不变的情况下,通过对市场机制中某一个具体因素的变动,研究人员就能剥离出该因素的变动对实验参加者的决策以及交易结果带来的影响。

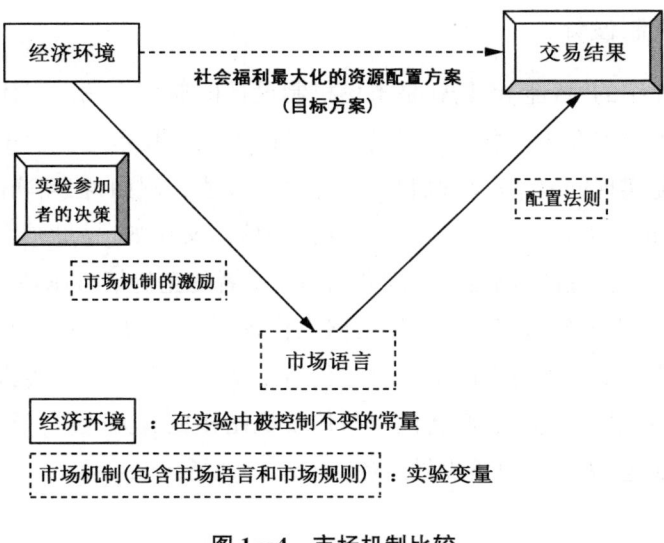

经济环境:在实验中被控制不变的常量
市场机制(包含市场语言和市场规则):实验变量

图1-4 市场机制比较

在水资源调配的实验中，研究人员如果想比较"智能"市场与传统的标价市场的效率高低，则可以在完全相同的供求网络下运行两组不同的实验：一组实验将"智能"市场作为市场的组织形式，而另一组实验将标价市场作为市场的组织形式。最后，研究人员通过比照两组实验的结果来回答研究问题。

三、理论检验

在介绍实验经济学与理论经济学之间的关系时，我们已指出经济实验是检验理论的重要工具。由于经济实验所营造的是可控的微型经济系统，因此研究人员可以利用实验寻找理论成立的边界条件。比如，在比照实验结果与理论预测结果时，研究人员通过变化报酬的规模、实验参加者的经验以及实验参加者的其他特征（性别、文化程度等）来检验实验结论的适用条件。如果多次实验都发现实验结果与理论预测不符，研究人员则可以直接通过各种临界检验探询理论失效的原因并启发新的理论。

四、政策评价

经济实验另一个强大的功能是可以在实验室内预先检验政策变化所造成的影响，为宏观决策提供支持。例如，社会规划者很关心增加失业补助对国民福利、市场效率所带来的影响，那么我们首先在实验室内完全可控的经济环境下对新政策进行检验。如果新政策在实验室里取得成功，则可考虑在现实生活中进行对经济环境的控制相对较弱的实地实验；如果实地实验成功，则可考虑向全国推广。

五、市场机制设计

前文中所介绍的"智能"市场就是市场机制设计的典型实例。当代大量的新市场机制涌现的根本原因在于信息技术与电子商务的发展。技术进步使得许多完全依靠人力操作不可能实现的复杂市场机制在现今成为可能。例如，在互联网上进行的"易贝英式拍卖"是传统英式拍卖与标价市场的混合体。又比如，易贝拍卖与 Amazon 拍卖都出现了机器人代理商：机器人代理商询问竞价者的竞价策略，随后，在一定的时间段内，竞价者可以把竞价过程完全交给机器人代理商，而不必直接参与竞价。这些新的市场机制为改善市场参与者的市场收益创造了新的机会。经济实验可以检验新市场机制的特性：着眼于社会福利，新机制与传统机制相比有无改善？经济实验能回答社会规划者的问题，为公共决策提供服务。

第五节 实施经济实验的基本条件

保证研究型经济学实验的成功,其前提条件是实验者对实验室内的经济环境能够进行有效的控制。经济实验往往采用货币作为实验参与者的激励手段。由于生活中自然市场的交易和回报的媒介是货币,而研究人员最终需要回答的是有关自然市场的问题,因此在实验室里受到特定控制的市场中也采用货币作为激励手段就顺理成章了。货币作为实验激励手段还基于下述原因:货币作为报酬媒介可量化,同时货币报酬的规模可控制。

根据弗农·史密斯对经济学实验方法的总结(Smith,1982),一个被实验者有效控制的实验必须满足下述五点要求:报酬的单调性、报酬的显著性、报酬的优超性、实验的隐私性和实验的并行性。

一、报酬的单调性

报酬的单调性是指实验参加者的效用函数应当是预期实验报酬的严格单调增函数。其具体含义是如果实验参加者有甲、乙两个选项,甲相较于乙给实验参加者带来更高的回报媒介(例如,货币),除此之外,甲、乙等价,那么满足"单调性"的实验参加者会选择甲。

单调性的满足,是采用物质报酬作为实验激励手段的必要前提。如果实验参加者不满足单调性,则其直接后果是涉及物质报酬的研究问题都不能得到回答。看一个具体的例子,实验经济学文献经常出现的"独裁者博弈"(Dictator Game, Hoffman et al.,1994;Hoffman et al.,1996)。有张三和李四两个互不相识的实验参与者参加实验。实验的任务如下:桌面上有 10 张一元的人民币,由张三决定取走几元,留给李四几元。张三做决定时李四不在场,实验结束后张三和李四也不会有任何接触。经济学理论所给出的预测是如果张三完全利己,不存在任何利他偏好,那么张三会取走 10 元;如果张三取走的金额低于 10 元,则证明张三存在利他偏好。但这一预测成立的前提是张三的偏好满足单调性。比如,实验结果是张三将 10 元全部留给李四。如果张三的偏好不满足单调性,则我们无法推断张三具有利他偏好:留在桌面上 10 元很可能并不是因为李四存在的缘故,而仅仅是由于张三对人民币没有任何需要;从而我们无法得知张三留在桌上 10 元这一实验结果究竟是什么原因造成的,也无法得知这一实验结果与哪些理论解释不一致。单调性的破坏造成实验失效。

研究人员可以设计专门的实验来检验参与者是否满足单调性。一般情况下,我们假设实验参与者的偏好满足单调性。

二、报酬的显著性

报酬的显著性是指实验参加者的市场决策,即参加者对市场语言的选择,必须与实验报酬相关。

回到上面的"独裁者博弈"的例子,仍然是张三和李四参加实验,但研究人员更改了实验过程。张三和李四各自得到 10 元的实验参与费,而张三需要填写一张问卷,问卷所包含的问题是假设桌面上有 10 元,那么张三会取走几元、留给李四几元。问题的回答与张三的实验报酬无关,无论张三如何作答,他都将得到 10 元的实验参与费。如果张三所提供的答案是留给李四 10 元,这并不能说明张三具有利他偏好,因为这既不增加李四的实验报酬,也不减少张三的实验报酬。

三、报酬的优超性

报酬的优超性是指实验报酬的规模必须超过实验参加者在实验市场中的主观交易成本。实验参加者的效用函数是包括报酬在内的多变量函数。报酬所带来的主观效用增加,必须超过其他相应变量(如为获取报酬所付出的认识推断努力)引发的主观效用降低。

例如,某实验支付给实验参与者的固定参与费为 10 元;实验的任务是要求参与者解决一个极其复杂的优化问题,参与者如果得到正确答案,则还将额外得到 1 元。假设研究人员最终观察到的结果是实验参与者没有解决该优化问题,这并不表明实验参与者不具备解决该优化问题的能力;解决该问题所得到的收益为 1 元,相对较低,而解决该问题所花费的时间和努力所造成的成本可能对该参与者而言远远超过 1 元,选择不去解决该优化问题恰恰是该参与者主观效用最大化的理性决策。

四、实验的隐私性

隐私性是指实验参与者只接受与参与者本人报酬相关的信息。参与者的效用函数的自变量中往往包括其他参与者的报酬,即参与者往往存在利他偏好。透露其他实验参加者的报酬造成优超性的破坏。如果在实验的前半段某实验参与者发现自己的所得远远高于其他参与者的所得,那么该参与者在实验的后半段可能出于拒斥收入不平等的心理而调整决策,使实验后半段的物质激励失效。

即便实验参与者是完全利己者,参与者也往往会将其他参与者的所得当作自己的决策过程的参照系。比如,在某个第一价位拍卖实验中,共有 10 名竞拍者参与实验,实验过程如下:每个竞拍者对拍卖品的保有价格都服从 0 至 10 区间的均匀分布,竞拍者的保有价格相互独立。拍卖开始前,竞拍者只知道自己的保有价格。竞拍者向拍卖组织者(即实验者)递交封闭标书,出价最高者得到拍卖品,她所支付的价格即本人提交的价格,她的所得是本人保有价格与支付价格之间的差值。假设实验者将相互独立的拍卖运行 5 次,同时假设实验者不知出于什么目的,每次拍卖结束后在不透露竞拍者的保有价格和所提交的竞价的前提下,公布每个竞拍者每轮拍卖的所得。如果竞拍者忽视了保有价格是随机决定的事实,根据其他竞拍者的所得调整自己的竞价,那么竞拍者的竞价很可能会偏离最优路径。

上面的例子表明,提供给实验参与者的信息如果与实验所要回答的研究问题无关,这些额外信息很可能会污染实验结果,使研究人员无从得知造成这样的结果的原因究竟是什么。

五、实验的并行性

实验的并行性即实验的可重复性。在某一实验环境中所验证的性质,必须在其他具有相似经济环境的实验或现实中得以重现。并行性是所有的科学实验必须具备的性质。

近 30 年来,实验经济学家进行了大量的跨文化比较研究的工作。比如,"最后通牒博弈"(Güth 等人,1982)、"独裁者博弈"以及讨价还价问题等传统经济学实验,如果在美国运行则会有什么结果?换到欧洲、亚洲或大洋洲运行又会有什么结果?这些实验将"文化差异"作为实验变量:如果在不同文化背景下的同类实验得到差异较大的实验结果,实验者则能从实验参与者的特征差异上对结果进行解释;如果不同背景下的实验结果在质上接近,那么传统经济实验结论的适用性将得到进一步加强。

第六节 经济学研究从实验中得到了什么

过去几十年中,经济学家从实验中取得了大量的成果,从经济学实验中得到的共识深刻地影响着经济学理论的发展,有些成果甚至已被写入经济学教科书(例如,弗农·史密斯关于双向拍卖市场的研究成果已被曼昆写入"初级微观经济学"教程)。本章仅列举有代表性的几个方面:

一、优化来自市场信息的反馈,而不是来自市场参与者的"理性"

这里我们把市场参与者的"理性"加上引号,是特指经济学理论中所假设的"理性"。

心理学家在 20 世纪 70 年代发现了偏好反向现象。看下面两个博彩：

博彩 A：35/36 的机会得到 4 元；1/36 的机会损失 1 元。

博彩 B：11/36 的机会得到 16 元；25/36 的机会损失 1.5 元。

观察两个博彩就会发现，博彩 A 与博彩 B 的预期报酬大致相同，但是博彩 A 的风险比较低，博彩 B 的最大可能收益比较高：博彩 A 有很大的机会能够得到正收入，而博彩 B 只有 11/36 的机会能赢钱；博彩 B 的最大可能收益是 16 元，而博彩 A 的最大可能收益仅是 4 元。

在 20 世纪 70 年代，心理学家针对上面的两个博彩进行了问卷调查。调查发现，如果问卷中的问题是"A 和 B 两个博彩，你选择参加哪一个？"，那么大多数人会选择参加博彩 A。但如果问题换一个问法，"假设你拥有博彩 A（或 B），现在你将这一博彩在市场上销售，则你的售价最低不低于多少？"结果发现博彩 B 的最低售价（即博彩 B 的保有价格）要高于博彩 A 的最低售价（即博彩 A 的保有价格）。根据传统的预期效用理论的推断，如果大多数人对博彩 B 的保有价格高于博彩 A 的保有价格，大多数人也应该选择参加博彩 B 而不是选择参加博彩 A。但心理学家所观察到的现象与传统的经济学理论相悖，这一现象就被称作偏好反向现象。

20 世纪 90 年代，经济学家在实验室里进一步研究了偏好反向现象（Cox 和 Grether，1996）。在实验过程中，实验参与者参加博彩的报酬用美元支付，同时实验者用若干种不同拍卖机制（比如英式拍卖和第二价位拍卖）来估计市场参与者对博彩 A 和博彩 B 的保有价格。最后经济学家得到了很有意思的实验结果：偏好反向现象确实出现在各个实验市场中，经济学家观察到心理学家所观察到的现象。但是更有意思的现象是，当实验反复重复了 5 轮以后，偏好反向现象就自然消失了，大多数实验参与者会选择参加博彩 B，同时博彩 B 的保有价格要比博彩 A 的保留价格高。那么我们应当如何解释这个实验结果呢？

古典经济学中关于人的"理性"的假设在现实生活中往往被违背，例如，上面提到的"偏好反向"现象，特别是当人们进入新的交易环境时，由于需要适应、学习和调整，人们往往会有非"理性"的行为与噪声出现。然而，在长期、多回合的交易过程中，市场参与者会不自觉地采用优化行为；优化并不来自市场参与者主观的"理性"，而是来自市场的信息反馈。

二、信息并非多多益善

弗农·史密斯在 20 世纪 70 年代有一个关于双向拍卖市场的信息收敛的实验（Smith，1991）。他进行了两组实验：在第一组实验中，买方仅拥有本方保有价格的信息，而卖方仅拥有本方生产成本的信息，买方并不知道卖方的生产成本，卖方也并不了解买方的保有价格;在第二组实验中,实验过程的不同之处在于买方的保有价格、卖方的生产成本是买卖双方的公共信息。但是最后得到的实验结果颇出人意料:在第一组实验中市场价格收敛到均衡的速度要远远高于在第二组实验中市场价格的收敛速度;换言之,信息并非多多益善,市场参与者仅拥有本方的信息时价格收敛到市场均衡的速度反而会比较快。对这一实验结果的可能解释是:在信息过剩的情况下,市场参与者会付出多余的努力对冗余信息进行处理,而市场参与者过度的认知推断过程减缓了市场价格收敛的速度。

三、共同的信息并不导致对市场的共同预期

弗农·史密斯在20世纪80年代的泡沫经济实验(Smith 等人,1988)中发现,在实验市场中的股票交易价格远远偏离基于"理性预期"的经济学理论所推断出的交易价格。或许市场参与者所拥有的信号是相同的,但是由于心理因素、社会习俗、传统以及其他各种因素交互影响,因此不同的人对市场结果的预测往往不相同。

练习题

1. (1) 阅读弗农·史密斯1982年在《美国经济评论》上发表的总结实验经济学方法论的文章"Microeconomic Systems as an Experimental Science"(详细出处见本章参考文献列表)。在本文中,弗农·史密斯总结了实验经济学的哪些成果?

(2) 阿尔文·罗思和约翰·卡格尔主编的《实验经济学手册》(*Experimental Economics*, Princeton, 1995)是实验经济学最重要的参考文献。选取一个你所感兴趣的经济学问题(如拍卖、公共品提供、囚徒的困境博弈等),根据《实验经济学手册》中的介绍,针对该问题的经济学实验前人做过哪些?

(3) 继续针对你所感兴趣的经济学问题,查阅该领域最近10年的文献[许多实验经济学家,如杰文·麦凯布和查尔斯·霍尔特(Charles Holt),都对当前最新的实验经济学文献进行过分类。详细信息见其个人网页]。与卡格尔(Kagel,1995)相比,针对该问题的新成果有哪些?

2. 试讨论问卷调查与经济实验之间的区别。假设现有一份问卷来调查私有价值拍卖中竞拍品对拍卖者的价值。与竞拍者的真实价值相比,你估计调查结果会偏高还是偏低?原因是什么?

3. 阅读以下两篇文献:

(1) G. Harrison, "Theory and Misbehavior of First-Price Auctions", *American Economic Review*, 1989(79):749—762.

(2) J. Cox, V. Smith, and J. Walker, "Theory and Misbehavior of First-Price Auctions: Comment", *American Economic Review*, 1992,82:1392—1412.

格伦·哈里森(Glenn Harrison)对杰文·麦凯布等人实验方法的质疑,其核心是什么?杰文·麦凯布等人是如何回应的?经济实验中的机会成本是什么?实验设计中应当如何处理实验参加者的机会成本问题?

参考文献

1. Cox, J., D. Grether(1996). "The Preference Reversal Phenomenon: Response Mode, Markets and Incentives", *Economic Theory*, 7: 381—405.

2. Easter, K. W., M. W. Rosegrant, A. Dinar, editors(1998). "Markets for Water: Potential and Performance", Norwell, MA: Kluwer Academic Publishers.

3. Güth, W., R. Schmittberger, B. Schwarze(1982). "An Experimental Analysis of Ultimatum Bargaining", *Journal of Economic Behavior and Organization*, 3: 367—388.

4. Hoffman, E., K. McCabe, A. Shachat, K., V. L. Smith(1994). "Preferences, Property Rights, and Anonymity in Bargaining Games", *Games and Economic Behavior*, 7: 346—380.

5. Hoffman, E., K. McCabe, V. L. Smith(1996). "Social Distance and Other-regarding Behavior in Dictator Games", *American Economic Review*, 86: 653—660.

6. McCabe, K. A., S. J. Rassenti, V. L. Smith(1991). "Smart Computer-Assisted Markets", *Science*, 254: 534—538.

7. Murphy, J. J., A. Dinar, R. E. Howitt, S. J. Rassenti, V. L. Smith(2000). "The Design of 'Smart' Water Market Institutions Using Laboratory Experiments", *Environmental and Resource Economics*, 17: 375—394.

8. Newbery, D., R. Green(1996). "Regulation, Public Ownership and Privatization in the English Electricity Industry: International Comparisons of Electricity Regulation", R. Gilbert and E. Kahn, New York, Cambridge University Press.

9. Schulze, W. D., S. Ede, R. Zimmerman, J. Bernard, T. Mount, R. Thomas, R. Schuler(2000). "Can Experimental Economics Help Guide Restructuring of Electric Power?", Working Paper.

10. Smith, V. L. (1982). "Microeconomic Systems as an Experimental Science", *American Economic Review*, 1982: 923—955.

11. Smith, V. L. (1987). "Experimental Methods in Economics", in J. Eatwell, et al. (eds.), *The New Palgrave: A Dictionary of Economics* (New York: The Stockton Press).

12. Smith, V. L. (1989). "Theory, Experiment, and Economics", *Journal of Economic Perspectives*, 3: 151—169.

13. Smith, V. L. (1991). Papers in Experimental Economics. New York: Cambridge University Press.

14. Smith, V. L. (2002). "Method in Experiment: Rhetoric and Reality", *Experimental Economics* 5: 91—110.

15. Smith, V. L., G. L. Suchanek, A. W. Williams(1988). "Bubbles, Crashes and Endogenous Expectations in Experimental Spot Asset Markets", *Econometrica*, 56: 1119—1151.

第二章 实验设计初探

在前一章中介绍经济实验的应用范畴时我们已经提到,经济学实证分析工作的主线是比较静态分析,即在其他条件一定的前提下,回答经济环境中某一个特征所发生的变化对经济运行所造成的影响。而经济实验是比较静态分析的天然工具,因为研究人员能在实验中控制其他无关因素并直接观察到被研究的因素对实验中经济运行的影响。

那么研究人员在实验中对无关因素的控制究竟是怎样实现的?要在实验过程中剔除无关因素对实验结果的干扰,其根本基础是有效的实验设计。前一章的目的是初步介绍实验经济学的整体框架结构,即实验经济学"是什么"、它能帮助我们回答什么,以及为什么在实验中需要"控制"。本章在前一章的基础上从总体上回答如何通过有效的实验设计来实现"控制"。本章的第一节,通过对包括"控制"在内的、实验设计中各种术语的介绍,引出对实验设计过程中容易出现的各种问题的讨论;实验设计中出现的问题未被克服往往是实验结果被无关因素污染的直接原因。在第二节里,针对第一节中所提到的各种问题,我们给出评价实验设计是否"有效"的基本标准和尺度。在第三节里,我们提出确保实验设计"有效"的基本步骤。在第四节里,我们举出一个按照第三节所提出的基本步骤进行实验设计的简例。

第一节 实验设计中的基本术语和基本问题

一、相对实验和绝对实验

相对实验是指测度某个特定环境中某种因素变化所产生的效果的实验。比如,比较同一片土壤中种植不同农作物的产量有何不同,或使用化肥对提高产量的影响;在医学问题里,使用某种新药对治愈某种疾病的作用;在经济学问题里,厂商的生产技术发生变化对厂商利润的影响。相对实验所回答的研究问题,都可以归结为前一章中提到的比较静态分析问题。

除相对实验外的其他实验都归类于绝对实验。绝对实验中所测度的量往往是普遍的恒量,或者是在相同的实验设置下固定不变的量(对实验设置的定义将在后面介绍)。例如,测量电子的质量、中国人平均受教育的年限或是在某种特定的博弈中选取纳什均衡策略的人数。

在实验设计的过程中,我们所关注的核心是相对实验。其原因不仅是由于比较静态分析是经济学实证分析工作的主线这一因素,而更重要的原因是相对实验的方法将在很大程度上解决"杜赫姆-奎恩问题"(Duhem-Quine problem)和"样本选择问题"。下面,我们分别对这两个问题进行阐述。

(一)杜赫姆-奎恩问题

"杜赫姆-奎恩问题"不仅出现在经济实验中,也出现在其他社会科学实验以及自然科学实验里,是实验设计中普遍面临的问题。对"杜赫姆-奎恩问题"的一般解释是,在实验者运用实验方法进行理论检验的时候,将所要检验的理论和它所应用的环境作为一个统一体来进行考查。当研究人员创造出一个特定的环境即实验环境来进行理论检验时,不仅仅被研究的要素(即理论所描述的对象)可能对实验结果造成影响,这个特定的实验环境本身也可能对实验结果造成影响。如果研究人员观察到的实验结果不支持理论中所提出的假说,其背后的原因既有可能是理论假说不成立,也有可能是实验结果受到了实验环境中某个特定因素的干扰。简单来说,当我们观察到某个实验结果时,该结果究竟是来自理论还是来自实验环境本身,不进行恰当的剥离,研究人员将无法回答。

为了更严密地描述"杜赫姆-奎恩问题",我们以运用实验进行理论检验的基本逻辑结构为参照背景,给出"杜赫姆-奎恩问题"的定义。随后,我们用一个范例对该问题进行直观的说明,并由此讨论运用相对实验克服"杜赫姆-奎恩问题"的方法论意义。

如图2—1所示,研究人员运用实验进行理论检验的基本逻辑结构如下:

(1)对理论进行陈述;

(2)将理论运用到特定的背景中去(例如,在经济学实验中,我们考察的是被货币回报所激励的实验参与者);

(3)将理论在环境中的应用总结为一个或多个理论假说;

(4)描述实验设计;

(5)记录用于理论检验的实验数据;

(6)根据实验结果,推断理论假说是否被拒绝。

参照图2—1中的标注,对"杜赫姆-奎恩问题"的严格描述如下:

实验结果所表达的是关于实验所要检验的理论和所有实施这一理论所需要的环境的联合检验。因此,如果在特定环境中检验理论假说 H 时,我们需要使检验过程在该环境中得以实现的辅助假说 $A_1, A_2, \cdots, A_n$,那么我们观察到结果 C 意味着条件假说

```
        ┌─────────┐           ┌───────────┐
        │ 理论 A  │ (1)       │ 应用背景 B │ (2)
        └────┬────┘           └─────┬─────┘
             └────────┬─────────────┘
                ┌─────┴──────────────┐
                │ 理论假说H；观察值 C │     (3)
                └─────────┬──────────┘
           ┌──────────────┴──────────────┐
           │ 将A应用到背景B中去；运行实验 │
           │ 以确定观察值是否为C          │ (4)
           └──────┬───────────────┬──────┘
          ┌──────┴───┐       ┌────┴──────┐
          │ 结果为 C │ (5)   │ 结果不是 C │
          └────┬─────┘       └─────┬─────┘
          ┌───┴────┐           ┌───┴──────┐
          │ H 被支持│ (6)      │ H 不被支持│
          └────────┘           └──────────┘
```

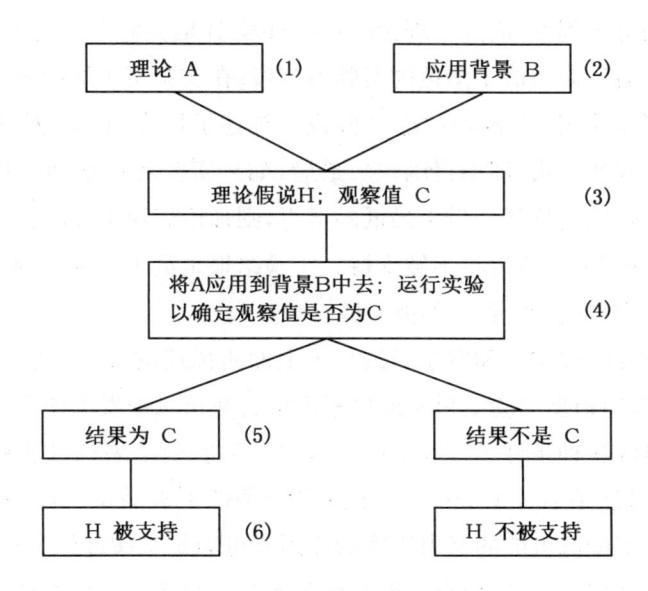

图 2—1　运用实验进行理论检验

$(H|A_1,A_2,\cdots,A_n)$ 为真。如果我们观察到的实验结果不是 C，其原因可能是 $H,A_1,A_2,\cdots,A_n$ 中的任何一个假说不成立，可能性不仅仅来自 H 不成立（Smith，2002）。

例 2.1　以往的实验经济学的文献表明，雇主和雇员之间的长期信任关系对市场效率的实现和合同的实施有极其重要的作用。布朗（Brown）、福尔克（Falk）和费尔（Fehr）曾经进行过如下的实验（Brown，Falk and Fehr，2004）：若干实验参与者扮演厂商的角色，另外若干参与者扮演员工的角色。厂商与员工之间的交易分为两个阶段：第一阶段，厂商向员工发出合同要约，合同包括将付给雇员的工资和期望员工达到的工作努力程度，而员工可以选择接受或拒绝合同；在交易的第二阶段，那些已接受合同的员工将选择实际付出的努力程度，而实际努力程度不受合同约束。员工所付出的努力程度越高，企业的利润越高，但员工因为付出努力而产生的成本也越高。由于合同的实施过程厂商无法监控，完全利己的员工将在给定的工资水平下付出最低的努力程度。这一实验所捕捉的是不完整合同下的"道德风险"问题。布朗、福尔克和费尔的实验表明，如果厂商与员工之间的交易是长期的（比如，合同结束、厂商实现其利润、员工工资也已被支付之后，劳资双方可以讨论合同的续签问题），同时厂商能观察到与其签订合同的员工在以往的合同中实际付出努力的程度，那么实验室的劳动力市场中员工往往会付出厂商所期望的努力而厂商也会支付给员工较高的工资（这个实验的具体细节在最后一章还会有所讨论）。实验结果显示"信誉"在市场中发挥着重要的作用。

现在我们将布朗、福尔克和费尔的实验分解为前面提到的五个基本步骤：实验所检验的理论 A 是合同不完备（即厂商无法监管员工的努力程度）时完全自利的员工会选择付出最低的努力程度；而这一理论应用的环境 B 是实验室内的劳动力市场，而市场中包括分别扮演厂商与员工角色的实验参与者；在实验室市场中所需要检验的理论假说 H 是信誉在市场中不发挥作用；实验设计描述了厂商与员工的决策集合以及各种条件下可能得到的回报（即赢得函数）；最后，如果实验者观察到的数据是实验室市场中的员工接受合同后选择了付出最低的努力，则理论假说 H 被支持，反之，"信誉在市场中不发挥作用"这一假说将不被支持。实验结果是员工所选取的努力程度远远高于最低可能的努力程度，假说 H 不被支持。

但是，如果布朗、福尔克和费尔只进行了上面所描述的实验，这一实验将面临"杜赫姆-奎恩问题"，即根据实验结果不能推断出信誉在市场中发挥作用。由于实验过程依赖于实验室内的各种条件 $A_1, A_2, \cdots, A_n$，得到的实验结果既可能意味着理论假说 H 不成立，也很可能是 $A_1, A_2, \cdots, A_n$ 中的某个条件不被满足。比如，员工所选取的努力程度远远高于最低可能的努力程度的原因有可能是实验过程中实验报酬过低、实验的显著性遭到破坏造成的，也有可能是由于实验参与者是在校本科生而本科生的行为与其他人相比有显著的系统差异等，不胜枚举。如同哲学家拉卡托斯所指出的："孤立的观察值无法对理论证伪。理论永远能被辅助假说拯救。"(Lakatos,1978:34)

采用相对实验的方法能在很大程度上解决"杜赫姆-奎恩问题"，而布朗、福尔克和费尔在实际操作中正是采用了相对实验的方法。除上面提到的实验之外，他们还进行了参照实验。在参照实验中，厂商不能观察到与其签订合同的员工在以往的合同中实际付出努力的程度，除此之外，所有的实验设定都与前面相一致。在参照实验中不存在信誉形成过程，除待检验的理论假说之外，参照实验所依赖的各种条件 $A_1, A_2, \cdots, A_n$ 全部与前面相同。因此，参照实验的结果与前面的实验结果之间的差异是检验理论假说的直接证据。布朗、福尔克和费尔在参照实验中观察到的员工选取的努力程度要低于在前面的实验中员工选取的努力程度，这就直接证明了至少在实验室的劳动力市场中信誉发挥着重要作用。

(二) 样本选择问题

例 2.2 假设某个劳动经济学家提出了一个研究问题，希望了解接受某种专业技能培训对个人收入的影响。

回答这个问题可供选择的方法之一是进行问卷调查。方法如下：在接受过该专业技能培训的人群中随机选择样本若干，调查其收入；在未接受过该专业技能培训的群体中也选择样本若干，调查其收入。随后，通过比较样本中接受培训的人的平均收入和未接受培训的人的平均收入，判断接受培训是否对收入有显著影响。

进行此类调查的明显缺陷是研究人员在对受调查者分类时，研究人员并不知道受调查者被归入某个具体类别背后的原因是什么，即存在"样本选择"问题。比如，假如选择接受培训的人全部是性格坚韧的人,而性格坚韧的人无论是否接受培训,其收入都比其他人高。在这样的情况下,即便研究人员从上面的问卷调查中得到接受培训的人的收入要高于未接受培训的人的收入这一结果,也不能说明接受培训能提高个人收入,因为接受培训的人收入高很可能是由于这类人的性格原因造成的,而不是接受培训本身造成的。

相对实验的另一个优势就是它能极大地克服"样本选择"问题。比如,针对劳动经济学家的问题,我们可以设计这样一个实验:在未接受培训的人中随机选择样本若干,再将样本随机分为两组:其中一组接受培训,另一组不接受培训。随后再追踪这两组参与实验的人的收入变化。在相对实验中,实验参与者是否参与某个条件下的实验完全由研究人员所控制,不受实验参与者个体特征的影响。

二、实验变量与实验设置

(一)实验变量

实验变量(Experimental Variable)有时也被称作设置变量(Treatment Variable)或实验的因子(Factor),是指相对实验中所测度的因素。在针对不同研究问题的各种实验设计中,实验变量既有可能是实验中的经济环境,也有可能是实验中的市场机制。如果你的研究问题是"在给定竞拍者对拍卖品的保有价格分布的前提下,比较英式拍卖与荷式拍卖的成交价格",那么在你的实验设计中"拍卖机制"就构成了实验变量;如果你的问题变成了"在英式拍卖机制下,考察竞拍者对拍卖品保有价格的变化对成交价格的影响",那么竞拍者对拍卖品的保有价格就成了你的实验设计中的实验变量。

一个实验变量可以包含多种状态,而实验变量的各个状态被称作实验条件(Experimental Condition),也被称作实验变量的水平。比如,将"拍卖机制"作为实验变量时,英式拍卖与荷式拍卖分别为不同的实验条件。实验设计中可包含1个或多个实验变量。但实验设计中的实验变量不宜过多,过多的实验变量会使实验进程复杂化,不利于实验的顺利实施。绝大多数的实验设计有一个或两个实验变量,通常情况下实验变量的数量不会超过3个。

(二)实验设置

在一个实验里,实验设置(Treatment)是指包括实验说明、实验的激励机制以及所有实验运行规则在内的全部实验流程的集合。在实验设计中包含多个实验变量,而在每个实验变量又包含多种状态的情况下,实验设置也被称作实验单元(Experimental Cell)。比如,研究人员既想回答拍卖机制对成交价格的影响,又想回答保有价格的分布对成交价格的影响。在实验设计中,研究人员就引入了"拍卖机制"与"保有价格的分布"这两个实验变量。实验中"拍卖机制"有两种状态,即英式拍卖与荷式拍卖,而"保有价格的分布"也有两种状态,即[0,5]上的均匀分布和[0,10]上的均匀分布。该实验设计中有两个实验变量,每个实验变量各有两种状态,这样的设计被称作 2×2 的实验设计。该实验设计中共有四个实验单元:竞拍者的保有价格服从[0,5]上的均匀分布时的英式拍卖,竞拍者的保有价格服从[0,5]上的均匀分布时的荷式拍卖;竞拍者的保有价格服从[0,10]上的均匀分布时的英式拍卖以及竞拍者的保有价格服从[0,10]上的均匀分布时的荷式拍卖。

在实验设计中一种常见的错误是同时变动多个实验变量,造成研究人员无法解释在不同的实验设置下实验参加者行为变化的原因。研究人员如果直接比较"竞拍者的保有价格服从[0,5]上的均匀分布时的英式拍卖"和"竞拍者的保有价格服从[0,10]上的均匀分布时的荷式拍卖"这两个实验单元下的成交价格,而不进行其他两个实验单元的实验,将无法解释成交价格的变化究竟应当归结于拍卖机制的变化还是应当归结于保有价格分布的变化。正确的做法是先比较"竞拍者的保有价格服从[0,5]上的均匀分布时的英式拍卖"和"竞拍者的保有价格服从[0,5]上的均匀分布时的荷式拍卖"这两个实验单元下的成交价格,从而回答保有价格服从[0,5]上的均匀分布时拍卖机制的变动对成交价格的影响有多大,然后再进一步比较"竞拍者的保有价格服从[0,10]上的均匀分布时的英式拍卖"和"竞拍者的保有价格服从[0,10]上的均匀分布时的荷式拍卖"这两个实验单元下的成交价格,从而估计竞拍者的保有价格提高以后拍卖机制的变动对成交价格的影响究竟会加大还是缩小。

三、跨被试设计与同被试设计

如果实验参加者只参与一个实验设置下的实验,这样的实验设计被称作跨被试设计(Across Subject Design);如果实验参加者同时参与多个被比照的实验设置下的实验,这样的实验设计就被称作同被试设计(Within Subject Design)。

跨被试设计与同被试设计这两种实验设计方法各有优劣。跨被试设计的优点是能有效避免同被试设计中常出现的"次序效应"问题:在同被试设计中,由于实验参加者要同时参与多个被比照的实验设置下的实验,实验参加者在先运行的实验设置中的行为往往会影响他们在后运行的实验设置下的决策,因而实验设计者很难判定不同实验设置下的实验结果的差别究竟是来自实验变量的变动还是来自"次序效应"。而跨被试设计中实验参加者只参与一个实验设置下的实验,"次序效应"问题在跨被试设计中不会出现。而跨被试设计的最大缺点是难以避免"个体效应":由于在跨被试设计中不同实验设置下的实验参加者不同,实验设计者往往很难甄别不同实验设置下的实验结果的差别究竟是来自实验变量的变动还是来自实验参加者的个体差异。而同被试设计的优点恰好是能有效避免"个体效应":正因为实验参加者要同时参与多个被比照的实验设置下的实验,不同的实验设置下不存在实验参加者的个体差异。

在跨被试设计中克服"个体效应"的办法是在同一总体中随机抽取实验参加者,并将实验参加者随机分配到将被比照的实验设置 A 与实验设置 B 中去。这样,实验设计者就能保证 A 设置和 B 设置下的实验参加者不存在系统差异。如果实验设计者有条件增加实验参加者人数,那么 A 设置和 B 设置下的实验参加者的平均随机差异也会减小。在同被试设计中克服"次序效应"的办法是将实验设置的实施次序随机化:实验参加者究竟先参与 A 设置下的实验还是先进行 B 设置下的实验,随机决定,这样就能保证实施不同实验设置的次序不会对实验结果产生系统影响。同时,如果实验设计者有条件增加各个实验设置下实验的运行次数,运行实验所产生的随机影响的平均值则也会减小。

四、实验场次

实验场次(Session)是指同时被征召的同一组(或一个)实验参加者所参与的一次实验。在跨被试设计中,一个实验场次只包括一个实验设置;而同被试设计中,一个实验场次包括两个以上的实验设置。在大多数情况下,一个实验场次在同一天内完成,且长度不会超过两小时,其目的是避免实验参加者疲劳厌倦,从而使实验得到有效控制。但也有一些特殊情况,比如,在共有价值产品拍卖的实验中,为使实验参加者获取交易经验,实验往往分为两天;为了让实验参加者在第二天能重返实验室,第一天实验参加者得到的实验报酬通常在第二天发放。一个实验场次的参加人数不宜过多,大多数研究型实验中每个实验场次的参加人数不超过 20 人,其目的也是使实验得到控制。

实验设计者应保证实验场次的运行次数,以确保实验的独立观察值的数量。

五、独立观察值

实验数据中记录的观察值是实验参加者在实验过程中的决策。观察值的独立性,既取决于实验参加者的决策是否依赖于其他参加者的决策,也取决于实验参加者的决策是否依赖于参加者本人的决策历史。

如果某实验参加者的决策依赖于其他参加者的决策,那么该实验参加者的决策就不能被当作独立的观察值处理。比如,在某实验场次中,研究人员征召 20 名参加者,两个人一组,分别进行"囚徒困境"博弈。在每组博弈中,由于实验参加者所选择的策略都依赖于对对手所选择的策略的预期,参与博弈的两个人对策略的选择共同构成一个独立的观察值,在该实验中独立观察值的数量是 10 个而不是 20 个。又比如,有 20 名实验参加者参与双向拍卖市场的实验,在实验中 10 人扮演销售者的角色,10 人扮演消费者的角色。由于每个销售者的出价和消费者的竞价既依赖于其他销售者的出价,也依赖于其他消费者的竞价,在该实验中所有实验参加者的决策互不独立,一个实验场次被视作一个独立的观察值。在霍尔特和劳里(Holt and Laury,2002)的实验里,研究人员通过实验参加者对不同博彩的取舍选择估计出实验参加者对风险的厌恶程度。在该实验中,每个实验参加者的决策都与其他参加者的决策无关,所以每个参加者的决策都被视作独立的观察值。需要注意的是,不恰当的实验进程会破坏观察值的独立性。如果在"囚徒困境"博弈实验中,每组实验参加者有机会和其他各组参加者交流并观察到其他各组参加者博弈策略的选择,各组观察值的独立性就会遭到污染。

如果实验参加者的决策依赖于参加者本人的决策历史,那么该实验参加者在每个回合的决策不能被视作独立的观察值。比如在"囚徒困境"博弈实验中,研究人员征召20名参加者,两人一组固定配对,将博弈重复进行15轮。在博弈重复进行的过程中,研究人员能够观察到博弈的局势收敛到均衡解的动态过程和局中人建立信誉的过程。但该实验中独立观察值的数量没有增加,仍是10个:实验参加者在每轮博弈中对策略的选择都依赖于以往各轮中自己的选择和对手的选择。有些时候研究人员需要通过随机配对的方法来剔除信誉建立过程对实验结果的影响,在这样的情况下一个实验场次被视作一个独立的观察值。仍以"囚徒困境"博弈实验为例。在实验中,研究人员征召20名参加者,每轮两人一组随机配对,将博弈重复进行15轮:在第一轮中,可能甲和乙一组,而第二轮中,甲的对手或许就换成了丙。在各轮中,实验参加者不知道自己的对手是谁。在该实验中,实验参加者在各轮中对策略的选择不仅依赖于自己以往各轮中的选择,也依赖于以往各轮中与该实验参加者配对的所有对手的选择。所以,研究人员出于保守的考虑,在该实验中以一个实验场次作为一个独立的观察值。

我们把一个实验设置下能被当作独立观察值的最小实验参与者集合称作实验单位。根据上面对独立观察值的讨论,在不同的实验设计下,实验单位有可能是实验场次,有可能是实验场次内的几个参与者,也有可能是一个参与者。

六、对实验的控制

如前一章所述,经济实验的优势在于能够对经济环境和市场机制进行控制。在两个被比照的实验设置之间,研究人员通过变动实验变量回答自己的研究问题。在变动实验变量的同时,其他与研究问题无关的因素会被研究人员所固定,以免污染实验结果。如果研究人员失去了对实验的控制,则她将无法回答实验数据背后的真实原因究竟是什么。

研究人员的"需求效应"是实验设计中需要注意避免的问题。"需求效应"是指实验参加者对实验目的以及对研究人员期望的主观预期对实验结果的影响。实验参加者在参与实验时会对实验目的和研究人员的希望有各种猜测:"或许这是关于公平互利的实验""也许买卖的次数越多,研究人员越能得到有用的数据"。由于被征召的实验参加者往往希望配合实验人员,因此这些猜测很有可能会影响到实验参加者在实验中的行为。实验参加者的主观猜测无论是否与研究问题相关都会对实验的控制有不利的影响:研究人员将无法断定实验结果究竟是出于物质激励,还是出于实验参加者基于各种猜测的"主动配合"。克服"需求效应"的一种常用方法是给予实验参加者更多的选择。比如,在共有价值拍卖的实验中,研究人员发现很多实验参加者由于出价高于拍卖品的真实价值而产生亏损,在亏损的情况下这些实验参加者仍然继续参与竞价,而不是选择退出市场。这一现象随着实验参加者的经验增加有所缓解,但并没有消失。考克斯、丁金和史密斯(Cox,Dinkin and Smith,2001)的研究试图回答这种"过度参与"的现象是否能被"需求效应"所解释:实验参加者主观上认为实验人员希望他们参与市场活动,为了"配合"实验人员,尽管亏损,实验参加者仍然参与竞价。在考克斯、丁金和史密斯(2001)的实验设计中,实验参加者可以在两个市场之间进行选择:他们既可以选择参加共有价值拍卖市场,也可以选择参加"安全市场"。在安全市场中,实验参加者将被保证得到正收入,而具体收入的高低服从某种特定分布。由于安全市场的存在,实验参加者出于"配合"实验人员的考虑而对市场活动的参与完全可以体现在安全市场上。实验结果表明,在存在安全市场的情况下,亏损的实验参加者继续参与共有价值拍卖市场竞价的现象大幅度减少,这说明"需求效应"至少能部分解释以往的共有价值拍卖实验中实验参加者的"过度参与"现象。

　　与研究问题无关的实验参加者的个人偏好对实验结果的影响也是实验设计者需要避免的。克服这一不利影响的主要办法是在实验说明中采用中性词语。在考克斯和奥哈卡(Cox and Oaxaca,1989)的研究工作里,实验设计者希望检验劳动者在劳动力市场上寻找工作的理论模型。由于理论所刻画的是劳动者的物质回报与劳动者在劳动力市场上的决策之间的关系,劳动者的其他偏好对劳动者在劳动力市场上所做的决策的影响并不在实验所检验的范围之内,因此,实验说明书对实验的描述中淡化了实验的社会背景,并未出现"就业""失业"等词语,而是代之以"决策A""决策B"等中性词语。如果实验说明中采用了"就业""失业"等词语,而某实验参加者从小受到的教育和社会环境的影响就是"失业是丢脸的事""只有懒汉才会去当无业游民",那么她在实验室中做出"就业"决定很可能出于她的个人偏好,研究人员则将无法断定物质激励对该实验参加者在实验中的决策的影响是否占主导地位,从而使实验失去了控制。需要注意的是,在有的实验设计里研究人员并未采用中性词语,同时也引入了一定的社会背景,这是由于这些特定背景对实验结果的影响本身已经涉及实验设计者的研究问题(相关内容在下面关于实地实验的介绍中还会进一步提到)。究竟什么样的设计是"好"设计,对实验的控制是否有效,取决于实验设计者所回答的研究问题。

此外，为了保证对实验进程的控制，在经济学实验中研究人员从不欺骗实验参加者。经济学实验与心理学实验的最大区别是经济学实验的实验结果与物质激励因素直接发生关联。如果研究人员在实验过程中欺骗实验参加者，一旦被发现，研究人员则将会失去实验参加者的信任。实验参加者对实验说明、实验过程失去了信任，自然会对研究人员所承诺的物质回报也失去信任，这就造成了实验中实验参加者的决策与物质回报失去关联，第一章中所提到的"报酬的显著性"被破坏，实验失去了控制。即便在实验过程中研究人员能一时成功地欺骗实验参加者，实验参加者也往往能在事后跟同学、朋友交流参与实验的过程中发现真相。不欺骗实验参加者，不仅能保证你自己的实验得到控制，也有利于其他研究人员在以后的实验中得到实验参加者的信任。需要提到的是，虽然经济学实验不欺骗实验参加者，但研究人员可以在实验中隐藏实验目的。"不说谎"不等同于"什么都说"。

七、心理偏见

心理学的大量文献表明人们在参与经济活动的过程中存在"心理偏见"，而这些有特定倾向性的心理偏见对人们的经济决策有着强烈的影响（Lichtenstein and Slovic, 1971；Kahneman, Slovic and Tversky, 1982；等等）。如果在实验设计中不考虑实验参加者的心理偏见，则很可能导致实验失去控制、实验结果失效。

（一）损失厌恶

"损失厌恶"（Loss Aversion）是指损失与收益相比，实验参加者通常对损失更为敏感。如果两个被比照的实验设置之间，一个设置下实验参加者亏损的机会要明显高于另一个设置下实验参加者亏损的机会，在两个实验设置下实验参加者的行为将出现显著差异。除非研究问题本身涉及"损失厌恶"这一心理因素，在实验设计中，各实验设置下实验参加者出现损失的机会应基本相同。

（二）现状偏好

"现状偏好"（Status Quo Bias）是指实验参加者的决策会受到其他人特别是研究人员的暗示的影响。比如，研究人员在实验说明书中举出涉及具体数值的例子来说明实验中收益的分配法则，这些例子里的具体数值往往就成了实验中实验参加者的选择。避免"现状偏好"的办法是在实验说明书里举例讲解各种规则的过程中不涉及具体数值。如果必须要用到具体数值，则一定要阐明这些具体数值与实验参加者在实验中的决策无关。

（三）禀赋效应

"禀赋效应"（Endowment Effect）是指所有权对实验参加者的估价过程产生影响。比如，某实验参加者拥有一个博彩，当该博彩的市场价格不低于 r 元的时候，她愿意向市场出售该博彩；但是，当该实验参加者从市场上购买相同的博彩时，她所愿意支付的最高价格通常会低于 r 元。除非是研究问题的需要，在被比照的实验设置之间应剔除"禀赋效应"的影响。

八、单盲设计与双盲设计

单盲设计（Single Blind）与双盲设计（Double Blind）是保障第一章中所提到的"实验的隐私性"的重要手段，这两种设计广泛应用于心理学和经济学实验中。在单盲设计中，每个实验参加者只知道自己在实验中的角色，并不知道其他实验参加者在实验中扮演了什么角色。在双盲设计中，不仅实验参加者不知道其他参加者扮演了什么角色，研究人员也不知道每个实验参加者究竟扮演了什么角色。双盲设计的一般做法是实验开始前随机选择一名实验参加者承担实验参加者与研究人员之间的信息传递工作；承担信息传递的实验参加者领取固定报酬，并不直接参与实验过程。在双盲设计中，实验一旦开始，研究人员就将离开实验室；研究人员只知道在实验室内各个座位上的实验参加者分别扮演什么角色，但不知道究竟谁坐在哪个座位上；信息传递者收集各个座位上实验参加者的决策信息，但信息传递者不知道各个座位上的实验参加者的角色是什么。需要提到的是，单盲设计与双盲设计并不妨碍实验参加者观察到其他某个角色的决策或决策历史。比如，在标价市场里，尽管没人知道究竟是哪个实验参加者扮演 2 号销售者的角色，但买方能观察到 2 号销售者的所有标价记录。

九、实验室实验与实地实验

一般情况下，经济学实验征召大学本科生作为实验参加者，在特定的场所（即实验室）参与特殊的市场活动。实验室实验的最大优势在于对经济环境和市场机制的控制，实验室实验能在最大程度上淡化社会背景和个人偏好等与研究问题无关的因素对实验结果的影响。但是，如果特定的社会背景或实验参加者的个人偏好作为实验设计者的研究问题，则研究人员就会希望在实验中强化这些特定的社会背景或个人偏好。比如，在卡格尔和莱文（Kagel and Levin，1986）的实验中，研究人员不仅征召本科生进行共有价值拍卖实验，以参与竞拍为业的职业交易员也被征入实验室参与实验；勒金-莱利（Lucking-Reiley，1999）在互联网上拍卖网络游戏装备以检验不同拍卖机制对成交价格的影响。如果政府需要了解某就业政策对失业者决策的影响，那么政府很可能需要征召失业者进行相关实验。这些强化特定社会背景与个人偏好的实验有可能在实验室内进行，也有可能在日常生活的市场中进行，被统称为实地实验（Field Experiment）。

实地实验能回答某些实验室实验所难以回答的研究问题，但也有其劣势。一方面是价格昂贵。在卡格尔和莱文（1986）的实验中，职业交易员的机会成本远高于在校学生的机会成本。征召职业交易员的实验报酬远高于付给学生的报酬才能保证"报酬的优超性"。另一方面,实地实验对经济环境的控制不如实验室实验对环境的控制严格。在勒金-莱利(Lucking-Reiley,1999)的实验里,由于研究人员在互联网上拍卖真实的产品,显然研究人员无法控制竞拍者对产品的保有价格。实验室实验与实地实验两种研究方法各有所长,互为补充。关于实地实验的详细介绍,见第六章。

第二节 有效的实验设计所具备的基本特征

评价某个实验设计是否有效,最根本的尺度是应用该实验设计进行经济实验是否能够直接评价研究人员所提出的理论假说,而对理论假说的评价检验最终要通过分析实验数据完成。在实验设计中,研究人员是否已经对各种无关因素的扰动进行了控制,也会体现在实验数据上。因此,实验数据质量的高低是评价实验设计是否有效的直接尺度。下面,我们从系统误差、实验的精确度以及实验结果的适用范围三个方面讨论实验数据质量。一个有效的实验设计应当具备以下三个基本特征:

一、不存在系统误差

研究人员根据实验数据构造出对实验效果的估计值。对系统误差进行控制,其目的是要得到满足一致性的估计值。如果实验存在系统误差,那么无论实验重复的次数再多、实验单位的数量再大,我们也不能得到对实验效果的准确估计。

例 2.3 某人设计实验比较 A 和 B 两种不同拍卖机制下给拍卖者带来的收益有何不同,A 机制下的实验参与者全部为女性,而 B 机制下的实验参与者全部为男性。以往的实验经济学文献表明,男性和女性对待风险的态度有显著差异。因此,在这一实验设计下,A 和 B 两种机制下实验结果的差异可能并不完全来自 A、B 两种机制的差异,很可能来自男女对风险态度的差异。

避免系统误差有两个基本原则:其一,两个接受不同实验条件的实验单位之间只允许表达随机的差异;其二,每个实验单位必须是独立的,即每个实验单位内的实验参与者的决策不能受其他实验单位内的参与者的决策的影响。在设计过程中,进行有关系统误差的假设一定要谨慎。在实验开始以前,应反复检验实验是否可能存在系统误差。

二、精确

实验的精确度是指除系统误差外,实验对其他随机误差的控制。实验所需要达到的精确度与实验目的有关,一方面,如果对实验效果的估计值极不精确,则实验毫无价值;另一方面,"完全精确"的估计量是不存在的,寻找极度精确的估计量成本极高,也不必要。

实验的精确度依赖于实验单位之间的内在差异,也依赖于实验单位的数量,更依赖于实验设计。通常情况下,实验单位的数量扩大 N 倍,实验的精确度会扩大 $\sqrt{N}$ 倍。

三、对有效范围给出描述

好的实验应当谨慎回答造成不同实验效果背后的原因是什么,否则可能造成从实验结果中推断出的结论被滥用。例如,不同国家的国民、不同收入阶层的群体的利他偏好可能会有所不同。在某个国家的某个收入阶层内进行的关于利他偏好的实验结论不能被滥用到其他国家或其他的收入阶层。

第三节　实验设计的基本步骤

为实现前一部分所提到的实验设计的有效性,实验设计应遵从提出研究问题、设计实验设置、对误差控制进行设计、样本与观察值设计和数据分析方法设计五个基本步骤。

一、提出研究问题

对自己需要回答的研究问题的陈述要准确,千万不要在没有提炼好自己的研究问题和理论假说的情况下开始实验。

二、设计实验设置

对实验条件的设计包括:在实验中将应用什么实验条件?实验中包括多少种不同的条件?如果实验条件是由某些特定因素的水平决定的,那么实验中包括多少种不同的因素,每个因素又有多少种不同的水平?实验条件是质的条件还是量化的条件,究竟是质还是量的条件会影响对实验结果的分析吗?

三、对误差控制进行设计

在实验计划中,实验设置是如何安排的?换言之,究竟是哪些实验参与者在哪些实验设置下进行实验?怎样合理地安排实验设置以避免系统误差?可行的误差控制设计方法包括随机设计、随机区组设计、拉丁方以及因素分析。这些方法将在以后的章节中介绍。

四、样本与观察值设计

得到实验结果后,哪些类型的数据将被实验者记录?这些数据将在什么水平上被记录?观察值的单位与实验单位是否一致?有关观察值的独立性的问题在本章的第二部分已有所讨论。

五、数据分析方法设计

最后,你需要把实验设计的全过程再推敲一遍。从提出问题到数据收集,然后找出与你的实验设计相适合的数据处理和统计分析方法。通常,在真的开始实验以前运用随机过程或其他仿真方法产生出模拟的观察值、应用统计方法对这些模拟数据进行处理以检验统计方法的效果非常必要。如果在最后的阶段发现问题,则我们必须返回到前面几步,修正实验设计。在未进行数据分析方法设计的情况下开始实验,风险极大,很可能大幅度增加不必要的实验成本。

作为总结,下面的线性模型会帮助你评价你的实验设计的有效性:

观察值＝个体效果＋实验效果＋实验误差(不恰当运用实验设置所产生的误差)＋观察误差(对各种效果度量的误差)

实验设计的目的在于从上述线性模型中剥离出实验效果。

第四节 实验设计的简例:从女贵族品茶的故事中得到的启示

在本章的末尾,我们给出一个研究人员遵从上一部分所提到的实验设计的基本步骤来设计实验,并运用所得到的实验数据进行假设检验的实例。

统计学家罗纳德·费雪(Ronald Fisher)在他的《实验设计》(*Design of Experiments*)(1935)一书中提到了一个英国女贵族品茶的故事。这个故事揭示了实验设计方法中的许多问题,是说某个出身于英国贵族家庭的女士宣称她在品尝兑了牛奶的红茶的时候,她能够分辨出究竟茶杯里是先放的牛奶还是先放的红茶。那么我们究竟能不能通过实验的手段来评判这位贵族女士的论断?

参照前面提到的五个步骤,研究人员采用下面的实验设计来评判该贵族女士的论断。

一、陈述研究问题

你所关心的理论假说是什么？根据贵族女士的论断，研究人员提出下面的零假设和备择假设。

零假设：该女士无法分辨出究竟茶杯里是先放的牛奶还是先放的红茶。

备择假设：其他情况，即该女士的论断成立。

二、对实验设置进行设计

即实验中需要应用哪些实验条件？研究人员测试贵族女士能否分辨茶杯里先放牛奶还是先放红茶的实验过程如下：实验人员让该女士品尝若干杯掺了牛奶的红茶，在这几杯掺了牛奶的红茶中，有的是先加的牛奶，而有几杯是先加的红茶。实验者要求该女士标识出各杯奶茶加入牛奶与红茶的顺序。基于研究问题，研究人员所采用的实验设置是关于"质"的设置。研究问题的焦点并不在于牛奶和红茶的比例，而在于给定牛奶与红茶的比例，该女士能否分辨出添加牛奶与红茶的顺序。

三、设计误差控制方法

设计误差控制最重要的问题是误差的来源是什么。下面仅列举几个该实验中可能的误差来源：

（1）即便这一贵族女士没有说谎，真的能够分辨出奶茶中加入牛奶与红茶的顺序，她也有可能偶然失误。因此，研究人员给该女士品尝的奶茶的杯数应当足够多。我们不妨考虑研究人员调制了8杯奶茶的情形。

（2）将奶茶放入不同材料制成的茶杯中，在口味上可能会造成不同的效果。无论实验条件为"品尝先放了牛奶的奶茶"还是"品尝先放了红茶的奶茶"，研究人员都应当用同一种茶杯来盛奶茶。这样，我们才能检验"在某种茶杯盛放奶茶的环境下，该女士无法分辨出究竟茶杯里是先放的牛奶还是先放的红茶"这一命题假设是否为真。

（3）如果研究人员按照特定的顺序制作奶茶，极有可能导致实验结果失真。比如，研究人员先制作兑入牛奶的奶茶，再制作先兑入红茶的奶茶，那么先兑入牛奶的奶茶就会比先兑入红茶的奶茶凉。如果该贵族女士发现了研究人员的制茶顺序，则她会应用"先兑入牛奶的奶茶比较凉"这一额外信息帮助她进行判断。研究人员恰当的做法是将制作奶茶的顺序随机化。具体而言，在制作每杯奶茶前，研究人员都投掷1枚硬币。如果正面朝上，则先加牛奶后加茶；如果反面朝上，则先加红茶后加牛奶。这种设计方法就是我们第三章要介绍的"完全随机设计"。

（4）类似地，如果研究人员让该女士按照特定的次序品尝奶茶，则该女士也有可能运用这一额外信息改善她的决策。恰当的办法是研究人员随机决定该女士品茶的次序。

（5）同样的道理，研究人员不应当改变各杯中牛奶和红茶的比例。如果在先兑入牛奶的奶茶中牛奶的比例比较高，该女士则很有可能根据这一额外信息改善她的判断。

四、样本与观察值设计

你如何得到数据？实验中的哪些数据将被记录？

该女士给各杯奶茶做出的标识是实验的观察值，研究人员针对这些标识进行统计检验并判定研究命题中的假设是否为真。

五、将实验设计与一种统计方法相联系

根据你的实验设计，有哪些统计检验方法是适用的，而这些检验方法又如何回答你最初的研究问题的？

该女士对每杯奶茶都有"先加茶后加奶"和"先加奶后加茶"这两种可能的标识。对于 8 杯奶茶，则有 $2^8=256$ 种标识方法。在零假设为真的前提下，该女士无法分辨出茶杯里是先放的牛奶还是先放的红茶，在此前提下该女士将 8 杯奶茶全部标识正确的概率为 $1/256$，标识正确 7 杯奶茶的概率为 $C_8^7/256=8/256$，标识正确 6 杯奶茶的概率为 $C_8^6/256=28/256$。因此，如果该女士标识正确了 6 杯奶茶，我们则将在 15% 的显著水平下拒绝零假设；如果她标对了 7 杯奶茶，我们则将在 5% 的显著水平下拒绝零假设；如果她全部标识正确，我们则将在 0.5% 的显著水平下拒绝零假设。

需要注意的是，该实验成功的前提是在控制误差的过程中恰当地运用了随机设计方法。如果实验未能有效地控制系统误差，根据实验数据所进行的统计推断的有效性则将受到损害。对于随机设计的方法，我们将在下一章介绍。

练习题

1. 由于实地实验所回答的研究问题的特殊性，其实施过程往往在自然市场中进行，甚至有时会涉及特殊的实验参加者群体。与实验室实验相比，实地实验的设计和实施可能有哪些难点？尽可能列举。

假如你现在需要到云南的某地区组织当地的某少数民族的群众参与"囚徒困境"博弈实验，为该实验设计一个实施计划（需要考虑的问题包括如何与当地有关部门联系、获得准许；如果绝大多数实验参加者不识字，则如何向他们解释实验规则；等等）。

2. 假设你进行的某实验中有 A 和 B 两个实验条件：在 A 条件下，你得到了 a1,a2,a3 和 a4 共四

个独立的观察值；在 B 条件下，你得到了 b1,b2,b3 和 b4 四个独立的观察值。你的研究问题的零假设是 A 和 B 两个实验条件对实验结果的影响无差别。

（1）当零假设为真时，如果我们将 A 和 B 两个实验条件的 8 个观察值从高到低排列，那么各种不同排列出现的可能性都相同。a1,a2,a3,a4,b1,b2,b3,b4 这 8 个观察值共有多少种可能的排列方法？

（2）A 条件下的观察值全部高于 B 条件下的观察值的排列方法（即 A 条件下的观察值占据前四个位置，B 条件下的观察值占据后四个位置）有多少种？

（3）如果你通过实验发现 A 条件下的观察值全部高于 B 条件下的观察值，那么在零假设为真的前提下，这一事件发生的概率有多大？

参考文献

1. Box, G., W. G. Hunter and J. S. Hunter(1978). "Statistics for Experimenters: An Introduction to Design, Data Analysis, and Model Building", Wiley-Interscience.

2. Brown M., A. Falk, E. Fehr(2004). "Relational Contracts and the Nature of Market Interactions", *Econometrica*, 72:747—780.

3. Cox, J. C., R. L. Oaxaca(1989). "Laboratory Experiments with a Finite Horizon Job Search Model", *Journal of Risk and Uncertainty*, 2:301—329.

4. Cox, James C., Sam Dinkin, V. L. Smith(2001). "Endogenous Entry and Exit in Common Value Auctions", *Experimental Economics*, 4:163—182.

5. Fisher, R. (1935). "Design of Experiments", Macmillan.

6. Holt, C. (2006). "Markets, Games and Strategic Behavior", Addison Wesley.

7. Holt, C. A., S. K. Laury(2002). "Risk Aversion and Incentive Effects", *American Economic Review*, 92:1644—1655.

8. Kagel, J. H., D. Levin(1986). "The Winner's Curse and Public Information in Common Value Auctions", *American Economic Review*, 76:894—920.

9. Kahneman, D., P. Slovic, A. Tversky(1982). "Judgement under Uncertainty: Heuristics and Biases", Cambridge: Cambridge University Press.

10. Lakatos, I. (1978). "The Methodology of Scientific Research Programmers", Vol. 1/2, Cambridge University Press, Cambridge.

11. Lichtenstein, S., P. Slovic(1971). "Reversals of Preference Between Bids and Choices in Gambling Situations", *Journal of Experimental Psychology*, 89:46—55.

12. Lucking-Reiley, D. (1999). "Using Field Experiments to Test Equivalence Between Auction Formats: Magic on the Internet", *American Economic Review*, 89:1063—1080.

13. Smith, V. L. (2002). "Method in Experiment: Rhetoric and Reality", *Experimental Economics*, 5:91—110.

第三章 随机设计

在第二章所介绍的实验设计的基本步骤里,实验设置设计和误差控制设计是密切相关的。不恰当的实验设置设计往往是造成系统误差的直接原因。本章所介绍的随机设计的目的是通过恰当的实验设置设计来避免系统误差,简单地说,就是在选取实验参与者以及在将实验参与者分配到各个实验设置的过程中运用随机设计控制并淡化与研究人员的问题无关的因素。

在本章的第一节,我们首先介绍实验设置设计中随机化的基本思路与方法;第二节介绍完全随机设计,该方法通常在实验中只有一个实验变量时才被采用;第三节是完全随机设计下的方差分析;第四节介绍随机区组设计,当研究人员希望有针对性地剔除某一种特定因素对实验结果的影响时往往会采用该方法。

第一节 随机化的基本思路

假设研究人员已经选取了一定数量的实验参与者来参加某个相对实验,在这些实验参与者中,哪些会参与参照组的实验、哪些会参与实验组的实验?而实施各个不同实验条件的顺序又是什么?这些问题是实验设计过程中所必须回答的问题。有两种潜在的安排实验条件的方法:研究人员采用某种特定规则系统地安排实验条件,或是完全随机地安排实验条件。下面将举例说明采用特定规则系统地安排实验条件所可能造成的危害。

例 3.1 假设研究人员希望评价 A 和 B 两种实验说明帮助实验参与者理解实验市场规则的效果,为达到这一目的,研究人员将 10 名实验参与者分成 5 组,每组 2 人。在每组实验参与者中,一个人接受实验说明 A 的指导,另一个人接受实验说明 B 的指导,究竟谁接受 A 的指导、谁接受 B 的指导由抽签决定。(在这个例子中,每对实验参与者组成了一个"区组",在每个"区组"内实验条件随机安排,这就是在本章的第四部分将详细介绍的随机区组设计。)研究人员每次向一个实验参与者朗读实验说明,随后通过问卷测试实验参与者对规则的理解水平。研究人员决定,在各组实验参与者中,先向接受实验说明 A 的指导的实验参与者朗读实验说明 A,再向接受实验说明 B 的指导的实验参与者朗读实验说明 B。

在这个例子里,如果研究人员倾向于不自觉地加快朗读第二份实验说明的速度,那么在每组实验中总是先朗读 A 再朗读 B 的实验设计就很可能造成实验失效。比如,通过问卷测试,研究人员发现,接受实验说明 B 的指导的实验参与者对实验市场规则的理解较差。此时,研究人员并不能排除实验说明 B 本身的指导效果比说明 A 差而仅仅是由于研究人员阅读第二份说明时语速过快造成实验参与者理解障碍这一可能性。

这个例子告诉我们在条件允许的前提下应尽可能地运用随机化设计。在实验设计过程中,任何系统法则都是主观法则:实验者必须预先假设在安排实验条件的过程中所运用的特定的系统法则不造成任何可能的系统误差。在该假设成立的前提下,采用系统法则才不会对实验设计造成危害;反之,随机化的实验设计过程是客观的过程。

例 3.2 1931 年进行的拉纳克郡(Lanarkshire)牛奶实验。该实验旨在检验生牛奶和净化后的牛奶对青少年生长发育的影响。实验安排如下:5 000 名学生饮用生牛奶,另外 5 000 名学生饮用净化后的牛奶,还有 10 000 名学生不饮用牛奶。历经 5 个月之后,研究人员测评各组学生的身高、体重等生长发育指标的变化。研究人员对实验条件的安排分两步:第一步,研究人员将 20 000 名学生随机分配到实验组和参照组中;第二步,研究人员将许多营养不良的学生调整到实验组中,也就是让营养不良的孩子在 5 个月内能喝到牛奶。

实验结果表明,饮用牛奶的学生 5 个月内身高和体重的增长远远超过不饮用牛奶的学生的身高和体重的增长。造成这一现象的原因与该实验的设计有很大关联。由于营养不良的青少年饮用牛奶的效果要优于正常的青少年饮用牛奶的效果,因此在本实验中牛奶对青少年成长的贡献被高估了。拉纳克郡(Lanarkshire)牛奶实验失效的原因在于,其实验设计过程未能按照与实验参与者个体特征无关的原则安排实验条件。

对拉纳克郡(Lanarkshire)牛奶实验的一个可能的改进是用双胞胎作为实验参与者,双生姊妹(兄弟)中的一个参加实验组,而另一个参加参照组。征召双胞胎作为实验对象的好处是双胞胎的个体特征近似,除实验变量之外的因素由此得到了极大的控制。

为什么随机化设计能帮助我们避免系统误差?下面的简单的统计模型能帮助理解其背后的原因:

$$观察值_{it} = 个体\ i\ 的效果 + 实验设置\ t\ 的效果 \tag{3.1}$$

当研究人员从实验中得到的观察值足够多时,各实验参与者的个体差异给观察值造成的影响服从均值为零的随机分布。而研究人员所要估计的第 t 个实验设置对观察值造成的影响,对每个参与实验设置 t 的实验参与者而言是一致的。只要对实验设置的安排是随机的,那么所有参与第 t 个实验设置的实验参与者的个体差异对观察值所造成的影响仍然服从均值为零的随机分布。如果有 N 个实验对象参与了第 t 个实验设置,则我们就能直观地得到下式:

$$\frac{1}{N}\sum 观察值_{it} = \frac{1}{N}\sum 个体效果 + \frac{1}{N}\sum 实验效果$$
$$\rightarrow 0 + 实验效果$$
$$= 实验效果 \qquad(3.2)$$

简言之,通过随机化设计,我们能够得到对实验效果的一致无偏的估计量。

第二节 完全随机设计

完全随机设计(Completely Randomized Design,CRD),是指将总共 N 个实验参与者随机分配到 k 个不同的实验设置中去的实验设计方法。研究人员既不需要专门剔除某种特定因素对实验结果的影响,也不需要分析多个实验变量的交互作用时通常会采用完全随机设计的方法。如果研究人员需要专门剔除某种特定因素对实验结果的影响,则可以考虑采用随机区组设计或拉丁方等实验设计方法;如果研究人员需要分析多个实验变量的交互作用,则可以采用因子设计的方法。随机区组设计将在本章的第四部分介绍,而拉丁方和因子设计将在下一章介绍。完全随机设计可涉及一个实验变量或若干个相互不关联的实验变量。大多数情况下,完全随机设计只涉及 1 个实验变量。

方差分析(Analysis of Variance,ANOVA),是在完全随机设计下量化测度实验效果是否显著的常用方法。当完全随机设计仅涉及一个实验变量时,相应的测度实验效果显著与否的方法为单因素方差分析方法(One Way ANOVA)。方差分析的吸引人之处在于其 F-检验统计量构造简单,易于操作,而检验效果与高强度的非参数排列检验非常接近(非参数的检验方法我们会在以后的章节中介绍)。下面我们通过一个数值实例,帮助读者直观地了解完全随机设计下的方差分析。

例 3.3 假设政府需要对数字通信的经营许可权进行拍卖,现有 A、B、C 和 D 四种可供选择的拍卖机制。真正在市场上拍卖许可权之前,有关部门希望了解 A、B、C、D 四种拍卖机制在成交效率上是否有显著差异。研究人员针对政府所提出的问题,征召了 24 组实验参与者进行实验,在实验中,有机制 A、机制 B、机制 C 和机制 D 四种实验条件,24 组实验参与者被随机分配到 4 种不同的实验条件中去;实验后,各组实验参与者在各机制下的成交效率如表 3—1 所示(表中的百分比省略了百分号,但这并不影响后面方差分析的结果)。

表 3—1　　　　完全随机设计下 A、B、C 和 D 四种拍卖机制的成交效率

项　目	机制 A	机制 B	机制 C	机制 D
	62	63	68	56
	60	67	66	62
	63	71	71	60
	59	64	67	61
		65	68	63
		66	68	64
				63
				59
组内平均值	61	66	68	61
总平均值	64			

我们按如下三个步骤针对实验效果的差异水平进行方差分析。

第 1 步:计算样本方差的估计量组内均方。

构造组内均方的基本思路是先运用各个实验条件下的观察值计算方差的估计量,然后再综合这些估计量形成对总体方差的估计量。我们用 S_A 表示从机制 A 下的各成交效率到机制 A 下的平均成交效率之间的离差平方和。由于在机制 A 下通过实验共得到 4 个独立观察值且组内均值为 61,因此我们有

$$S_A = (62-61)^2 + (60-61)^2 + (63-61)^2 + (59-61)^2$$
$$= 10$$

平方和所对应的自由度等于观察值总数减 1,在这里为 3。因此,在机制 A 下的样本方差为 $s_A^2 = 10/3 = 3.3$。类似地,我们可以得到机制 B 下的样本方差 $s_B^2 = 40/5 = 8$,机制 C 下的样本方差 $s_C^2 = 14/5 = 2.8$ 以及机制 D 下的样本方差 $s_D^2 = 48/7 = 6.8$。从而,综合的方差估计量(即组内均方)为:

$$s_W^2 = (S_A + S_B + S_C + S_D)/(3+5+5+7) = 5.6$$

第 2 步:计算组间方差的估计量。

从直觉上讲,当各个实验条件下的实验效果无差别时,我们可以将各个实验条件下的观察值当作来源于同一总体的数据处理。在此情况下,组间方差会较小;反之,当各个实验条件下的实验效果差别显著时,组间方差会较大。完全随机设计下 A、B、C

和 D 四种机制下的均值与总平均值之差见表 3—2。

表 3—2　　完全随机设计下 A、B、C 和 D 四种机制下的均值与总平均值之差

	A	B	C	D
$\bar{y}_t$	61	66	68	61
$\bar{y}_t - \bar{y}$	−3	2	4	−3
观察值数量 n_t	4	6	6	8

如表 3—2 所示，$\bar{y}_t$ 为机制 t 下的均值（即组内均值），$\bar{y}$ 为总平均值，n_t 为机制 t 下的观察值数量，$\bar{y}_t - \bar{y}$ 为各机制下的均值与总平均值之差。由此可得如下组间估计：

组间平方和 $S_b = 4 \times (-3)^2 + 6 \times (2)^2 + 6 \times (4)^2 + 8 \times (-3)^2 = 228$

组间均方 $s_b^2 = 228/3 = 76$

注意组间估计的自由度为实验条件数减 1，在这里为 3。我们使用组内和组间估计构造一个简单的方差分析表（见表 3—3）：

表 3—3　　完全随机设计下方差来源分析示例

来　源	平方和	自由度	均方
组间	228	3	76
组内	112	20	5.6
合　计	340	23	14.8

注意，如表 3—3 所示，从各个观察值到总平均的离差平方和等于组间平方和与组内平方和的加总。用数学语言表达，即

$$\sum_{t=1}^{k}\sum_{i=1}^{n_t}(y_{ti}-\bar{y})^2 = \sum_{t=1}^{k} n_t(\bar{y}_t-\bar{y})^2 + \sum_{t=1}^{k}\sum_{i=1}^{n_t}(y_{ti}-\bar{y}_t)^2 \tag{3.3}$$

第 3 步：假设检验。

在各个实验条件下的实验效果无显著差别的零假设下，组间均方和组内均方之比服从 $F(3,20)$ 分布。因此，如果组间均方和组内均方的比值超出了 $F(3,20)$ 分布的适当临界值，则拒绝零假设。在本例中，76.0/5.6 = 13.6，从而在任何合理的显著水平下零假设都被拒绝（对应的 P 值约为 0.000 05）。

严格来说，当数据服从同方差的正态分布时，F-检验才是准确的检验。如果我们无法用正态分布描述数据生成过程，那么非参数排列检验（详细介绍见第五章）应当是适用的选择。然而，即便数据不服从正态分布，在大多数情况下，F-检验仍是对排列检验的一个非常好的近似。

第三节　完全随机设计下的方差分析

由上面所给出的实例可知,方差分析是判定实验效果是否显著的有效工具。我们在本章中只侧重介绍方差分析方法在随机设计中的应用,而不涉及 F-检验中分布函数构造过程的推导证明。对推导证明感兴趣的读者请自行参阅其他数理统计的教材与书籍。承接上一部分完全随机设计下方差分析的数值实例,以下我们给出完全随机设计下方差分析的一般过程。考察下面的线性模型:

$$y_{ti}=\eta+\tau_t+\varepsilon_{ti} \tag{3.4}$$

等式左侧的 y_{ti} 为第 t 个实验条件下第 i 个实验单位在实验中的观察值。第 t 个实验条件下有 n_t 个独立观察值,$t=1,\cdots,k$,而实验总共有 N 个独立观察值。等式右侧的 η 为实验中所有独立观察值的总的均值,τ_t 为第 t 个实验条件下的实验效果,而 ε_{ti} 为服从均值为 0、方差为 σ^2 的独立同分布的随机扰动项。由于我们需要检验的是各个实验条件下的实验效果是否相同,只有 $\tau_2-\tau_1,\tau_3-\tau_1,\cdots,\tau_k-\tau_1$ 等 $k-1$ 个差值能够被识别,因此,我们在模型中引入约束条件 $\sum\tau_t=0$。

为检验实验效果是否显著,我们提出如下的零假设和备择假设:

零假设 $H_0:\tau_1=\tau_2=\cdots=\tau_k=0$;备择假设 H_1:其他情况。

当零假设为真时,表 3-4 内所示组间均方与组内均方之商服从 $F(k-1,N-k)$ 的分布。因此,我们可以用 F-检验判定零假设的真伪。当随机扰动项 ε_{ti} 服从相互独立且同方差的正态分布时,F-检验为准确检验;在其他情况下,该检验被视作非参数随机检验的逼近近似检验。

表 3—4　　　　　　　　完全随机设计下方差来源分析表

方差的来源	平方和	自由度	均　　方	均方的期望值
组间	$\sum_{t=1}^{k}n_t(\bar{y}_t-\bar{y})^2$	$k-1$	$\dfrac{\sum_{t=1}^{k}n_t(\bar{y}_t-\bar{y})^2}{k-1}$	$\sigma^2+\dfrac{\sum_{t=1}^{k}n_t\tau_t^2}{k-1}$
组内	$\sum_{t=1}^{k}\sum_{i=1}^{n_t}(y_{it}-\bar{y}_t)^2$	$N-k$	$\dfrac{\sum_{t=1}^{k}\sum_{i=1}^{n_t}(y_{it}-\bar{y}_t)^2}{N-k}$	σ^2
总　和	$\sum_{t=1}^{k}\sum_{i=1}^{n_t}y_{ti}^2-N\bar{y}^2$	$N-1$		

一、方差分析和普通最小二乘法

如同前面所介绍的,方差分析建立在线性模型 $y_{ti}=\eta+\tau_t+\varepsilon_{ti}$, $\sum \tau_t=0$ 的基础之上。我们也完全可以运用最小二乘法来估计该线性模型。最小二乘法所得到的估计量与单因素方差分析中所得到的统计量可以相互导出,两种方法在作用上完全等价。下面我们就简单介绍一下线性模型 $y_{ti}=\eta+\tau_t+\varepsilon_{ti}$, $\sum \tau_t=0$ 的最小二乘估计量。为简便起见,我们不妨假设每个实验条件下的独立观察值数量都是 n。因此,整个实验总共有 k 个实验条件、$k \cdot n$ 个独立观察值。通过求解约束条件为 $\sum \hat{\tau}_t=0$ 的最小化问题

$$\min \sum_{treatments} \sum_{subjects} (y_{ti}-\hat{\eta}-\hat{\tau}_t)^2 \tag{3.5}$$

我们得到最小二乘估计量 $\hat{\eta}$ 和 $\hat{\tau}_t, t=1,\cdots,k$。

将上述目标函数对估计量求一阶导数,再将一阶导数设为零,就得到了关于 $\hat{\eta}$ 和 $\hat{\tau}$ 的一阶条件。将一阶条件与约束条件 $\sum \hat{\tau}_t=0$ 联立求解,我们得到如下的普通最小二乘估计量:

$$\hat{\eta}=\frac{1}{nk}\sum_t \sum_i y_{ti}=\bar{y}$$
$$\hat{\tau}_t=\frac{1}{n}\sum_{i=1}^n y_{ti}-\hat{\eta}=\bar{y}_t-\bar{y} \tag{3.6}$$

这些估计量为无偏估计量,例如,$E[\hat{\tau}_t]=\tau_t$。由最小二乘估计量我们可以得到单因素方差分析的相关统计量,比如组间均方可用 $n\sum_{i=1}^k \hat{\tau}_t^2/(k-1)$ 表示。

二、从对比量(Contrast)中得到的统计推断

关于实验效果是否显著的单因素方差分析 F-检验的结果表明实验效果显著,检验结果本身并不能告诉我们究竟是哪个实验条件的效果显著,也不能告诉我们在相对实验中两个实验条件之间的效果差异究竟如何。为回答上述问题,我们需要构造对比量,并从中得到统计推断。

对比量 ψ 是满足下述条件的关于 τ_t 的线性组合:

$$\psi=c_1\tau_1+c_2\tau_2+\cdots+c_t\tau_t \tag{3.7}$$

其中,$c_t, t=1,\cdots,k$ 是预先指定的常数,且 $\sum c_t=0$。例如,当 $k=2, c_1=1$ 且 $c_2=-1$ 时,我们有 $\psi=\tau_1-\tau_2$。对比量 ψ 具有如下性质:

(1) 原对比量乘以一个数乘乘子,所得到的新对比量与原对比量等价。例如,$\psi = 2\tau_1 - 2\tau_2$ 就与 $\psi = \tau_1 - \tau_2$ 等价。

(2) 当各个关于均值差的对比量分别包含相互独立的信息时,我们说这些对比量相互正交。对比量 $\psi_1 = c_{11}\tau_1 + c_{12}\tau_2 + \cdots + c_{1k}\tau_k$ 与 $\psi_2 = c_{21}\tau_1 + c_{22}\tau_2 + \cdots + c_{2k}\tau_k$ 正交的充分必要条件为 $\sum_{j=1}^{k} c_{1j}c_{2j} = 0$。

(3) 由于对比量 ψ 是关于 τ_t 的线性组合,因此关于 τ_t 的对比量的最小二乘估计与关于 τ_t 的最小二乘估计的对比量等价。用数学语言表达,即

$$\hat{\psi} = \sum_{t=1}^{k} c_t \hat{\tau}_t \tag{3.8}$$

通过构造对比量 ψ,我们希望进行如下的假设检验:

零假设 $H_0: \psi = 0$;

备择假设 $H_1: \psi < 0$ 或 $\psi > 0$。

我们可以用该检验来考察各实验条件下实验效果的差异。例如,在只有单个实验变量的实验中,当 $k=2$,$\psi = \tau_1 - \tau_2$ 时,我们所检验的是两个实验条件之间的实验效果差异是否显著。为简便起见,我们只考察平衡设计(即各个实验条件下的观察值数量相同,$n_1 = n_2 = \cdots = n_k = n$)时的情况。当随机扰动项 ε_{ti} 服从均值为 0、方差为 σ^2 的正态分布时,根据最小二乘估计,$\hat{\tau}$ 的方差为 $(k-1)\sigma^2/nk$。方差 σ^2 的估计量 $\hat{\sigma}$ 即为表 3—4 中所示组内均方 $\dfrac{\sum_{t=1}^{k}\sum_{i=1}^{n_t}(y_{it} - \bar{y}_t)^2}{N-k}$,服从 $\chi^2(N-k)$ 分布。因此,估计量 $\hat{\psi}$ 的标准差为

$$\begin{aligned}
s_{\hat{\psi}} &= \sqrt{\operatorname{var}(\hat{\psi})} \\
&= \sqrt{\operatorname{var}\left(\sum_{t=1}^{k} c_t \hat{\tau}_t\right)} \\
&= \sqrt{\operatorname{var}(\hat{\tau}_t) \sum c_t^2} \\
&= \sqrt{\frac{(k-1)\hat{\sigma}^2}{nk} \sum c_t^2}
\end{aligned} \tag{3.9}$$

当被检验的零假设为真时,估计量 $\hat{\psi}$ 与其标准差 $s_{\hat{\psi}}$ 之商 $\hat{\psi}/s_{\hat{\psi}}$ 服从 $t(N-k)$ 分布。我们根据检验的显著水平选取 t 分布的临界值,将临界值与统计量 $\hat{\psi}/s_{\hat{\psi}}$ 的绝对值比较。如果统计量 $\hat{\psi}/s_{\hat{\psi}}$ 的绝对值大于临界值,则我们判定在该显著水平上零假设被拒绝(关于 t 检验的详细介绍见第五章)。当随机扰动项服从正态分布时,上述检验为准确检验。在其他情况下,该检验为非参数检验的近似检验。

三、随机扰动项的特征

当线性模型 $y_{ti} = \eta + \tau_t + \varepsilon_{ti}$ 中的随机扰动项 ε_{ti} 服从相互独立且同方差的正态分布时，F-检验是判定实验效果是否显著的准确检验。因此，在着手进行 F-检验以前，我们有必要对随机扰动项的基本特征进行考察，从而判定 F-检验究竟是准确检验还是非参数排列检验的近似。我们首先对线性模型 $y_{ti} = \eta + \tau_t + \varepsilon_{ti}$ 进行最小二乘估计，得到 ε_{ti} 的估计量 $\hat{\varepsilon}_{ti}$，即残差项。随后，我们分别进行下面的工作：

(1) 观察在各个实验设置下残差项是否服从正态分布。绘制残差项在各取值范围所出现的频率的柱状图，判定残差项是否大体上服从单峰对称的分布。如果柱状图非常不对称，则我们不能假定随机扰动项服从正态分布。在柱状图中，我们特别需要关注各个孤立点。

(2) 验证各个实验设置下残差项的均值是否为零（注意：根据最小二乘法的一阶条件，所有残差项的总的均值必定为零）。换句话说，就是检验随机扰动项是否独立于实验设置。

(3) 如果一个实验场次包括多个回合，则你还应当观察各个回合下残差项的变化趋势。如果随着回合数的增加，残差项向某个方向发生了变化，则说明实验过程中某些条件发生了变动，实验中可能出现了系统误差。

第四节　随机区组设计

随机区组设计（Randomized Block Design, RBD）是在完全随机设计的基础上构造出的一种实验设计方法。完全随机设计的基本思想是凸显实验变量中各个水平下的实验效果，同时尽可能屏蔽所有与实验无关的因素对实验结果的影响。而随机区组设计的出发点是在剔除某一种特定的、与研究人员的问题无关的因素的基础上，凸显实验效果对实验中所得观察值的影响。由于被随机区组设计所控制的对象（即实验中被剔除的因素）与完全随机设计相比更单一、更明确，因此随机区组设计是比完全随机设计的效率更高的实验设计方法。

下面，我们仍然运用一个数值的实例对随机区组设计方法进行说明。

例 3.4　假设政府仍然需要对数字通信的经营许可权进行拍卖，现仍有 A、B、C 和 D 四种可供选择的拍卖机制。我们知道不仅 A、B、C 和 D 四种机制上的差别有可能对成交效率造成影响，而且参加拍卖的参与者的经验也会对成交效率造成影响。究竟哪一种机制更有效是我们需要回答的研究问题，而参与者的经验水平对成交效率的影响是需要被控制、剔除的因素。我们运用随机区组设计来回答研究问题。

在随机区组设计中,我们有如下的线性模型:
$$y_{it} = \eta + \beta_i + \tau_t + \varepsilon_{it} \tag{3.10}$$

其中,y_{it}表示实验观察值(在本例中为成交效率);η表示总均值;β_i表示需要被控制的因素对实验观察值的影响,即区组效应(在本例中为经验水平i对实验结果的影响);τ_t表示第t个实验设置的实验效果(在本例中为机制t的效果);ε_{it}表示均值为零的随机扰动项。

我们可以将实验参与者按照参加拍卖的经验水平进行分组,在经验水平相同的各组实验参与者内,分别比较 A、B、C、D 四种机制对成交效率的影响。运用这种划分"区组"的办法,我们能够把机制上的差异对成交效率的影响和经验上的差异对成交效率的影响剥离开来。与完全随机设计相一致,在经验水平相同的各组内,究竟哪些参与者在哪个机制下参加拍卖通过随机分配决定。随机分配各组中的实验参与者到各个实验设置中去是得到实验效果的一致无偏估计量的基本前提。

假设我们得到了如表 3-5 所示的数据。

表 3-5 　　　随机区组设计下 A、B、C 和 D 四种拍卖机制的成交效率

区组 (经验水平)	A	B	C	D	区组平均
1	89	88	97	94	92
2	84	77	92	79	83
3	81	87	87	85	85
4	87	92	89	84	88
5	79	81	80	88	82
各实验设置 下的均值	84	85	89	86	总平均 =86

在表 3-5 所示的实验中,共有 20 组实验参与者参加实验。按照不同的经验水平,实验参与者被分成 5 个"区组",每个区组内各有 4 组实验参与者。在各个区组内,4 组实验参与者被随机安排到 A、B、C、D 四个实验设置中去。需要注意的是,在本例的实验设计中,各区组内的实验参与者数量相同,都是 4 组。这样的实验设计也被称作完全区组设计(Complete Block Design)。

与完全随机设计中的方差分析类似,随机区组设计中的观察值到总平均之间的离差平方和可以被分解为三个部分:研究人员所感兴趣的实验效果、需要被屏蔽掉的区组效应以及不能被上述两种因素所解释的残差。随机区组设计下方差来源分析见表 3-6。

表 3—6　　　　　　　　　　　　　随机区组设计下方差来源分析表

来源	平方和	自由度
区组间	$S_{block} = k \sum_{i=1}^{n} (\bar{y}_i - \bar{y})^2$	$n-1$
实验设置间	$S_{treatment} = n \sum_{t=1}^{k} (\bar{y}_t - \bar{y})^2$	$k-1$
残差	$S_{resid} = \sum_{t=1}^{k} \sum_{i=1}^{n} (y_{it} - \bar{y}_i - \bar{y}_t + \bar{y})^2$	$(n-1)(k-1)$
总	$S = \sum_{t=1}^{k} \sum_{i=1}^{n} y_{it}^2 - nk\bar{y}^2$	$nk-1$

如表 3—6 所示，总平方和 S 可被分解为区组间平方和 S_{block}，实验设置间平方和 $S_{treatment}$ 以及残差平方和 S_{resid}。S_{block} 显示区组效应，$S_{treatment}$ 显示实验效果，S_{resid} 显示无法被解释的其他因素。在本例中，使用这些公式可得表 3—7：

表 3—7　　　　　　　　　　　　　随机区组设计下方差来源分析示例

来源	平方和	自由度	均方	均方的期望	均方比（组间对残差）
区组间	264	4	66.0	$\sigma^2 + k \sum_{i=1}^{n} \frac{\beta_i}{n-1}$	3.51
实验设置间	70	3	23.3	$\sigma^2 + n \sum_{t=1}^{k} \frac{\tau_t^2}{k-1}$	1.24
残差	226	12	18.8	σ^2	
总和	560	19			

与区组对应的均方比 $[S_{block}/(n-1)]/[S_{resid}/(n-1)(k-1)]$ 可用于检验区组效应是否相等且是否为零。

零假设 $H_0: \beta_1 = \beta_2 = \cdots = \beta_n = 0$；

备择假设 H_1：其他情况。

当零假设为真时，区组效应为零。表 3—7 内所示的区组间均方与残差均方之商 $[S_{block}/(n-1)]/[S_{resid}/(n-1)(k-1)]$ 服从 $F[n-1, (n-1)(k-1)]$ 的分布。因此，我们可以用 F-检验判定零假设的真伪。当随机扰动项 ε_{it} 服从相互独立且同方差的正态分布时，F-检验为准确检验；在其他情况下，该检验被视作非参数随机检验的逼近近似检验。在本例中，区组数量 $n=5$，实验设置数量 $k=4$，当参与者的经验对实验结果不发生影响时区组间均方与残差均方之商服从 $F(4,12)$ 分布。当显著水平为 5% 时，该分布下的临界值为 3.26。表 3—7 中所得均方比为 3.51，因此我们拒绝零假设,断定参与者的经验水平对实验结果有显著影响。

类似地,与实验效果对应的均方比$[S_{treatment}/(k-1)]/[S_{resid}/(n-1)(k-1)]$可用于检验各实验设置对实验结果的影响是否相等且是否为零。

零假设 $H_0:\tau_1=\tau_2=\cdots=\tau_k=0$;

备择假设 H_1:其他情况。

当零假设为真时,实验效果为零。表3-7内所示的实验设置间均方与残差均方之商$[S_{treatment}/(k-1)]/[S_{resid}/(n-1)(k-1)]$服从$F[k-1,(n-1)(k-1)]$的分布。因此,我们可以用$F$-检验判定零假设的真伪。同样,当随机扰动项$\epsilon_{it}$服从相互独立且同方差的正态分布时,$F$-检验为准确检验;在其他情况下,该检验被视作非参数随机检验的逼近近似检验。在本例中,当各实验设置对实验结果无影响时实验设置间均方与残差均方之商服从$F(3,12)$分布。当显著水平为5%时,该分布下的临界值为3.49。表3-7中所得均方比为1.24,我们无法拒绝零假设,各个拍卖机制对实验结果无显著影响。

在随机区组设计中,对区组的设置能提高方差分析的效率。在完全随机设计中的组内平方和与随机区组设计中的残差平方和相对应,所表达的都是实验观察不到的因素造成的效果。而完全随机设计中的组间平方和与随机区组设计中的实验设置间平方和相对应,所表达的都是实验本身所造成的效果。然而随机区组设计中的残差平方和要小于完全随机设计中的组内平方和,其原因是随机区组设计中的区组间平方和也能对实验观察值进行部分解释。简单地说,随机区组设计就是通过区组划分来探究在所有与实验无关的因素中某一个特定因素的贡献究竟有多大。

完全随机设计与随机区组设计各有长短利弊。完全随机设计的好处是"安全",当研究人员不知道应当控制哪一个因素对实验结果的影响时,屏蔽所有与实验无关因素的设计方法显然是正确的选择。但完全随机设计的代价是方差分析的效率偏低,无法被实验所解释的组内平方和偏大。如果研究人员能根据某些方法预先断定某一个具体的因素是所有与实验所回答的研究问题无关的因素中最显著的因素,采用随机区组设计能够提高方差分析的效率。

练习题

1. 某研究人员比较A、B、C、D四种实验条件下的成交量。每个实验条件下各有5个独立的观察值。根据表1,分析四种实验条件下的成交量有无显著差别。

表 1　　　　　　　　　　A、B、C、D 四种实验条件下的成交量

A	B	C	D
23	25	31	40
20	24	31	52
29	27	30	46
27	23	27	26
24	22	31	37

2. 18 名实验参加者按照学历相近的原则被分成 6 个组,每组的 3 名实验参加者随机分配到 A、B、C 三个实验条件中,实验结果见表 2。问:三个实验条件的效果有无差别?

表 2　　　　　　　　　　A、B、C 三个实验条件下的结果

按学历分组	A	B	C
1	35	60	77
2	43	60	116
3	73	99	138
4	83	89	144
5	61	78	127
6	59	66	131

3. 满、蒙、回、汉四个民族,每个民族各取 3 组实验参加者,随机地分配到"标价市场""竞价市场"以及"双向拍卖市场"三种市场机制中进行实验。各个市场机制下的成交价格见表 3。问:市场机制的差别对成交价格有无影响?

表 3　　　　　　　　　　各个市场机制下的成交价格

民族	标价市场	竞价市场	双向拍卖市场
满	100	104	134
蒙	38	56	108
回	62	88	126
汉	35	57	90

参考文献

1. Box,G. ,W. G. Hunter,J. S. Hunter(1978). "Statistics for Experimenters:An Introduction to Design,Data Analysis,and Model Building", Wiley-Interscience.

2. Cox, D. R. (1992). "Planning of Experiments", Wiley-Interscience.

3. Davis, D., C. Holt(1992). "Experimental Economics", Princeton University Press.

4. Friedman, D., S. Sunder(1994). "Experimental Methods: a Primer for Economists", Cambridge University Press.

5. Kagel, J. H., A. E. Roth, editors(1995). "The Handbook of Experimental Economics", Princeton University Press.

第四章　多因素问题

运用上一章所介绍的"完全随机设计"方法，能够一般性地屏蔽所有与实验目的无关的因素对实验结果的干扰。但"完全随机设计"的一个显著缺点是效率低下，其具体表现是在"完全随机设计"下研究人员需要大量的观察值才能得到有效的统计推断。而"随机区组设计"的效率与"完全随机设计"效率相比有了显著的提高：如果研究人员预先知道某个特定的、与实验目的无关的因素会对实验结果造成干扰，而其他因素对实验结果的干扰不显著，那么运用"随机区组设计"方法对这一特定因素进行屏蔽后，相对于"完全随机设计"，研究人员只需要较少的观察值就能得到有效的统计推断。然而，当客观存在两种以上与实验目的无关的特定因素能对实验结果造成干扰时，"随机区组设计"就不适用了：相应于这种情况所适用的实验设计方法就是本章将要介绍的"拉丁方"。

在上一章所介绍的随机设计的方差分析方法中，我们并没有介绍当实验中存在多个实验变量时对于多个实验变量的交互效应应当如何分析。运用通俗的语言表达，如果实验的目的是评价几种因素对经济运行的影响，那么研究人员除分析每种因素各自对经济运行的影响之外，还希望了解当这几种因素同时发生变动时它们对经济运行的影响如何？与单种因素相比，作用是增强了还是减弱了？在方向上有什么变化？"因子设计"的目的就是回答这样的问题。

无论是"拉丁方"还是"因子设计"，都属于实验设计中的多因素问题。

本章结构如下：第一节是对拉丁方设计方法的介绍。在此基础上，第二节介绍针对拉丁方的方差分析。第三节介绍对拉丁方的拓展——拉丁矩。第四节介绍因子实验的基本思路，以及对因子设计中各个实验变量之间所产生的交互效应的强弱如何估计。

第一节　拉丁方简介

首先，让我们通过一些实例对拉丁方设计方法进行初步的认识与了解。

例 4.1 现有某种植株，在这种植株上的五个不同部位都会生长出叶片。某研究人员用这种植株上的叶子做实验，希望用于实验的叶子既有代表性同时质地又尽可能接近。假设研究人员分别从 5 个不同植株的 5 个不同位置各采集了一片叶子，随后将采集到的 25 片叶子分成 5 组，每组各有 5 片叶子。采用什么样的办法分组能使各组叶子的质地最接近呢？

本实验有两种潜在的系统误差：叶子所在的不同植株以及同一植株上的不同位置。实践表明，用以下办法对叶子进行分组能有效消除这两种系统误差（见表 4—1）。

表 4—1　　　　　　　　　用拉丁方控制系统误差示例

	1号植株	2号植株	3号植株	4号植株	5号植株
叶子位置 1	Ⅰ	Ⅱ	Ⅲ	Ⅳ	Ⅴ
叶子位置 2	Ⅱ	Ⅲ	Ⅳ	Ⅴ	Ⅰ
叶子位置 3	Ⅲ	Ⅳ	Ⅴ	Ⅰ	Ⅱ
叶子位置 4	Ⅳ	Ⅴ	Ⅰ	Ⅱ	Ⅲ
叶子位置 5	Ⅴ	Ⅰ	Ⅱ	Ⅲ	Ⅳ

表 4—1 中的每个罗马数字代表一组叶子，叶子被分为Ⅰ,Ⅱ,Ⅲ,Ⅳ,Ⅴ共五组。如表 4—1 所示，每组的 5 片叶子既采自 5 个不同植株，又采自各植株的 5 个不同位置。

这种方阵安排方法就叫做"拉丁方"（Latin Square）。拉丁方的关键特征是方阵中所出现的全部数值（在本例中即为表 4—1 中的全部罗马数字）在各行中分别出现一次，在各列中也分别出现一次。拉丁方的这一特征能帮助研究人员在实验中有效地控制两种系统误差的来源。

例 4.2 青岛啤酒公司市场部门的研究人员需要通过实验了解 A、B、C、D 四种市场营销策略对青岛啤酒各季度销量的影响。研究人员将实验安排在 4 家位于不同地点的超市，实验预计将持续一年。究竟应当如何安排实验，才能在凸显 A、B、C、D 四种市场营销策略对销量的作用的同时，有效地控制不同地点和不同季节对啤酒销量的影响？

与上例一致，我们可以采用拉丁方的安排方法控制地点和季节对啤酒销量的影响，如表 4—2 所示：

表 4—2　　　　　　　　用拉丁方控制地点和季节对啤酒销量的影响

季　节	超市 1	超市 2	超市 3	超市 4
春	B	C	D	A
夏	A	B	C	D

续表

季 节	超市 1	超市 2	超市 3	超市 4
秋	D	A	B	C
冬	C	D	A	B

在表 4-2 的拉丁方中，共有 A、B、C、D 4 个实验设置。每个实验设置下重复进行 4 次实验。各实验设置下的四次实验在春、夏、秋、冬四季分别运行一次，按地点划分则在 4 个不同超市也分别运行 1 次。

需要注意的是对拉丁方的构造并不唯一。随着拉丁方的增大，拉丁方可能的生成办法也会相应增加。比如，2×2 的拉丁方只有 2 种可能的构造，而 3×3 的拉丁方则有 12 种可能的构造。在实验中究竟采用哪一个拉丁方，应当通过随机选取的办法确定。

使用拉丁方控制系统误差的一个基本前提条件是被控制因素的各个水平互不相关。如果这一条件得不到满足，则拉丁方就会被误用。下面我们用一个例子对这种误用拉丁方的现象进行直观的说明。

例 4.3 4 名诵读障碍者通过 4 种不同的治疗恢复手段（A、B、C 和 D）来帮助提高阅读理解能力和书写能力。4 种治疗手段在效果上有没有差别？用什么办法设计这个实验会比较合理呢？

在实际操作中，研究人员希望屏蔽两种与实验目的无关的因素：诵读障碍者个体差别所造成的个体效应，采用治疗手段的早晚差别所造成的时序效应。研究人员随机选取了一个 4×4 的拉丁方，对实验设置所进行的安排见表 4-3：

表 4-3 4×4 的拉丁方

	第一期	第二期	第三期	第四期
实验对象 1	B	D	C	A
实验对象 2	C	A	B	D
实验对象 3	A	C	D	B
实验对象 4	D	B	A	C

我们注意一下被控制因素"时序效应"。研究人员很难保证该因素的各个水平之间互不相关。比方说，第一个病人在第一期接受了治疗手段 B，而治疗手段 B 的作用不仅限于第一期，很可能在第二、三、四期治疗手段 B 的效果仍然在持续。第一个病人在第二期的疗效很可能是 B 和 D 的共同效果，而不仅仅是 D 的效果。此外，在表 4-3 的拉丁方中，4 种治疗手段的先后次序有 4 种安排方法，但每种安排方法只有

1个病人采用。比如,只有第三个病人采用 A、C、D、B 的次序进行治疗,对 A、C、D、B 这一治疗次序只有一个观察值被用于评价。因此,运用表 4-3 中的拉丁方安排实验设置,研究人员无法从实验数据中得到有说服力的统计推断。

这类实验设计问题被称作"重复测量"问题,我们将在本章的第三部分介绍拉丁矩时讨论如何克服"重复测量"问题。

上面的几个例子所介绍的拉丁方,都是用来控制两种系统误差来源的。拉丁方经过拓展以后,还可以控制 3 种以上的系统误差,见下例。

例 4.4 回到例 4.2 所介绍的情形。由于受经费的限制,研究人员无法进行持续一年的实验。研究人员在春、夏、秋、冬四季各选取一周分别测度 A、B、C、D 四种市场营销策略的效果。由于实验周期短,因此对各市场营销策略优劣的评价方法也有所改变。青岛啤酒公司向各超市分别派出 a、b、c、d 4 名观察员,观察员通过观察消费者在某市场营销策略下对青岛啤酒的兴趣和关注程度完成评估报告,对该营销策略打分。青岛啤酒公司根据各营销策略的得分高低评价其优劣。显然,评价过程中存在观察员的主观因素。实验设计中应当如何消除由于各观察员主观尺度的不同所造成的系统误差?只有保证以下两个条件得到满足,才可有效消除观察员主观尺度的"个体效应":

(i)每个观察员对 4 种营销策略各测评 1 次。

(ii)每个观察员在各个季节各个地点分别测评 1 次。

我们注意到,只有各个观察员本身也构成拉丁方时条件(ii)才会被满足。由此,我们将观察员的拉丁方与营销策略的拉丁方进行适当的重叠,以确保条件(i)得到满足,见表 4-4。

表 4-4   观察员拉丁方与营销策略拉丁方的重叠

季 节	超市 1	超市 2	超市 3	超市 4
春	Bc	Da	Cb	Ad
夏	Cd	Ab	Ba	Dc
秋	Aa	Cc	Dd	Bb
冬	Db	Bd	Ac	Ca

注:表中的小写字母 a、b、c、d 代表各观察员,而大写字母 A、B、C、D 代表各营销策略。

表 4-4 方阵中我们用小写的英文字母表示观察员个体,而在传统习惯上常常用希腊字母表示对第三种被控制因素的安排。因此,上面的方阵也被称作希腊-拉丁方。有意思的是,虽然拉丁方总是可以被生成,但并不是所有情况下的希腊-拉丁方都存在。例如,6×6 的希腊-拉丁方就不存在。

第二节 拉丁方的方差分析

我们仍然通过一个实例引出拉丁方的方差分析,即在拉丁方实验安排下测度实验效果是否显著的方法。

例 4.5 政府需要对数字通信的经营许可权进行拍卖。政府估计有几类因素可能会对拍卖的成交效率造成影响:首先是拍卖机制的差异,现在共有 A、B、C、D 四种可供选择的拍卖机制;其次是竞拍者以往参与竞拍的经验,按照竞拍者参与竞拍的经验的多少,所有竞拍者被划分为 1、2、3、4 共四个等级;最后,同一拍卖机制的具体组织形式也会有所差别。比如,同是英式计时拍卖,既有可能由人工组织在拍卖大厅进行,也有可能由计算机程序来控制安排拍卖流程,将竞拍者的终端联网在网络上实施拍卖。拍卖的组织形式也有可能对成交效率造成影响。现有 a、b、c、d 四个不同组织形式。政府最关心的是拍卖机制上的差异对拍卖的成交效率有多大影响。将政府所关心的问题总结为假说,则需要被检验的零假设为 A、B、C、D 四种拍卖机制下的成交效率无显著差异。

在实验设计中,政府希望在凸显拍卖机制差异对成交效率的影响的同时,屏蔽掉竞拍者的经验和拍卖的组织形式对效率的影响。由于存在两种系统误差来源,政府采用拉丁方来安排实验,并得到以下数据(见表 4—5):

表 4—5　　　　　　　　在拍卖机制设计中用拉丁方安排实验

	经验 1	经验 2	经验 3	经验 4
组织形式 a	A—21	B—26	D—20	C—25
组织形式 b	D—23	C—26	A—20	B—27
组织形式 c	B—15	D—13	C—16	A—16
组织形式 d	C—17	A—15	B—20	D—20

表中的数值表示成交效率的百分比。比如,在单元格(1,1)中,A—21 表示应用拍卖机制 A 在 a 种组织形式下拍卖,由经验水平为 1 级的竞拍者参与竞拍,所得到的成交效率为 21%。表中的百分比省略了百分号,但这并不影响后面方差分析的结果。

我们用一个线性模型对拉丁方实验安排下的方差分析进行一般性的表述。为了与下一部分所介绍的拉丁矩的方差分析相区别,我们将这一模型称作模型 1。与例 4.5 相结合,该模型为:

$$y_{ijt} = \eta + \beta_i + \gamma_j + \tau_t + \varepsilon_{ijt}$$

(模型 1)

式中，y_{ijt} 表示实验的观察值（例 4.5 中由实验观察到的成交效率）；η 表示总均值；β_i 表示被拉丁方各行所控制的因素对观察值的影响（例 4.5 中的组织形式效应）；γ_j 表示被拉丁方各列所控制的因素对观察值的影响（例 4.5 中的经验效应）；τ_t 表示实验效果（例 4.5 中的机制效应）；ε_{ijt} 表示均值为零的随机扰动项。

方差分析的目的是将模型 1 中各种被控制的因素（β_i 和 γ_j）对实验结果的影响与实验变量对实验结果的影响剥离开。针对例 4.5 中的实验数据，我们可以将总平方和分解为与拍卖的组织形式、竞拍者的经验、拍卖机制分别相对应的平方和以及残差平方和。

对模型 1 下的拉丁方的方差分析如表 4—6 所示：

表 4—6　　　　　　　　　模型 1 下的拉丁方的方差分析

来源	平方和	自由度
行	$k \sum\limits_{rows} (\bar{y}_{row\,i} - \bar{y})^2$	$k-1$
列	$k \sum\limits_{cols} (\bar{y}_{col\,j} - \bar{y})^2$	$k-1$
实验设置	$k \sum\limits_{treatments} (\bar{y}_{treatment\,k} - \bar{y})^2$	$k-1$
残差	$\sum\limits_i \sum\limits_j \sum\limits_t (y_{ijt} - \bar{y}_i - \bar{y}_j - \bar{y}_t + 2\bar{y})^2$	$(k-1)(k-2)$
总　和	$\sum (y_{ijt} - \bar{y})^2$	k^2-1

$k \times k$ 的拉丁方的总平方和为拉丁方中所有观察值与总平均值 $\bar{y}$ 之差的平方和。$k \times k$ 的拉丁方共有 k^2 个观察值，总平方和的自由度为 k^2-1。拉丁方的总平方和可被分解为行平方和、列平方和、实验设置平方和以及残差平方和。行平方和所对应的是被拉丁方各行所控制的因素对观察值的影响，其影响效果表现为各行的均值 $\bar{y}_{row\,i}$ 与总平均值 $\bar{y}$ 之差。在例 4.5 中，行平方和即各组织形式下的成交效率与所有拍卖的平均成交效率之差所带来的平方和。列平方和所对应的是被拉丁方各列所控制的因素对观察值的影响，其影响效果表现为各列的均值 $\bar{y}_{col\,j}$ 与总平均值 $\bar{y}$ 之差。在例 4.5 中，列平方和即各经验水平下的成交效率与所有拍卖的平均成交效率之差所带来的平方和。而实验设置平方和所对应的是实验变量对实验结果的影响，其影响效果表现在各实验设置下的均值 $\bar{y}_{treatment\,k}$ 与总平均值 $\bar{y}$ 之差。在例 4.5 中，实验设置平方和为各种拍卖机制下的成交效率与 A、B、C、D 4 种拍卖机制下的平均成交效率之差所带来的平方和。残差平方和对应于总平方和中其他不能被解释的部分。

从直观上，通过考察实验设置平方和在总平方和中的比重，我们可以判定实验的效果是否显著。在假设检验的具体操作上，与第三章所介绍的完全随机设计下的方差分析相一致，我们需要构造 F-检验统计量。

在例 4.5 中，插入上面介绍的各种平方和公式后，我们得到表 4—7：

表 4—7　　　　　　　　　　　构造 F-检验统计量

来源	平方和	自由度	均方	均方的期望值	各均方与残差均方之比
组织形式	216	3	72	$\sigma^2 + \dfrac{k\sum \beta_i}{k-1}$	$F(3,6)=27$
经验	24	3	8	$\sigma^2 + \dfrac{k\sum \gamma_j}{k-1}$	$F(3,6)=3.0$
拍卖机制	40	3	13.33	$\sigma^2 + \dfrac{k\sum \tau_t}{k-1}$	$F(3,6)=5.0$
残差	16	6	2.67	σ^2	
总和	296	15			

在 5% 的显著水平下，$F(3,6)$ 分布的临界值为 4.76。将表中的各个 F-检验统计量与临界值相比较，在 5% 的显著水平下，我们拒绝各拍卖机制下成交效率相同的假设，也拒绝各组织形式下成交效率相同的假设，但无法拒绝各经验水平下成交效率相同的假设。换句话说，根据例 4.5 中的数据，拍卖机制上的差异与拍卖组织形式上的差异对拍卖的成交效率有显著的影响，但竞拍者的经验水平对成交效率的影响不明显。需要注意的是，本例中的数据是人工构造出来的数据，只用于说明拉丁方的方差分析方法，由本例的数据所推断出的结论不适宜任何推广。

第三节　拉丁矩

拉丁矩（Latin Rectangle）是对拉丁方的拓展。拉丁矩由 m 个拉丁方叠加形成。在习惯上，拉丁矩中的各实验设置在每行里各出现一次，在每列里各出现 m 次。

例 4.6　在例 4.2 所提到的营销实验中，为了得到更多的观察值，研究人员将实验安排在 8 家位于不同地点的超市，而不是 4 家超市。

对实验进行安排的拉丁矩见表 4—8：

表 4—8　　　　　　　　　　　用拉丁矩安排营销实验

	春	夏	秋	冬
超市 1	B	C	D	A
超市 2	A	B	C	D
超市 3	D	A	B	C
超市 4	C	D	A	B
超市 5	D	B	C	A
超市 6	C	A	B	D
超市 7	A	C	D	B
超市 8	B	D	A	C

在本例中，由于季节之间不发生关联、各个不同超市也互不相关，因此模型 1 仍然适用。在模型 1 下对拉丁矩所进行的方差分析与拉丁方的方差分析基本一致，唯一的区别是拉丁方有 k 行，而拉丁矩有 mk 行。

对模型 1 下拉丁矩的方差分析如表 4—9 所示：

表 4—9　　　　　　　　　　模型 1 下的拉丁矩的方差分析

来源	平方和	自由度
行	$k \sum_{rows}(\bar{y}_{row\ i} - \bar{y})^2$	$mk - 1$
列	$mk \sum_{cols}(\bar{y}_{col\ j} - \bar{y})^2$	$k - 1$
实验设置	$mk \sum_{treatments}(\bar{y}_{treatment\ k} - \bar{y})^2$	$k - 1$
残差	$\sum_i \sum_j \sum_t (y_{ijt} - \bar{y}_i - \bar{y}_j - \bar{y}_t + 2\bar{y})^2$	$(k-1)(mk-2)$
总和	$\sum (y_{ijt} - \bar{y})^2$	$mk^2 - 1$

拉丁矩的一个重要用途就是克服前面已经提到过的"重复测量"问题，见下面的简例。

例 4.7　现有 $n = 2m$ 个实验参与者参加某个相对实验。该实验的目的是比较 A、B 两种实验设置的效果差别。实验采用同被试设计，即每个实验参与者既参加实验设置 A 下的实验也参加设置 B 下的实验。研究人员希望屏蔽掉实验参与者的个体效应和运行实验条件先后所造成的次序效应。在实际操作中，研究人员让 m 个实验参与者在第一期参加设置 A 下的实验、在第二期参加设置 B 下的实验，即按照{A,B}的次序参加实验。另外的 m 个实验参与者按照{B,A}的次序参加实验。此实验设计将 m 个 2×2 的拉丁方

A	B
B	A

由上而下地进行叠加，构成了以实验参与者为各行、以运行实验设置的次序为各列的 $2m \times 2$ 的拉丁矩。

在例 4.7 所描述的实验中存在两种可能性：

(1)在第一期运行的实验设置对第二期的实验观察值不造成影响，即实验的效果只持续 1 期。在此情况下，模型 1 仍然适用，我们可以运用表 4—9 中的公式对方差的来源进行分解，对拉丁矩进行方差分析。

(2)当第一期运行的实验设置所造成的效果会持续到第二期时，模型 1 将不再适用。我们需要构造一个新的、能够描述延迟到第二期的实验效果的线性模型。与模型 1 相区别，我们称该模型为模型 2。与例 4.7 相结合，该模型为：

$$y_{i1t} = \eta + \beta_i + \gamma_1 + \tau_t + \varepsilon_{i1t} \quad (i)$$
$$y_{i2t} = \eta + \beta_i + \gamma_2 + \tau_t + \lambda_{-t} + \varepsilon_{i2t} \quad (ii)$$

(模型 2)

式中，η 表示总均值；β_i 表示实验参与者的个体效应；γ_j 表示时期效应；τ_t 表示实验设置 t 的实验效果(注：由于本例中只有两个实验设置，我们用 $-t$ 表示与实验设置 t 相对应的另一个实验设置)；λ_{-t} 表示实验设置 $-t$ 延迟到第二期的实验效果；ε_{ijt} 表示均值为零的随机扰动项。

模型 2 中的等式(i)所描述的是第一期的观察值，而等式(ii)所描述的是第二期的观察值。我们可以通过等式(i)估计出实验设置 t 下的实验效果 τ_t，并将所得估计量 $\hat{\tau}_t$ 代入等式(ii)。需要注意，当第二期运行的实验设置为 t 时，第一期所运行的实验设置为 $-t$。随后，通过已代入 $\hat{\tau}_t$ 的等式(ii)，我们就能够估计出第一期的实验设置 $-t$ 延迟到第二期的实验效果 λ_{-t}。

第四节　因子实验

一、因子实验的基本概念

在第二章介绍经济实验的基本术语和基本问题时，我们已经对实验的因子进行了定义。因子，即实验变量，是一个实验的"输入"。而运行实验后从实验中得到的观察值是实验的"输出"。研究人员面向问题操控实验的"输入"，分析实验的"输出"，从而评价某种特定的要素对经济运行的影响。

一个因子可以有多种状态或表现形式,而因子的各种状态被称作因子的水平。经济实验中可包括多个因子。而实验设置是指对实验的每一个因子各取一个水平后所得到的特定的组合。如果某经济实验中包括多个因子,同时对各个因子的水平所进行的所有可能的组合都是(或大部分是)实验所研究的对象,那么这个实验就被称作因子实验(Factorial Experiment),而相应的实验设置安排被称作因子设计(Factorial Design)。

下面我们通过一个例子来直观地对因子实验中的各种概念进行说明。

例 4.8 某研究人员采用霍尔特和劳里(Holt and Laury, 2002)的方法测度实验参与者对风险的厌恶程度。研究人员希望考察 3 种因子对风险厌恶程度的影响:

(1)年龄。该因子被控制在两种水平:a_0 为 25 周岁以下者(不包含 25 周岁),a_1 为 25 周岁以上者(包含 25 周岁)。

(2)性别。该因子有两种水平:b_0 为女性,b_1 为男性。

(3)民族。该因子被控制在两种水平:c_0 为汉族,c_1 为其他民族。

我们用 A、B、C 分别表示年龄、性别和民族三个因子。如果研究人员的研究问题不涉及 A、B、C 三个因子之间的交互效应,那么研究人员并不需要采用因子实验,只需要分别单独测度各个因子对风险厌恶程度的影响。如果 A、B、C 三个因子之间的交互效应被包括在研究人员的研究问题中,此时则应采用因子设计来安排实验设置:每个因子各有两种水平,A、B、C 三个因子共有 $2 \times 2 \times 2 = 2^3 = 8$ 种实验设置。这 8 种实验设置分别是:$a_0 b_0 c_0, a_0 b_0 c_1, a_0 b_1 c_0, a_0 b_1 c_1, a_1 b_0 c_0, a_1 b_0 c_1, a_1 b_1 c_0, a_1 b_1 c_1$。

需要提到的是,当因子实验的各个因子的水平数量相同时,该实验又被称作完整因子实验(Complete Factorial Experiment)。由于对完整因子实验的分析相对比较简单、直观,我们下面对因子设计的讨论将集中在完整因子实验上。

与单独测度各因子对实验结果的影响的方法相比,因子实验有以下几个优势:研究人员通过因子实验不仅能分析各个因子之间的交互效应,还能提高对各因子的实验效果的估计精度。更重要的是,运用因子实验能帮助我们进一步判定实验结论的有效性和适用范围。比如,以往的实验证据表明,在信任博弈中,允许事前交流能有效增强参与博弈的双方的信任程度,提高双方的所得(Charness and Dufwenberg, 2006)。那么在实验报酬的规模发生变化时该结论是否仍然成立?该结论是否适用于各种文化背景下的实验参与者?我们可以首先在信任博弈中引入"事前交流"这一因子,在此基础上继续增加"报酬规模"及"文化背景"等新的因子,运用因子实验来回答这些问题。

运行因子实验的代价是需要安排更多的实验设置,采集更多的实验观察值,较之分别测度各因子效果的实验更为昂贵。

二、因子实验中的主效应与交互效应

（一）对因子实验中的交互效应的判定

为了便于对因子实验中的交互效应进行说明，我们考察如下因子实验：实验中有A和B两个因子，每个因子各有4个水平，即该实验采用4×4的因子设计。实验结果如表4-10所示：

表4-10　　　　　　　　　　因子实验设计示例

	水平	因子B 1	2	3	4	行平均
因子A	1	9	11	14	15	12.25
	2	12	14	17	18	15.25
	3	10	12	15	16	13.25
	4	13	15	18	19	16.25
列平均		11	13	16	17	

表4-10中的数据具有如下特征：

(1)任意选定因子A的两个水平i和j，在因子B的所有水平下，i和j之间的观察值的差值都相同。类似地，任意选定因子B的两个水平k和l，在因子A的所有水平下，k和l之间的观察值的差值也相同。比如，不论因子B的水平选取在1或2或3或4，因子A的水平从1变动到2时实验的观察值都增加了3。

(2)A和B两种因子的效应可直接相加，即

$$\text{实验观察值的变化} = \text{因子A变动所造成的平均效果} + \text{因子B变动所造成的平均效果}$$

条件(1)和条件(2)相互等价，其证明留作读者练习。条件(2)是因子之间是否存在交互效应的判定条件。当条件(2)成立时，我们说因子A和因子B之间不存在交互效应；当条件(2)不成立时，因子A和因子B之间存在交互效应。

表4-11中的数据所显示的是因子A和因子B之间存在交互效应的示例：

表4-11　　　　　　　　　　交互效应示例

	水平	因子B 1	2	3	4	行平均
因子A	1	9	11	14	15	12.25
	2	12	14	17	18	15.25
	3	11	11	14	17	13.25
	4	12	16	19	18	16.25
列平均		11	13	16	17	

我们可以用三维向量来表示因子 A 的主效应,即因子 A 从水平 1 到水平 2、水平 2 到水平 3、水平 3 到水平 4 发生变动时实验观察值所相应发生的变动。根据表 4—11 中各行的平均值,因子 A 的主效应为

$$\{15.25-12.25, 13.25-15.25, 16.25-13.25\} = \{3, -2, 3\}$$

类似地,据表 4—11 中各列的平均值,因子 B 的主效应为 $\{2,3,1\}$。

表 4—11 中的数据显示因子 A 和因子 B 之间存在交互效应。比如,当实验设置从 $(3,2)$ 变动到 $(4,3)$ 时,观察值的变化为 $19-11=8$。而因子 A 从水平 3 到水平 4 的主效应为 3,因子 B 从水平 2 到水平 3 的主效应也为 3,而 $8>3+3$,显然此时除主效应之外还存在交互效应。

表 4—10 所显示的是主效应不为零但交互效应为零的情况。事实上,也同样存在主效应为零但交互效应不为零的情况,如表 4—12 所示:

表 4—12　　　　　　　　主效应为零、交互效应不为零的情况

	水平	\multicolumn{4}{c}{因子 B}	行平均
		1	2	3	4	
因子 A	1	14	16	14	16	15
	2	15	13	18	14	15
	3	12	15	16	17	15
	4	19	16	12	13	15
列平均		15	15	15	15	

读者可自行验证。

(二) 对 2^n 因子设计中的主效应与交互效应的估计

我们继续采用例 4.8 中的 $2 \times 2 \times 2 = 2^3$ 因子实验,介绍对主效应和交互效应的估计办法。在本例中,A 的简单效应是

$$A(b_0, c_0) = a_1 b_0 c_0 - a_0 b_0 c_0$$
$$A(b_1, c_0) = a_1 b_1 c_0 - a_0 b_1 c_0$$
$$A(b_0, c_1) = a_1 b_0 c_1 - a_0 b_0 c_1$$
$$A(b_1, c_1) = a_1 b_1 c_1 - a_0 b_1 c_1$$

即在所有可能的其他因子的水平下,从 a_0 变动到 a_1 的效应。

在本例中,A 的主效应是

$$A = \frac{1}{4} \left(\sum_{J,K} a_1 b_J c_K - \sum_{J,K} a_0 b_J c_K \right)$$

即因子 A 的水平从 a_0 变动到 a_1 时导致的平均变动。

当 B 保持在水平 b_J、C 取水平 c_0 和 c_1 的平均时,因子 A 的效应定义如下:

$$A(b_J,\bar{c})=\frac{1}{2}[A(b_J,c_0)+A(b_J,c_1)]$$

在此基础上,我们将两因子之间的交互效应定义如下:

$$AB=\frac{1}{2}[A(b,\bar{c})-A(b_0,\bar{c})]$$

上式中,AB 为当因子 C 控制在平均水平时,因子 A 与因子 B 之间的交互效应。根据上面的定义,我们有

$$AB=\frac{1}{2}[A(b_1,\bar{c})-A(b_0,\bar{c})]=\frac{1}{2}[B(a_1,\bar{c})-B(a_0,\bar{c})]=BA$$

上式留给读者自行证明。

我们将 A、B、C 三个因子共同产生的交互效应定义如下:

令

$$AB(c_0)=\frac{1}{2}[A(b_1,c_0)-A(b_0,c_0)]$$

$$AB(c_1)=\frac{1}{2}[A(b_1,c_1)-A(b_0,c_1)]$$

则

$$ABC=\frac{1}{2}[AB(c_1)-AB(c_0)]$$

根据上面对主效应和交互效应的定义以及第三章对于对比量这一概念的介绍,我们发现主效应和交互效应都是构造在实验设置基础上的对比量。根据第三章中的介绍,对比量是各实验设置下的实验效果的线性组合,而线性组合的一个重要性质是各个无偏估计量的线性组合就是线性组合的无偏估计量。因此,只要我们能从实验数据中得到对各个实验设置下的实验效果的无偏估计,我们就能够得到对各个因子的主效应和交互效应的无偏估计。

例如,我们可以采用如下办法估计因子 A 的主效应。我们用 $\bar{y}(a_Ib_Jc_K)$ 表示在实验设置 $a_Ib_Jc_K$ 下的全部观察值的平均值,从而我们得到对因子 A 的主效应的估计量 $\hat{A}$:

$$\hat{A}=\frac{1}{4}\left[\sum_{J,K}\bar{y}(a_1b_Jc_K)-\sum_{J,K}\bar{y}(a_0b_Jc_K)\right]$$

为简便起见,我们假设每个实验设置下都有 n 个观察值。当所有实验设置下的观察值都服从相互独立且方差同为 σ^2 的分布时,估计量 $\hat{A}$ 的方差为:

$$\mathrm{var}(\hat{A})=\frac{1}{16}\Big\{\sum_{J,K}\mathrm{var}[\bar{y}(a_1b_Jc_K)]+\sum_{J,K}\mathrm{var}[\bar{y}(a_0,b_J,c_K)]\Big\}$$
$$=\frac{1}{16}\Big(8\frac{\sigma^2}{n}\Big)$$

$$=\frac{\sigma^2}{2n}$$

将第三章所介绍的对比量的性质进一步应用于因子的主效应和交互效应。当实验的所有观察值的随机扰动项都服从均值为 0、方差为 σ^2 的正态分布时,我们可以用 t 检验来判定因子的主效用与交互效应在统计上是否显著。其详细判定过程参考第三章,这里就不重复了。

(三) 对因子实验中交互效应的解释

当实验中的各个因子之间产生交互效应时,基本上有以下三种可能性:

(1) 当各因子的水平所取的单位、实验观察值的单位经过适当转换后,交互效应消失。这种可被剔除的交互效应是由于对实验结果的不恰当度量和不恰当记录造成的,它并不是真正意义上的交互效应。那些无法通过单位转换被剔除的、真正意义上的交互效应,其背后必定有针对经济活动参与者的行为解释。

(2) 交互效应虽然无法通过单位转换被剔除,但其规律有迹可循。在此类情况下,研究人员能够针对发生交互效应的规律进一步设计新的实验,探究交互效应产生的原因。比如,在某个实验中研究人员发现只有因子 A 的水平处于第三种水平时,因子 A 和因子 B 产生交互效应,在其他情况下因子 A 和因子 B 都不发生交互效应。接下来,研究人员寻找因子 A 的第三种水平与其他水平相比所独有的特征,并进一步通过实验判定究竟是不是因为这一特征造成了交互效应。

(3) 交互效应无法通过单位转换被剔除,而交互效应的产生也无明显规律。在此类情况下,由于无法从因子设计的结构中找到交互效应的内在关联性,因此我们只得将各个实验设置分别当作个案处理。

练习题

1. 现有 7 名实验参加者,每个实验参加者分别参与 A,B,C,D,E,F,G 共 7 种不同设置下的实验。研究人员需要控制实验参加者的个体效应和每个实验参加者参与实验的次序效应这两种因素对实验结果的干扰。构造拉丁方如表 1 所示,请进行数据分析。

表 1   7 种实验设置下的实验结果

实验参加者序号	参加实验的次序						
	1	2	3	4	5	6	7
1	A24	B22	C3	D3	E8	F8	G5
2	B28	E7	A6	G3	F4	D5	C3
3	C3	F10	G3	B14	D10	A9	E7

续表

实验参加者序号	参加实验的次序						
	1	2	3	4	5	6	7
4	D13	G7	E10	F10	C3	B20	A10
5	E9	D3	B12	C3	A4	G7	F8
6	F10	C3	D13	A14	G6	E9	B18
7	G6	A9	F6	E15	B29	C3	D9

2. 研究人员需要比较 A,B,C,D,E,F 共 6 种不同市场机制的成交效率。研究人员需要阻断实验参加者对风险的偏好程度和经验水平这两种因素对交易结果的影响。经测试，研究人员将实验参加者对风险的偏好程度分为 1 至 6 共 6 个等级，而实验参加者的经验水平也分为 1 至 6 共 6 个等级。实验结果见表 2，请进行数据分析。

表2　　　　　　　　　　6 种不同市场机制下的成交效率　　　　　　　　　　单位：%

经验水平	对风险的偏好程度					
	1	2	3	4	5	6
1	A71	B73	C65	E59	D67	F77
2	B81	A79	E97	F80	C83	D85
3	E71	D58	F71	C75	B66	A72
4	F56	C62	B62	D69	A75	E72
5	C62	F60	D62	A79	E83	B69
6	D75	E73	A71	B57	F83	C80

3. 为测度 A 和 B 两种实验设置的效果，采用交叉设计将 12 名实验参加者随机等分为甲、乙两组。甲组先参加 A 设置下的实验，后参加 B 设置下的实验；乙组先参加 B 设置下的实验，后参加 A 设置下的实验。结果如表 3 所示，试进行数据分析。

表3　　　　　　　　　　　　A、B 两种实验设置的效果

实验顺序	实验参加者编号	先进行的实验	后进行的实验
甲组	1	66	0
	2	30	14
	3	48	10
	4	50	32
	5	20	16
	6	87	48

续表

实验顺序	实验参加者编号	先进行的实验	后进行的实验
乙组	7	49	25
	8	55	23
	9	10	6
	10	7	17
	11	21	17
	12	6	22

4. 表 4 为包含 A 和 B 两个因素的因子实验,试进行统计分析。

表 4　　　　　　　　　　双因素因子实验

B	A		
	水平 1	水平 2	水平 3
水平 1	2.20	1.94	2.18
水平 2	1.92	1.98	1.99
水平 3	1.97	1.66	1.88
水平 4	1.91	1.98	2.06
水平 5	1.82	1.98	1.91

5. 某实验中,因素 A 有 A1 和 A2 两种水平,因素 B 有 B1 和 B2 两种水平。将 10 名实验参加者随机等分成两组,进行 2×2 的因子实验,结果如表 5(ID 一栏为实验参加者的编号)。请分析实验结果。

表 5　　　　　　　　　　2×2 的因子实验

A	ID	B	
		B1	B2
A1	1	15.75	19
	4	15.50	20.75
	6	15.50	18.5
	7	17	20.5
	10	16	20

续表

A	ID	B	
		B1	B2
A2	2	18.25	22.25
	3	18.5	21.5
	5	19.75	23.5
	8	21.5	24.75
	9	20.75	23.75

参考文献

1. Box, G., W. G. Hunter, J. S. Hunter(1978). "Statistics for Experimenters: An Introduction to Design, Data Analysis, and Model Building", Wiley-Interscience.

2. Charness, G., M. Dufwenberg(2006). "Promises and Partnership", *Econometrica*, 74: 1579—1601.

3. Cox, D. R. (1992). "Planning of Experiments", Wiley-Interscience.

4. Davis, D., C. Holt(1992). "Experimental Economics", Princeton University Press.

5. Friedman, D., S. Sunder(1994). "Experimental Methods: A Primer for Economists", Cambridge University Press.

6. Holt, C. A., S. K. Laury(2002). "Risk Aversion and Incentive Effects", *American Economic Review*, 92: 1644—1655.

7. Kagel, J. H., A. E. Roth, editors(1995). "The Handbook of Experimental Economics", Princeton University Press.

第五章 假设检验

第三章和第四章侧重介绍如何通过恰当的实验设置设计有效地避免系统误差,而本章所介绍的是实验设计的最后一个步骤——数据分析方法设计,即如何将实验设计与一种统计方法相联系,通过统计推断回答最初所提出的研究问题。

从实验中得到数据后分析数据并运用数据检验理论假说的一般过程即假设检验。究竟采用什么办法进行假设检验,与实验设置设计密切相关。其实,前几章在介绍完全随机设计、随机区组设计、拉丁方和拉丁矩等各种设计方法时,都详细讨论了如何运用该设计下的方差分析进行假设检验。本章介绍了几种常用的假设检验方法(也包括F-检验,该检验在前面几章的方差分析中已有所介绍)。假设检验的目的是最终从数据中剥离出被研究的因素对实验中经济运行的影响。

经济实验中所产生的数据与生活中的实地数据的根本区别在于数据的产生过程,而无论是实验数据还是实地数据,其处理工具都属于统计方法范畴。但实验数据在处理过程中相较于生活中的数据也有其特殊性。由于实验数据通常要比自然市场中的数据价格昂贵,因此一般情况下实验数据的样本容量会比较小,进行非参数的检验往往成为无法替代的选择。而现实生活中的数据由于样本容量足够大,其处理过程很少用到非参数检验的方法。在本章中,我们将着重介绍非参数检验,对于经常出现在其他应用数理统计书籍中的参数检验方法我们将不再进行重点介绍。

本章的第一节是关于均值的参数检验,第二节是关于方差和均值差的参数检验,而第三节介绍的是非参数检验方法。

第一节 关于均值的参数检验

一、方差已知的均值检验(Z 检验)

考虑如下情形:我们得到了一个随机样本,其样本容量为 n,且样本服从正态分布 $N(\mu_x, \sigma_x^2)$;分布的方差 σ_x^2 已知,而分布的均值 μ_x 未知。我们所感兴趣的理论假设是 $\mu_x = \mu_0$。相对应于零假设和备择假设有如下三种形式:

(i) $\mu_x < \mu_0$（实际均值仅可能低于 μ_0）；
(ii) $\mu_x > \mu_0$（实际均值仅可能高于 μ_0）；
(iii) $\mu_x \neq \mu_0$（双侧检验）。

检验上面三种形式的备择假设所共用的检验统计量为：

$$z = \frac{\overline{X} - \mu_0}{\sigma_x / \sqrt{n}}$$

令 Z_α 为对应于标准正态分布的 α 区间的关键值。例如，$Z_{0.05} = 1.65$ 背后的含义是，对于服从标准正态分布的随机变量 Z 而言，$Z > 1.65$ 的概率为 0.05，由此得到显著水平为 α 的 Z 检验的拒绝域：

表 5-1　　　　　　　　　　　　Z 检验的拒绝域

零假设 H_0	备择假设 H_1	拒绝域
$\mu_x = \mu_0$	$\mu_x < \mu_0$	$Z < -Z_\alpha$
$\mu_x = \mu_0$	$\mu_x > \mu_0$	$Z > Z_\alpha$
$\mu_x = \mu_0$	$\mu_x \neq \mu_0$	$|Z| > Z_{\alpha/2}$

二、方差未知的均值检验（T 检验）

只有在方差已知的情况下，Z 检验才是"恰当"的检验方法。当方差未知，而样本仍服从正态分布时，关于均值的恰当的检验统计量为：

$$T = \frac{\overline{X} - \mu_0}{S / \sqrt{n}} \tag{5.1}$$

其中，

$$S = \sqrt{S^2} = \sqrt{\frac{1}{n-1} \sum_{i=1}^{n} (X_i - \overline{X})^2} \tag{5.2}$$

对于 T 检验的拒绝域的描述与前面对 Z 检验的拒绝域的描述类似，唯一的区别是标准正态分布换成了 t 分布。例如，双侧备择假设 $\mu_x \neq \mu_0$ 被接受、零假设 $\mu_x = \mu_0$ 被拒绝的条件为：

$$|T| = \frac{|\overline{X} - \mu_0|}{S / \sqrt{n}} > t_{\alpha/2}(n-1) \tag{5.3}$$

例 5.1 假设我们相信在某个博弈环境中某个特定的纳什均衡解出现的概率为 p。我们并不知道在实际操作中 p 为多少，但理论中对 p 的预测为 25%。这里我们需要检验的零假设为 $p = 0.25$，备择假设为 $p \neq 0.25$。为了检验这一假设，我们征召 100 组实验对象进行实验，观察在实验中纳什均衡解是否出现。由此，我们得到 100

个服从伯努利分布的、成功率为 p 的独立观察值。

一个服从伯努利分布的随机变量的概率密度函数为：
$$f(x)=p^x(1-p)^{1-x}, x=0,1$$

根据中心极限定理，对 p 的估计量的极限分布为正态分布：
$$\hat{p}=\frac{1}{100}\sum_{i=1}^{100}x_i \sim N[p,p(1-p)/100]$$

假设我们根据观察值得到对 p 的估计量 $\hat{p}=0.2$，这也是对 p 的估计量的极限分布的均值的估计量。同时，我们得到对 p 的估计量的极限分布的方差的估计量，$0.2\times 0.8/100=0.0016$。由此，我们可以构造出检验零假设的 Z 检验统计量，并将该统计量与关键值相比较：
$$\frac{|0.2-0.25|}{\sqrt{0.0016}}=1.25\leqslant 1.96=z_{0.025}$$

根据上式中的结果，我们无法在 5% 的显著水平下拒绝零假设。

第二节 关于方差和均值差的参数检验

一、正态分布的方差检验

考虑如下情形：我们从某个方差未知的正态分布中得到含有 n 个观察值的随机样本。如果我们需要检验的零假设为该分布的方差等于 σ^2，相应的备择假设为双侧假设，那么在零假设为真的前提下会有 $(n-1)S^2/\sigma^2 \sim \chi^2(n-1)$，其中，$S^2$ 的确定见 (5.4) 式。因此，我们可以通过比较统计量 S^2 与 $\chi^2(n-1)$ 分布来检验零假设是否为真。零假设的拒绝域为：

$$S^2 < \frac{\sigma^2}{n-1}\chi^2_{1-\alpha/2}(n-1) \quad \text{或} \quad S^2 > \frac{\sigma^2}{n-1}\chi^2_{\alpha/2}(n-1) \tag{5.4}$$

二、两个独立正态分布的同方差检验

从两个独立的正态分布 X 和 Y 中我们分别得到 m 和 n 个观察值。我们需要检验的零假设是分布 X 和分布 Y 的方差相同，备择假设为双侧假设。根据数理统计知识，我们知道 $(n-1)S_X^2/\sigma_x^2 \sim \chi^2(n-1)$ 且 $(m-1)S_Y^2/\sigma_Y^2 \sim \chi^2(m-1)$。在零假设为真的前提下，我们有 $\sigma_x^2=\sigma_Y^2$，因此 $S_X^2/S_Y^2 \sim F(n-1,m-1)$。零假设拒绝域的确定与上面类似，这里就不详述了。

三、两个独立同方差的正态分布的同均值检验

从两个独立的正态分布 X 和 Y 中我们分别得到 n 和 m 个观察值。假设我们已知两个分布的方差相同,则我们需要检验的零假设是分布 X 和分布 Y 的均值相同,备择假设为双侧假设。为检验这一假设,我们需要构造的统计量为:

$$T = \frac{\overline{X} - \overline{Y}}{\sqrt{\{[(n-1)S_X^2 + (m-1)S_Y^2]/(n+m-2)\}(1/n+1/m)}} \tag{5.5}$$

该统计量服从自由度为 $n+m-2$ 的 t 分布。零假设拒绝域的确定也与前面类似,这里不再详述。

四、两个独立异方差的正态分布的同均值检验

当两个独立的正态分布 X 和 Y 的方差不相同时,我们很难运用传统的方法检验这两个分布的均值是否相同(其原因是我们在构造统计量时无法直接剔除方差的影响,这一问题被称作 Behrens-Fisher 问题)。检验这一假设的近似统计量为

$$T = \frac{\overline{X} - \overline{Y}}{\sqrt{\left(\frac{S_X^2}{n} + \frac{S_Y^2}{m}\right)}} \tag{5.6}$$

该统计量近似服从自由度为 $n+m-2$ 的 t 分布。样本容量越大,该统计量的近似效果越好。当样本容量足够大时,t 检验可以被 z 检验替代。当分布 X 和分布 Y 的方差为已知量 σ_X^2 和 σ_Y^2 时,我们可以用 σ_X^2 和 σ_Y^2 替代 S_X^2 和 S_Y^2,此时的统计量准确服从自由度为 $n+m-2$ 的 t 分布。

第三节 非参数检验方法

由于在经济学实验中研究人员要向实验参与者支付报酬,相对于自然市场中的实地数据而言,经济学实验中的观察值是昂贵的,样本容量也十分有限。在小样本的情况下,我们无法用正态分布描述数据生成过程。因此,在许多经济学实验中,参数检验方法往往失去了应用条件,非参数检验成了无法替代的选择。

与参数检验相比,非参数统计检验有其优势:针对排序关系的假设检验,运用非参数方法相较于参数方法更容易实施,也更直观;运用非参数检验能够很容易地比较来自不同分布的均值,非参数方法能够很好地解决前面提到的 Behrens-Fisher 问题。但非参数检验也有其劣势。由于非参数检验不对样本的来源总体分布进行任何假设,其

检验强度要低于参数检验(即相同的显著水平下,非参数检验"取伪"的可能性更大)。当我们有条件进行参数检验时,参数检验会给我们带来更准确的统计推断。

下面我们就介绍几种常用的非参数检验方法。

一、χ^2 契合度检验

χ^2 契合度检验用于检验某样本是否服从某种特定的分布。该检验的主要用途是根据观察值落入分布的各个区间的频率,判定被估计出来的模型是否与原始数据契合。

零假设 H_0:样本服从概率密度函数为 f 的分布;

备择假设 H_1:其他情况。

检验的统计量为:

$$\nu = \sum_{i=1}^{k} \frac{(O_i - E_i)^2}{E_i} \sim \chi^2(k-1) \tag{5.7}$$

其中,O_i 为落入第 i 个类别的观察值的数量,E_i 为当零假设为真时预期落入第 i 个类别的观察值的数量,k 为被划分出的类别的数量。当显著水平为 α 且 $\nu > \chi^2_\alpha(k-1)$ 时,零假设被拒绝。

例 5.2 某实验记录了 n 个实验参与者在多回合的重复博弈中的序列决策。表 5-2 是所有实验参与者总的选择各种决策的频率。

表 5-2　　　　　　　所有实验参与者总的选择各种决策的频率

	A	B	C	D
1	25%	10%	50%	15%
2	25%	40%	25%	10%
3	50%	40%	0%	10%
4	0	60%	20%	20%

表中 A 至 D 是实验参与者可能的决策,1 至 4 是博弈的回合。除表中信息外,实验者还掌握着描述实验参与者个体特征的其他信息。这些其他信息可以用向量 X_i 表示,i 表示第 i 个实验参与者。实验者得到了一个参数模型

$$Y_{jk} = G(X_{1jk}, \cdots, X_{njk}, \theta), j = 1, \cdots, 4, k = A, \cdots, D$$

式中,下标 j 为博弈的回合,下标 k 为实验参与者可能的选择,Y 为频率,X_1 至 X_n 为描述实验参与者特征的向量,而 θ 是参数向量。现在实验者需要评价参数模型 $G(\cdot)$ 能否很好地解释在实验中实验参与者在各回合做出各种不同决策的频率。我们可以运用 χ^2 契合度检验来回答这一问题:

(i)估计参数模型。根据观察值 $X_1 \cdots X_n, Y$ 得到参数向量 θ 的点估计 $\hat{\theta}$。

(ii)根据估计量 $\hat{\theta}$ 和参数模型得到在各回合中所有实验参与者总的选择各种决策的频率的估计值(在这个例子中的"类别",就是表中的各单元)。

(iii)最后,计算统计量 ν 并将其与分布 $\chi^2(15)$ 相比较。

统计量 ν 只是渐进服从 χ^2 分布。当数据量较小特别是当实验者所划分的每个类别内的观察值少于 5 个时,实验者应适当合并类别以增加每个类别内的观察值数量。当类别数量和类别内的观察值数量都很少时,该检验的结果可能会不准确。

二、配对排列检验

配对排列检验是相对实验中检验实验效果的强有力的检验。该检验的零假设是在不同实验条件下所观察到的实验结果差异完全不是因为实验条件的变化造成的。我们用一个例子来说明配对排列检验方法。

例 5.3 实验者希望了解 A 和 B 两种市场机制下的平均交易价格有无显著差异。实验者采用了相对实验中的"同被试"设计方法来回答这一问题。"同被试"是指实验参加者同时参与相对实验中的实验组与参照组。实验者的具体做法是独立地征召 10 组实验参与者共进行 10 次实验,每次实验分别在 A 和 B 两种市场机制下让实验参与者进行交易。各组实验参与者究竟是先在 A 机制下交易还是先在 B 机制下交易,在实验开始前由实验者投掷硬币决定。我们用 H 表示实验中参与者先在 A 机制下交易,后在 B 机制下交易,用 T 表示实验中参与者先在 B 机制下交易,后在 A 机制下交易。表 5—3 为实验结果:

表 5—3　　　　　　　　　　配对排列检验方法示例

参与者(组)	机制 A 下的交易价格 P_A	机制 B 下的交易价格 P_B	$P_B - P_A$
1(H)	13.2	14.0	0.8
2(H)	8.2	8.8	0.6
3(T)	10.9	11.2	0.3
4(H)	14.3	14.2	−0.1
5(T)	10.7	11.8	1.1
6(H)	6.6	6.4	−0.2
7(H)	9.5	9.8	0.3
8(H)	10.8	11.3	0.5
9(T)	8.8	9.3	0.5
10(H)	13.3	13.6	0.3
			均值:0.41

如果零假设为真，则市场机制的差别并不是造成价格差别的原因，交易价格上的差别完全来自各组实验参与者的差异及实施机制 A 和机制 B 的先后次序。以第 7 组实验参与者为例，他们先在机制 A 下交易，后在机制 B 下交易，两种机制下的价格差为 $(P_B-P_A=)0.3$。如果该组参与者先在机制 B 下交易，后在机制 A 下交易，在价格差仅仅来源于实施机制 A 和机制 B 的先后次序的前提下，实验者预期得到的两种交易机制下的价格差为 $(P_B-P_A=)-0.3$。换言之，在零假设为真的前提下，各组参与者调换实施机制 A 和机制 B 的次序，所造成的交易价格差 P_B-P_A 的变化仅体现在正负符号上。每组参与者实施机制 A 和机制 B 有两种次序，那么对 10 组参与者来说，一共有 $2^{10}=1\,024$ 种实施实验的可能。实验者在实验室中仅得到了其中一种实施方案下的实验结果（即表 5－3 中的结果）。对其他 1 023 种可能的实施方案下的结果，实验者可以在零假设为真的前提下进行推断：在某种可能的实施方案下，如果某组参与者实施 A 和 B 的次序与真实的实验次序一致，则预期的价格差 $E(P_B-P_A)$ 与真实的实验结果一致；如果在该方案下某组参与者实施 A 和 B 的次序与真实的实验次序相反，则预期的价格差 $E(P_B-P_A)$ 与真实的实验结果符号相反。由此实验者能得到该方案下的 10 个预期价格差的均值。这样，1 023 种方案下的 1 023 个预期平均价格差就构成了零假设下的取样分布。将实验中得到的平均价格差（表中为 0.41）与其他的 1 023 个预期平均价格差相比较，实验者就得到了实验所得平均价格差在配对排列检验中的 P 值（P 值是在零假设为真的前提下，预期的平均价格差高于实验所得平均价格差的几率）。

在这个例子中，1 023 个预期平均价格差中仅仅有 3 个预期平均价格差高于 0.41，有 4 个预期平均价格差等于 0.41。实验者所实施的配对排列检验的 P 值为 7/1 024，约等于 0.7%。实验效果非常显著，实验者应当拒绝零假设。

由于配对排列检验运用样本中的全部信息，因此在非参数检验方法中配对排列检验是检验强度较高的检验方法。配对排列检验的缺点是观察值的数量较大时该检验方法的计算负担较繁重。与配对排列检验方法类似，计算量又相对较小的非参数检验方法是 Wilcoxon 符号秩检验，有时该方法也被称作配对符号秩检验。Wilcoxon 符号秩检验只考虑实验结果差异的符号，并不记录实验结果差异的真实值。比如，在上面的例子里，实验结果显示 10 组参与者中 P_B-P_A 有 8 个正值、2 个负值。除此之外，Wilcoxon 符号秩检验在零假设下均值差的取样分布的生成过程以及该检验的实施办法都与配对排列检验类似，这里就不详细介绍了。[①] 由于 Wilcoxon 符号秩检验丢弃

---

① 有兴趣的读者可以查阅：Siegel and Castellan，1988，*Nonparametric Statistics for the Behavioral Sciences*，2nd Ed. ，McGraw-Hill，New York，1988。

了样本中的部分信息,其检验强度要低于配对排列检验。

三、中位数检验

中位数检验用于检验两个独立的样本是否具有相同的中位数。由于中位数检验不对两个独立样本背后的分布作出很强的假设,该检验适用范围很广,或者我们说该检验是"健壮"的检验。

中位数检验的过程如下:首先,将两个独立样本合并,得到合并样本的中位数,然后构建表5—4:

表5—4　　　　　　　　　　　　中位数检验法

	样本 I	样本 II
大于合并样本中位数的观察值数量	A	B
小于合并样本中位数的观察值数量	C	D
观察值数量	m	n

令观察值总量为 N,$N=m+n$,则取样分布的近似统计量为

$$v = \frac{N[(AD-BC)-N/2]^2}{(A+B)(C+D)(A+C)(B+D)}$$

中位数检验的零假设为两个独立样本的中位数相同。在零假设为真的前提下,统计量 v 服从分布 $\chi^2(1)$。样本容量越大,统计量 v 的近似效果越好。

Wilcoxon-Mann-Whitney 检验是与中位数检验相类似的非参数检验方法。Wilcoxon-Mann-Whitney 检验的强度要高于中位数检验的强度,但代价是 Wilcoxon-Mann-Whitney 检验要做出更强的假设,比如两个独立样本所服从的分布的方差相同。关于 Wilcoxon-Mann-Whitney 检验的详细说明,可参见相关文献(Siegel and Castellan,1988)。

四、Jonckheere 检验

假设实验者从 k 个独立的总体中得到 k 个数据集,令第 i 个总体的中位数为 θ_i,Jonckheere 检验可用于检验下面的假设:

零假设 H_0:各总体的分布相同;

备择假设 H_1:各个总体的中位数不同,其次序为 $\theta_1 \leqslant \cdots \leqslant \theta_k$,且至少有一个不等式为严格不等式。

为进行 Jonckheere 检验,首先我们需要构建表5—5:

表 5-5　　　　　　　　　　　　　Jonckheere 检验法

数据集 1(中位数最低的数据集)	数据集 2(中位数次低的数据集)	……	数据集 k(中位数最高的数据集)
$X(1,1)$	$X(1,2)$		$X(1,k)$
$X(2,1)$	$X(2,2)$		$X(2,k)$
……	……	……	……
$X(n_1,1)$	$X(n_2,2)$		$X(n_k,k)$

表 5-5 中各列从小到大排序，其中，第 i 个数据集的观察值数量为 n_i。

按照以下三个步骤，我们可以得到 Jonckheere 检验的统计量 J^*：

(1)对表中前 $k-1$ 列中的每一个观察值 $X(i,j)$，构造与其相对应的 $N(i,j)$。$N(i,j)$ 是第 $j+1$ 列至第 k 列中所有大于 $X(i,j)$ 的观察值的数量。

(2)将 J 定义为所有 $N(i,j)$ 的和，$j \leqslant k-1$。

(3)在零假设为真的前提下(各总体的分布相同)，统计量 J 的取样分布的均值和方差分别为：

$$\mu_J = \frac{N^2 - \sum_{j=1}^{k} n_j^2}{4}$$

$$\sigma_J^2 = \frac{1}{72}\left[N^2(2N+3) - \sum_{j=1}^{k} n_j^2(2n_j+3)\right]$$

当样本容量较大时，统计量 $J^* = \dfrac{J - \mu_J}{\sigma_J}$ 近似服从标准正态分布。将统计量 J^* 与标准正态分布相比较，我们就可以得到检验结果。

如果检验结果拒绝了零假设，那么在备择假设的 $k-1$ 个不等式 $\theta_1 \leqslant \theta_2, \theta_2 \leqslant \theta_3, \cdots, \theta_{k-1} \leqslant \theta_k$ 中至少有一个被违背。究竟是哪个不等式被违背，我们无法从检验结果中得知。

练习题

1.某商场不同季节的销量如表 1 所示，问：不同季节销量有无差别？若有差别，进行两两比较。

表 1　　　　　　　　　　　某商场不同季节销量

某商场不同季节销量(千元)			
春	夏	秋	冬
22.2	18.7	18.5	18.6

某商场不同季节销量(千元)			
春	夏	秋	冬
22.4	22.4	13.2	16.5
20.5	24.0	16.8	17.2
16.5	17.6	14.7	14.4
19.6	14.8	16.2	12.7
21.5	18.0	13.8	16.5
21.1	19.7	16.3	15.8
20.8	20.8	19.2	14.4

2. 研究人员需要测定 A 和 B 两种信誉机制对市场成交额的影响。研究人员选取了 8 组实验参加者以对比 A 机制和无信誉记录情况下的实验结果差异,又选取了 12 组参加者以对比 B 机制和无信誉记录情况下的实验结果差异,见表 2。问:A、B 两种信誉机制效果是否显著? A、B 两种机制效果有无差别?

表 2　　A、B 两种机制对市场成交额的影响

		成交额										
A 机制效果	实验编号	1	2	3	4	5	6	7	8			
	A 机制	6.8	7.4	6.6	6.2	6.0	7.1	6.5	6.2			
	无信誉记录	6.3	6.5	5.8	5.6	5.3	7.1	5.8	6.3			
B 机制效果	实验编号	1	2	3	4	5	6	7	8	9	10	11	12
	B 机制	6.8	6.5	7.4	7.2	6.1	6.4	7.2	6.2	6	6.5	6.7	6.2
	无信誉记录	5.4	5.4	5.0	5.0	6.0	4.7	6.1	5.7	7.0	5.0	6.1	6.5

3. 某研究人员将 199 名实验参加者分成三组,以比较 3 种不同交易机制的效率。为避免实验参加者对风险的态度干扰实验结果,研究人员要了解 3 组实验参加者对风险态度的分布有无差别。根据表 3 的资料,3 组参加者对风险偏好程度的分布一致吗?

表 3　　3 组实验参加者对风险的偏好程度

三组实验参加者对风险的偏好程度					
组　别	极度风险偏好	轻度风险偏好	轻度风险厌恶	极度风险厌恶	合计
A 机制	7	15	29	37	88
B 机制	4	12	16	19	51
C 机制	3	5	15	37	60
合　计	14	32	60	93	199

参考文献

1. Quesenberry, C. P., D. C. Hurst(1964). "Large Sample Simultaneous Confidence Intervals for Multinomial Proportions", *Technometrics*, 6:191—195.
2. Siegel, S., N. J. J. Castellan(1988). "Nonparametric Statistics for the Behavioral Sciences", McGraw-Hill.

第六章 实地实验与其他实证方法

实验经济学的研究方法是内部有效性最强的经济学实证方法,这是实验经济学的核心特征。任何一种科学研究,都面临着内部有效性和外部有效性两方面的挑战。内部有效性(Internal Validity)是指,研究人员分析某一种特定因素产生效果时,一定不能把其他原因造成的效果错误地归结到被研究的对象上。比如,当我们分析一种药物对心血管疾病的疗效时,如果病情较重的人服用了药物而病情较轻的人未服药,那么病情的轻重程度会对分析结论造成干扰;如果参加某种劳动技能培训的人的智力水平高于未参加培训的人的智力水平,那么研究人员所观察到的"技能培训的效果"有可能来自智力水平的差别。而外部有效性(External Validity)是指,从有限样本中得出的研究结论究竟在多大程度上能推广到总体中去。比如,某一种药在美国的临床实践中取得了效果,那么这种药能否在中国的临床中取得效果?如果理论经济学家所设计出来的市场机制通过经济实验取得了成功,那么这一机制在现实生活中的效果又会如何?

首先需要指出的是,确保内部有效性是所有研究工作的起点。误读了经济现象背后的真实原因,无论其应用环境是否贴近现实,都必然会误导政策制定与制度安排。第一章到第五章所介绍的内容,都是基于"避免错误归因"、确保内部有效性的实验设计方法。在内部有效性得到保证的基础上,研究人员再继续探讨研究结论的外部有效性,即研究结论的适用范围[比如,无论经济学理论研究还是经济学实证研究,都有针对经济学理论模型或实证数据分析的稳健性检验(Robustness Check)]。其次需要指出的是,没有任何一种经济学研究方法能在内部有效性和外部有效性两方面同时做到完美,理论(Theories)、实验(Experiments)和观察性实证方法(Observational Empirical Methods)各有所长。经济学实验在经济学的实证研究方法中是内部有效性最强的研究手段,其代价是外部有效性受到一定的限制。

近年来,学界对经济学实验的批评集中在实验结论的外部有效性上(Levitt and List,2007)。比如,经济学的实验室实验通常征召本科生作为实验参加者,支付相对较低的报酬,而实验在较短的时间内完成。如果参加者群体发生变化(如有丰富经验的从业者)、报酬规模发生变化、实验环境是现实生活中的市场,那么实验结论是否也会发生变化？

21世纪日益受到重视的实地实验（Field Experiment）是改善实验外部有效性的重要方法。实地实验是介于实验室实验和完全基于现实市场所自然产生的数据的观察性实证方法之间的一种实证手段。实地实验与实验室实验相同的是，研究人员将实验参与者随机分配到不同的实验条件中去，从而能有效避免样本选择或内生性造成的系统性偏差。但实地实验在现实生活中的市场里进行，从而研究人员对实验的控制不如实验室实验完美（如研究人员很难在现实生活中控制价值、成本、信息等因素）。实证方法中，从内部有效性来说，实验室实验最强，实地实验次之，观察性实证方法最弱；从外部有效性来说，顺序正好颠倒：观察性实证方法最强，实地实验次之，实验室实验最弱。

本章的第一节介绍影响评估与相关实证方法分类。随后，以某个假想的"精准扶贫"中的小微信贷为例，在本章的第二、第三、第四节依次分别介绍如何运用观察性实证方法、准实验方法和实地实验方法进行小微信贷的影响评估。最后，本章的第五节介绍实地实验实施过程中会遇到的问题以及解决办法。

第一节　影响评估与实证方法分类

经济活动的参与主体，如政府部门，通过特定的制度安排、机制设计主动干预经济运行，从而提高社会福祉，是当代经济生活的普遍现象。比如，通过改进器官移植的排队规则来增大患者的生存机会，通过改革高考择校匹配来更好地满足考生的报考志愿，以及无线牌照、汽车牌照、排污许可权等公共资源的拍卖机制设计等。要保障干预措施的成功，需在设计干预方案之初就回答以下几个问题：

（1）干预方案的目标群体是谁？
（2）目标群体面临哪些问题？
（3）目标群体产生这些问题的原因是什么？
（4）目标群体已经采取了哪些办法来解决这些问题？

经过审慎设计的干预方案，在实施之后有关方面需要寻找恰当的指标来评价干预方案的成败。基于评价的不同出发点，评价方法分为过程评估（Process Evaluation）、影响评估（Impact Evaluation）以及成本收益分析（Cost-Benefit Analysis）等。例如，过程评估的评价指标基于干预方案的实施效果：干预方案所期待达到的目标是否已达成？干预方案的目标群体是否都接受了干预方案中所承诺的服务？目标群体对干预方案的实施过程是否满意？在干预方案的实施过程中是否造成了资源的浪费？等等。

我们下面着重介绍影响评估，其目标是回答归因问题，即定量分析实施干预方案后给目标群体带来的变化,在多大程度上归结于干预方案本身:某学校教学设施改善后学生成绩普遍提高,那么成绩提高是由教学设施改善带来的吗?某县在精准扶贫工作中向农户提供小额无息贷款,那么农民收入的提高多大程度上归因于融资渠道的改善?

要在影响评估中正确地识别干预措施与干预后果之间的因果链,其前提是在干预方案实施前就进行有效的研究设计。比如,我们能观察到某农户接受无息贷款并增加生产投入一年后的收入水平,但这家农户在没有接受无息贷款的情况下一年后的收入情况并没有在现实中发生,从而无法直接识别无息贷款对这家农户收入所带来的影响,这一类问题被称作"反事实"问题。研究设计的目标就是要通过恰当的手段解决"反事实"问题。

在详细介绍如何通过研究设计回答"反事实"问题之前,我们先简要介绍一下研究设计的基本要点与研究设计的分类。

研究设计的要点之一是干预方案一定要有理论基础:以特定的经济环境和行为假设为出发点,在这些出发点下得到理论预测,以理论预测为干预方案的实施参照。如果干预方案缺乏理论依据,则我们往往难以识别干预过程中的因果关系。举个具体的例子,我们要进行车牌分配机制改革,有三种方案可供选择:(1)随机摇号;(2)组织统一价格拍卖,将所有竞拍者所提交的价格从高到低排序,中标者统一支付未中标的最高价格;(3)参与者首先自主选择是参与竞拍还是参与摇号,随后根据选择后参与者的人数比例分配竞拍的车牌数量和摇号的车牌数量,最后完成竞拍和摇号。对于这三种方案,究竟哪一种能带来更高的社会福利?回答这一问题,首先我们要了解需要车牌的市场参与者对车牌的价值判断、参与者对风险的态度等经济环境因素,在参与者充分、有效处理自己所掌握的全部信息并自觉实现优化的行为假设前提下,预测三种方案下车牌分配结果及消费者剩余、市场效率等社会福利指标在三种方案下的高低,最后在三种方案分别实施后实证检验各个方案的效果。做个简单的总结,干预方案的理论基础能告诉研究人员在研究设计中哪些因素和指标是重要的、是需要观察记录的。在这个车牌拍卖的例子里,市场设计理论告诉我们,除车牌分配机制本身外,研究人员必须了解参与者对车牌的价值判断、风险偏好以及优化能力,否则无法对各种车牌分配机制进行影响评估。

根据干预方案的理论基础,研究设计的要点之二是寻找恰当的指标,测度并记录干预前的出发点、干预的过程、干预方案的产出以及干预方案的结果。这里需要指出,干预方案的"产出"与"结果"具有细微差别。"产出"是指干预方案直接提供给受众的产品服务或施加的行动,而"结果"是指干预方案所期待达成的变化。"产出"完全由干预方案决定,而"结果"还会受到干预方案之外如受众主观意愿等其他因素的影响。我们用表6—1举例简要说明干预的过程、产出、结果以及长期目标(理论预测)之间的关系。

表 6—1　　　　　干预的过程、产生、结果和长期目标(理论预测)之间的关系

项　目	干预的过程	产　出	结　果	长期目标（理论预测）
职业教育	·对教师进行培训 ·编写新教材	·教师掌握新的教学方法 ·新教材发行	·新的教学方法在教学过程中得以采用 ·学生成绩提高，留级率下降	·毕业生生产技能提高 ·劳动生产率提高
医　疗	·对妇科医生岗位提出新的标准 ·对助产士进行培训	·达到新标准的医生上岗 ·助产士掌握新技术	·新诊断方法、新助产技术在妇女生育过程中得以运用	·母婴健康水平提高 ·孕产妇死亡率下降
精准扶贫	·在贫困地区增设信贷机构	·达到申请条件的家庭得到小额无息贷款	·生产投入增加 ·产业产值增加	·贫困地区收入水平提升

影响评估的研究设计按照干预方案的随机化程度分类，由高到低，可以分为随机参照实验(Randomized Experiment)、自然实验(Natural Experiment)、准实验(Quasi-experiment)以及观察性实证方法(Observational Method)。

一、随机参照实验

随机参照实验即本书第一章所定义的经济学实验。要判定影响评估的研究设计是否属于"真正"的经济学实验，有以下几条基本标准：首先为识别干预方案的效果。研究对象被分为接受干预的"干预组"(Treatment Group)以及不接受干预的"参照组"(Control Group)。其次，研究对象是否接受干预随机决定，从而保证"干预组"与"参照组"的参与者之间不存在系统性差异。最后，在"干预组"和"参照组"之间随机分配研究对象(即实验参与者)的过程完全由研究人员掌握。

随机参照实验进一步按照研究人员的控制程度划分，由高到低，可分为传统实验室实验(Conventional Laboratory Experiment)、人工实地实验(Artefactual Field Experiment)、框架实地实验(Framed Field Experiment)与自然实地实验(Natural Field Experiment)。划分标准如表 6—2 所示：

表 6—2　　　　　　　　　随机参照实验的划分标准

传统实验室实验	通常以本科生作为实验参加者群体，实验场景与实验规则为抽象的博弈与市场环境，如市场机制类实验、社会偏好类实验等。
人工实地实验	在自然市场环境中进行的实验室实验，如征召职业交易员进行共有价值拍卖实验，征召工厂工人进行礼物互换博弈等。
框架实地实验	实验场景与实验规则为自然市场实际的场景与规则，实验参加者知晓他们在参加实验。
自然实地实验	实验场景与实验规则为自然市场实际的场景与规则，实验参加者并不知晓他们在实验。

二、自然实验

自然实验是最接近"真正"的实验的研究设计。与"真正"的实验相同,研究对象被分为接受干预的"干预组"和不接受干预的"参照组",同时研究对象是否接受干预随机决定。但是,研究对象是否接受干预并不是由研究人员所决定的,而是在现实生活中自然发生的。比如,上海市自 2020 年开始在义务教育阶段实行"公办学校与民办学校同时招生,民办学校通过随机摇号入学"的政策,通过比较摇号后进入民办学校的学生的中考成绩与摇号后统筹进入公办学校的学生的中考成绩对比不同学校的教学质量,就属于自然实验。

三、准实验

准实验中,研究人员比较"干预组"与"参照组"。"干预组"与"参照组"的分配近似于随机,"干预组"与"参照组"的分配过程不由研究人员所控制。断点回归设计是最常见的准实验研究设计。

四、观察性实证方法

在观察性实证方法中,研究人员通常也会比较"干预组"与"参照组",但"干预组"与"参照组"的分配既不随机,也不由研究人员所控制。常见的观察性实证方法包括有无对比分析(With-without Analysis)、事前事后对比分析(Pre-post Analysis)、双重差分法(Difference in Differences)、回归分析法(Regressions)以及匹配法(Matching)等。

研究人员在研究设计中的干预程度越高,影响评估中的因果识别越容易实现、所涉及的数据分析也越直观,但其代价是干预程度越高,研究设计的实施难度和实施成本都会急剧增加。为帮助读者理解这些研究设计方法,我们假想一个精准扶贫的例子:某地方政府向贫困地区满足条件的个人提供小额度的低息贷款来帮助个人开办小微企业,我们希望识别出小微信贷到底对改善个人收入的贡献有多大。我们以此为例依次讨论观察性实证方法、准实验与实地实验。

第二节 观察性实证方法

如前所述,我们能观察到获得小额贷款的某人在一定时间以后的收入变化,但是这个人"在未获得小额贷款的情况下的收入变化"这一反事实事件并未在现实生活中发生,从而难以识别小微信贷对收入造成的影响。

用观察性实证方法解决这一问题,通常的做法是在获得了小额贷款的群体中随机抽取足够的样本,作为"干预组"的研究对象;同时,在未获得小额贷款的群体中也随机抽取足够的样本,作为"参照组"的研究对象。我们以获得小额贷款的当年为基准期,观察3年后"干预组"和"参照组"的收入变化。如图6—1所示,T_1为"干预组"在基准期的收入,T_2为"干预组"在3年后的收入;C_1为"参照组"在基准期的收入,而C_2为"参照组"在3年后的收入。

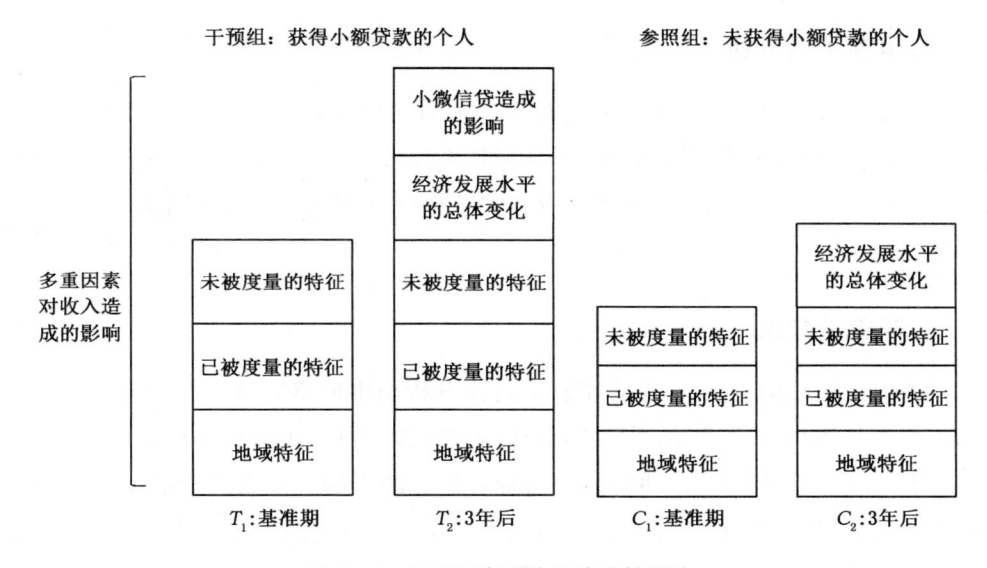

图 6—1 多重因素对收入造成的影响

个人收入水平除受到小微信贷的影响外,还受到多重因素的影响,包括地域环境特征与个人特征的影响。精准扶贫项目中的小额贷款发放对象通常是贫困地区,但不同的贫困地区之间自然环境、经济发展水平以及政府治理水平也会存在差异。此外,从数据的可获得性出发,参照组中的个人可能来自贫困地区,也可能来自其他地区。个人特征既包括数据所包含的已度量的特征(如年龄、性别、受教育程度等),也包括数据无法直接测度的特征(如个人的性格特点、能力等)。随着时间的推移,收入水平还会受到经济发展水平总体变化的影响。我们的目标就是从多重因素中识别出小微信贷的影响。

一、有无对比分析

观察性实证方法中的有无对比分析是直接比较干预发生后的"干预组"与"参照组"的方法,即T_2与C_2进行比较。有无对比分析得以实施的前提是T_2与C_2不存在地域特征与个人特征的系统性差异,但这个前提在现实操作中难以实现,原因有两方面:一方面,获得贷款、进入"干预组"的个人存在自选择偏差,往往是那些具有扩大生产需求、开办企业盈利把握较大、有贷款意愿的人才会去申请贷款并获得贷款,因此获得贷款的人与其他人相比往往具有较高的企业运营能力,"干预组"与"参照组"在个人特征上存在系统性差异。另一方面,干预的实施过程还会存在实施偏差。在精准扶贫小微信贷项目的实施过程中,要考虑各地区的经济发展水平、融资需求、项目实施的难易程度等多种因素,"干预组"与"参照组"在地域特征上也很可能存在系统性差异。

二、事前事后分析

事前事后分析是在"干预组"内进行干预前后对比,即 T_2 与 T_1 进行比较。我们会发现,对比结果包含小微信贷与3年间经济发展水平的变化双重因素的影响。当实施干预期间内经济发展水平总体上不存在显著变化时,事前事后分析是恰当的研究设计方法。

三、双重差分法

双重差分法或倍分法,是结合了有无对比分析与事前事后分析的研究设计方法,其思想核心是将"干预组"内所发生的变动与"参照组"内的变动进行对比。如图6—1所示,$(T_2-T_1)-(C_2-C_1)$ 即为小微信贷所造成的影响。双重差分法不需要就"干预组"与"参照组"的特征差异做出假设,也不需要对干预期内经济发展情况做出假设,但双重差分法需要假设组内的地域环境特征与个人特征在干预期内不发生变化。

四、回归分析法

回归分析法,实际上是用计量经济学模型中的回归分析来表达上述观察性实证方法。首先,我们考察以下的截面数据模型,即我们只能观察到干预后的时间点上数据的情形:

$$Y_{ij}=X_{ij}\alpha+M_{ij}\beta+V_j\gamma+T_{ij}\delta+\varepsilon_{ij} \tag{6.1}$$

式中,i 代表个人,j 表示个人所在地域(在数据中表现为村、乡镇或县),被解释变量 Y 为个人收入水平。解释变量中 X 为数据中已包含的个人特征,M 为数据中未包含或无法度量的个人特征,V 为地域特征,T 为是否接受信贷的虚拟变量,ε 为随机扰动项。用普通最小二乘法(OLS)对表达式(6.1)所表述的截面数据模型进行回归,存在遗漏个人未被度量的特征 M 所造成的偏差。表达式(6.1)的回归模型可以与有无对比分析参照,但回归分析略优于有无对比分析:在回归分析中我们能控制已被观察到的地域特征与个人特征。

为克服遗漏变量所造成的系统性误差，我们可以在回归分析中采用双重差分方法：

$$Y_{ijt}=X_{ijt}\alpha+M_{ij}\beta+V_j\gamma+T_{ij}\delta+\varepsilon_{ijt} \quad (6.2)$$

$$Y_{ijt+1}=X_{ijt+1}\alpha+M_{ij}\beta+V_j\gamma+T_{ijt+1}\delta+\varepsilon_{ijt+1} \quad (6.3)$$

表达式(6.2)所示为基准期 t 的截面数据模型，而表达式(6.3)为干预后测度期 $t+1$ 时刻的截面数据模型。(6.3)式减去(6.2)式，得到：

$$\Delta Y_{ij}=\Delta X_{ij}\alpha+\Delta T_{ij}\delta+\Delta\varepsilon_{ij} \quad (6.4)$$

通过差分，无法观察到的变量 M 的影响被剔除，从而我们从(6.4)式中估计出来的系数 δ 为干预效果的无偏估计量。但双重差分法在回归分析中的适用前提是个人未被度量的特征 M 不随时间的推移而产生变化，在这一前提不满足的情况下我们无法确保(6.4)式中 M 的影响会被剔除。双重差分法的回归分析模型通常用下式表达：

$$Y_{ijt}=X_{ijt}\alpha+V_j\beta+t\gamma+T_{ij}\varphi+(t*T_{ij})\delta+\varepsilon_{ijt} \quad (6.5)$$

式中，t 为时间虚拟变量，$t=0$ 为基准期，$t=1$ 为干预后测度期。(6.5)式中的系数 δ 为干预效果的估计量，系数 φ 为"干预组"与"参照组"系统性差异的估计量，系数 γ 为经济发展水平总体变化的估计量。细心的读者会发现，(6.5)式是含有时间变量的固定效应面板数据计量模型的一种特殊情况。

如果研究人员受条件限制只能获得干预后的截面数据，则在截面数据集合内运用双重差分法也能有效改进数据分析的效果，如图6—2所示：

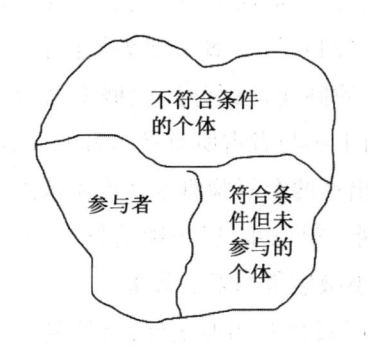

"干预"地域：存在小微信贷的乡镇　　　　"参照"地域：不存在小微信贷的乡镇

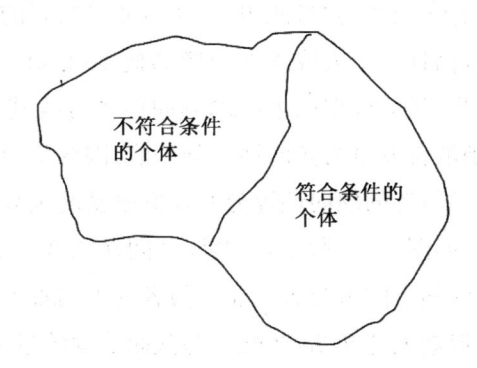

图6—2　用双重差分法分析截面数据

我们把存在小微信贷网点的乡镇划为"干预"地域，其他乡镇为"参照"地域。在干预组内，有些人不符合小额贷款的基本条件；在符合贷款条件的人中，部分人申请并获得了贷款，即参与者同时也存在符合条件但未参与的个体。首先，在"干预"地域内按照是否符合贷款条件对居民进行群组划分，两类群体存在明显的系统性差异。即便在符合贷款条件的群体内,参与者与符合条件但未参与的个体之间也存在自选择偏差:往往是偿还能力和运营能力更强的人会选择申请贷款。因此,在"干预"地域内对不同群组进行比较,我们得到的是干预效果的有偏估计。因此,提供"参照"地域的信息很重要。在不存在小微信贷网点的乡镇内,我们也按照贷款条件将居民划分为符合条件的个体与不符合条件的个体。在截面数据内进行双重差分,首先我们对比"参照"地域符合条件的个体与不符合条件的个体。其次,我们对比"干预"地域内符合条件的个体与不符合条件的个体。最后,我们将这两个对比量相减,即得到干预的平均效果的估计量,其回归分析模型如下:

$$Y_{ij} = X_{ij}\alpha + T_{ij}\beta + E_{ij}\gamma + (T_{ij}E_{ij})\delta + \varepsilon_{ij} \qquad (6.6)$$

式中,T 为干预虚拟变量,当个人位于"干预"地域时,该变量值为 1,其他情况下值为 0;E 为是否符合贷款条件的虚拟变量;系数 δ 为平均干预效果的估计量。

五、匹配法

匹配法也是一种解决"反事实"问题的常见观察性实证方法。匹配法的基本思路是根据那些可被观测度量且未受干预方案影响的个人特征,在"参照组"中寻找与"干预组"特征足够接近的个人来作为"反事实"参照对象与"干预组"匹配,通过比照被匹配的双方来估计干预的平均效果。倾向性评分匹配(Propensity-Score Matching)是以倾向性评分作为匹配依据的匹配方法,其实施步骤如下:第一步,我们根据"干预组"中所有参与者与"参照组"中所有非参与者的可观测特征,运用 Logit 或 Probit 等回归模型,估计每个人成为参与者的概率(值在 0 到 1 之间),这一概率即为倾向性评分。第二步,我们根据已求得的倾向性评分构建参与者的倾向性评分经验概率密度函数(该函数自变量为倾向性评分分值,因变量为该分值下参与者占所有参与者的百分比)与非参与者的倾向性评分经验概率密度函数,并找出这两个经验概率密度函数的共同区间(如图 6—3 所示)。共同区间在 0.3—0.7 之间。第三步,以小微信贷为例,对比共同区间上的参与者与非参与者的平均收入,估计小微信贷的影响效果。

根据上述介绍,匹配法与截面数据的最小二乘回归具有相似之处:能控制可观测的个人特征所造成的自选择偏差,但无法控制数据集中不包括的个体特征变量所造成的自选择。匹配法与截面数据的最小二乘回归相比的优势在于,最小二乘估计需要预先假设解释变量与被解释变量之间存在线性关系,而匹配法不需要对函数形式进行假设。匹配法的劣势在于,参与者的经验概率密度函数与非参与者的经验概率密度函数的共同区间足够大,当共同区间所包含的研究对象个体数量足够多时匹配法才得以实施;当共同区间过小甚至不存在时我们则无法运用匹配法。

为克服匹配法中遗漏变量所造成的系统性误差,可以将匹配法与双重差分法配合

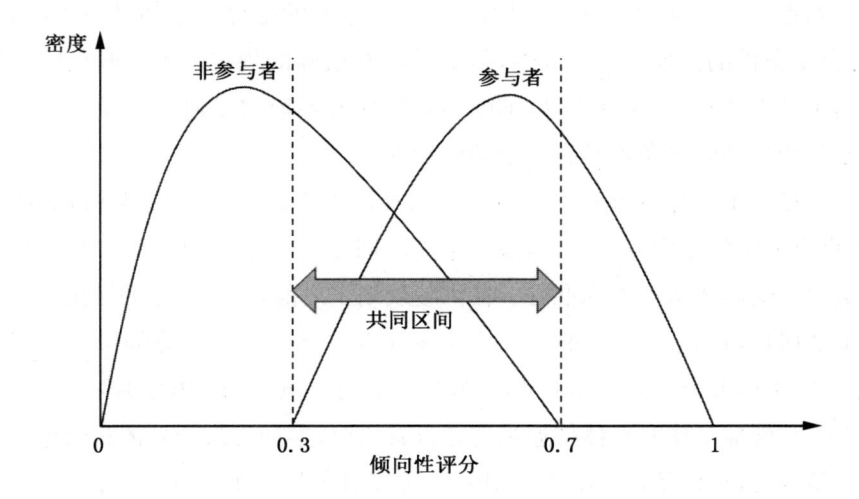

图 6—3 倾向性评分的经验概率密度函数

使用:运用匹配法寻找出共同区间上的参与者和非参与者后,再运用双重差分法对共同区间上的数据进行处理。

在上面所介绍的所有观察性实证方法中,双重差分法是控制参与者自选择偏差最有效的方法。但是,前面也已提到,运用双重差分法得到干预效果的无偏估计量的基本前提是研究对象的未被观测度量的个人特征不随时间的推移而变化。如果研究对象未被测度的个人特征随时间的推移而变化而且这一变化趋势与是否接受干预相关,就会造成随时间变化的自选择偏差,这种特殊的自选择偏差会造成双重差分法失效。举个具体的例子,如果那些主动申请小额贷款并最终获得贷款的人创业的主观能动性较强,而主观能动性强的人在实践中无论是否得到了贷款,其个人能力都会得到较快的增长,这就意味着能力增长更快的人进入了"干预组",而且能力增长的快慢与是否接受干预无关。由于个人能力是无法在数据中直接观察到的变量,因此个人能力变化无法被双重差分法捕捉,导致"干预组"选入较多能力提高更快的人所造成的收入差异错误归因于小微信贷。

解决这一问题的办法就是随机化设计:研究对象是否接受干预取决于近似随机最好是完全随机的过程,与研究对象的主观意愿无关。这就是我们下面要介绍的准实验设计和实地实验设计。

第三节 准实验

准实验中,研究对象是否接受干预取决于近似随机的过程。断点回归是最常见的准实验。断点回归的基本思路是,利用判定资格条件的临界点来估计干预的效果,其中,判定资格条件的指标具有连续性,但临界点有精确的规定。用于断点回归的临界点具有两个基本特征:一是外生性,即临界点的设定不取决于研究对象;二是随机性,研究对象是否达到临界条件具有一定的偶然性。

生活中存在很多临界点的例子:以秦岭、淮河为界(一月 0℃ 等温线)的南北供暖线,高考重点大学的录取分数线,以参加工作时间是否早于 1949 年 10 月 1 日作为判定干部是否享受离休待遇的标准等。在供暖线划定之前,淮河两岸的居民选择南岸还是北岸生活居住,具有一定的偶然性;成绩在高考重点线上下 5 分的考生之间能力接近,考分上的细微差异受到临场状态等偶然因素的影响;1949 年 9 月底 10 月初参加工作的干部在参加工作时离休待遇规定还没有出台,参加工作的具体时间也有一定的偶然性。简言之,资格条件的临界点附近的研究对象具有很强的可比性,而临界点的划分又不存在研究对象主观意愿的内生性问题,从而在临界点附近对比"干预组"与"参照组"的研究对象能得到干预效果的无偏估计。

我们继续以精准扶贫为例,假设信贷网点根据家庭从业情况、生活水平、抚养子女与赡养老人情况等诸多因素为申请者打分,分值低于 50 的申请者被判定为来自困难家庭,符合贷款资格。我们取 50 为临界点进行断点回归,如图 6-4 所示。

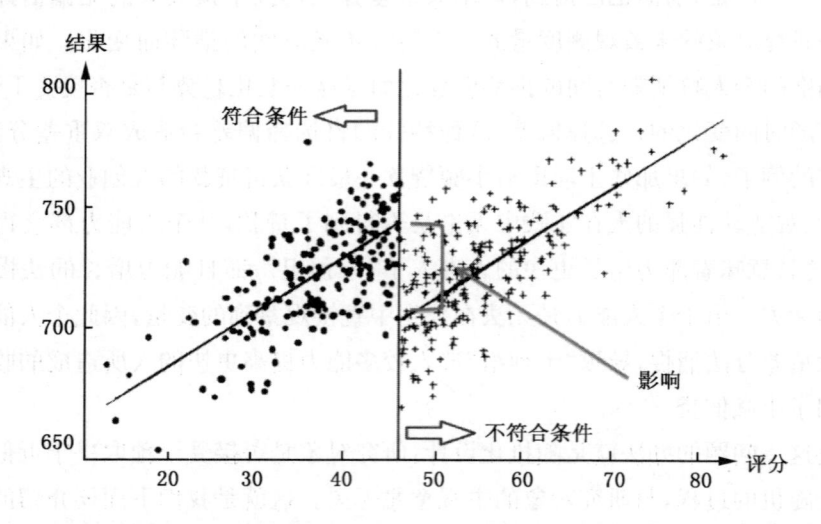

注:图中的横轴为贷款资格评分;纵轴为干预后观察到的结果,即家庭年收入水平。临界点所产生的跳跃断点即为干预所产生的影响的估计量。

图 6-4 断点回归示例

按照在断点处研究对象获得干预的概率的特征可以分为两种类型:一种类型是精确断点回归设计(Sharp Regression Discontinuity Design),其特征是在断点处个体接受政策干预的概率从 0 跳跃到 1(即达到临界条件则全部接受干预,未达到条件则不接受干预);另一种是模糊断点回归设计(Fuzzy Regression Discontinuity Design),其特征是在断点处个体接受政策干预的概率会变化,但并不是从 0 到 1 这么极端。模糊断点回归是生活中最常见的情况:达到贷款临界条件的人未必都获得了贷款,同时也存在未达到临界条件的人得到贷款的情况。

运用断点回归,小微信贷的干预效果 I 可用下式估计:

$$I = \frac{Y_t - Y_c}{s_t - s_c} \tag{6.7}$$

我们首先需要选取断点附近的邻域,如贷款资格评分在 45 到 55 之间。对邻域的选取没有硬性的标准,其基本原则是在邻域足够小和邻域内观察值足够多这两项要求之间进行权衡取舍。选定邻域之后,上式中的 Y_t 为邻域内获得贷款的参与者的平均家庭年收入,Y_c 为邻域内未获得贷款的非参与者的平均家庭年收入;s_t 为邻域内获得贷款的参与者达到贷款临界条件的平均概率,s_c 为邻域内未获得贷款的非参与者达到临界条件的平均概率。在精确断点回归下,$s_t=1$,$s_c=0$。在模糊断点回归下,我们可以运用 Logit 或 Probit 等回归模型在邻域内估计参与概率。

断点回归设计的优势我们前面已经提到。运用外生的临界点,我们能得到关于干预效果的无偏估计。但断点回归设计也存在一些劣势:第一,我们不能保证在临界点附近有足够多的观察值支持我们进行断点回归。第二,在临界点附近估计出来的局部干预效果未必能推广到全局,比如,贷款资格评分 50 分左右时贷款对收入影响显著,并不意味着贷款资格评分在 70 分时这一效果也显著。

第四节 实地实验

与实验室实验相比,实地实验在自然市场环境中进行。特别是自然实地实验,由于研究对象并不知道他们在参加实验,因此研究人员不需要向研究对象提供实验说明。实地实验与其他非实验的实证方法最根本的区别在于,研究对象是否接受干预完全是随机的,并且将研究对象随机分配到"干预组"内或"参照组"内的过程完全由研究人员所控制。随机分配的过程确保了所有来自同一总体的研究对象具有均等的机会进入"干预组"或"参照组",同时保证"干预组"和"参照组"的研究对象的所有特征(包括已被度量的特征和未被度量的特征以及特征变化的趋势等)都不具有系统性差异。"干预组"和"参照组"的差异只来源于干预本身。因此,通过实验设计估计出来的干预效果是无偏估计。如果我们仅仅是分别在"干预组"和"参照组"内部随机取样并进行对比而研究对象接受干预的过程并不随机,那么我们不能保证对干预效果的估计量是无偏的。

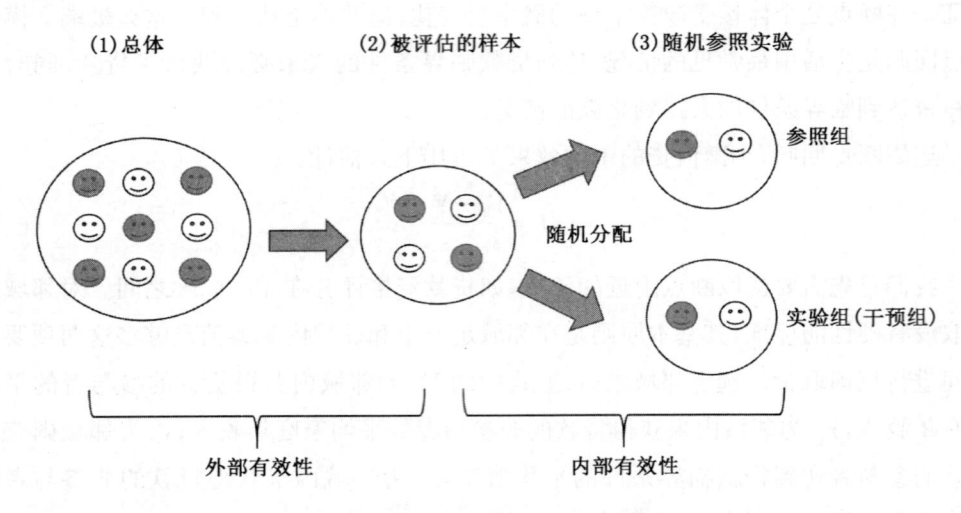

图 6—5　实验的外部有效性和内部有效性

如图 6—5 所示,被评估样本能在多大程度上代表总体即研究的外部有效性,而根据研究样本所做出的影响评估是否无偏即研究的内部有效性。随机参照实验中的实地实验从设计上要求将样本随机分配至"干预组"与"参照组",属于在自然市场中进行的"田野研究"里内部有效性最强的实证方法。

尽管实地实验与观察性实证方法相比具有内部有效性更强、对干预效果的估计无偏这一良好的性质,但这并不意味着实地实验在所有场景下都适用。其一,实地实验往往要依托国际组织、政府部门、企业与网络平台来进行。当实地实验的研究目的与上述经济活动参与主体的利益、目标产生冲突时,实地实验无法进行。其二,如果研究的目的并不是进行影响评估,研究的出发点也不是寻求关于干预效果的无偏估计,那么就没有必要进行实地实验。其三,实地实验从设计到执行,其成本和实施难度都远远高于观察性实证方法。在观察性实证方法的使用前提均得到满足的情况下,我们应该优先考虑观察性实证手段。其四,实地实验对干预效果的识别往往限于局部市场,涉及宏观经济政策、市场一般均衡等多个产业多个市场联动反馈的研究问题,不宜运用实地实验来回答。其五,很多国家和地区对于以人为研究对象的科学实验(包括医药实验、心理学实验、社会学实验、经济学实验等)提出了较严格的伦理要求,如果实地实验的设计无法通过当地政府、研究机构与行业协会的伦理审核,则实验也无法进行。

除上述不适用的场景之外,实地实验是评价直接作用于经济活动参与者个体的微观经济政策、检验限定于特定产品或特定产业的局部市场均衡的有力工具。当政府部门、企业、网络平台需要推行新政策、改变服务流程时,或者政策服务的受众和适用范围发生变化时,往往是运用实地实验进行影响评估的好时机。正在进行转轨、改革的国家或地区对实地实验有天然的需求。

实地实验的随机化设计体现在干预的全过程中,除对"研究对象是否接受干预"这一事件本身进行随机化之外,对干预的时机也要进行随机化。比如,在大部分的实地实验中,受条件所限,"干预组"内的研究对象很难同时接受干预,有时干预的过程要持续几个月甚至干预周期以年计。在这样的情况下,研究人员要将接受干预的先后次序随机化,以避免系统性误差。此外,当研究对象数量不足、研究人员需要采取激励措施来鼓励研究对象接受干预时,也要随机选择被激励的对象。比如,研究人员已经在政府的支持下设计了精准扶贫的实地实验,在可供选择的地域内随机设置了小微信贷网点,符合条件的申请人是否获得贷款由研究人员随机决定。但由于前期宣传不足,因此网点开设一段时间以后,来网点申请贷款的人不多。那么究竟在哪些网点加强宣传或采取额外的激励措施以鼓励符合条件的人来申请?如果仅仅有条件将这些新措施在部分网点实施,那么对于网点的选择也要随机化。

在第二章"实验设计初探"里提到,我们把一个实验设置下能被当作独立观察值的最小实验参与者集合称作实验单位。实地实验里也存在观察值独立性的问题。实验室实验里观察值之间相互依赖主要是由多个实验参加者之间的决策依赖造成的,而实地实验的观察值依赖往往是由干预效果"溢出"造成的。比如,某个村的农户获得了"精准扶贫"的小额贷款以后,不仅自己追加了生产投入并改善了收入水平,也带动了周围未获得贷款的邻居改善了收入水平,小额贷款的效果从一户溢出到一村。因此,在设计小微信贷的实地实验的过程中,研究人员需要考虑究竟将每个农户当作实验单位,还是将村、社区甚至是更高一级的乡镇作为实验单位?实验单位是进行随机化操作的基本单位,也是进行统计分析的基本单位。我们需要数量足够多的实验单位来得到有效的统计量。研究人员面临取舍:在实验研究对象总量固定的前提下,提升实验单位的级别和实验单位内研究对象的数量能有效控制干预效果"溢出",但代价是实验成本上升、实验单位数量下降,从而统计的有效性和解释力下降。

以实验单位为基础完成"干预组"与"参照组"的随机分组后,我们还要针对随机化的实施效果进行平衡检验(Balance Tests),看看各个实验设置下的参与者是否真正达到平衡,不存在系统性误差。常见做法有两种:其一,是以各个实验单位内的研究对象(参与者)的平均水平作为独立观察值,进行研究对象的各项特征指标的 t 检验。通常,只要"干预组"与"参照组"之间差异不超过 5%,即便 t 检验统计量显著,我们也认为平衡检验通过。其二,选取反映研究对象特征的协变量作为被解释变量,常数项和干预虚拟变量为解释变量,进行普通最小二乘回归,而回归中标准误的聚类(Clustered Standard Errors)控制在实验单位的水平上。若干预虚拟变量不显著,则平衡检验通过。

在实地实验中,当实验单位数量较少时,我们通常采用分层随机设计(Stratified Randomization Design)的办法来实现分组平衡并增强统计功效。分层随机设计的做法是选取实验单位的特征变量即分层变量,按照分层变量的取值将实验单位分割成子群(Subgroup),在子群内随机将实验单位放入"干预组"或"参照组"。分层随机设计的另一个优势是能根据分层变量的划分,在子群水平上进行数据分析。我们会选择与实地实验所关注的干预结果密切相关的离散变量(如地域变量)作为分层变量,同时我们会参照子群分析的需求来选取分层变量。分层变量的选择也有取舍问题:分层变量过多,会造成子群内观察值数量不足、统计功效下降。

下面我们举一个分层随机设计的例子。假设在小微信贷的实地实验中,一共有200人参与,由于参与者之间空间距离足够远,每个人都作为一个独立的实验单位处理。200人中,80男,120女,一半位于甲地区,另一半位于乙地区。实地实验中有两个实验单元,即"干预组"与"参照组"。我们选择性别和地域这两个变量来分层,将参加者分成四个子群,如表6-3所示:

表 6-3　　　　　　　　　　分层随机设计——子群分配

	甲地区	乙地区	总　计
男	40	40	80
女	60	60	120
总　计	100	100	

将四个子群随机排序,并将每个子群一半分入A单元,另一半分入B单元,一共得到8个组,如表6-4所示:

表 6-4　　　　　　　　　　分层随机设计——实验干预分配

	甲地区		乙地区		总　计
	A单元	B单元	A单元	B单元	
男	20	20	20	20	80
女	30	30	30	30	120
总　计	50	50	50	50	200

最后,随机决定A单元与B单元究竟哪个是"干预组"、哪个是"参照组"。

运用实地实验进行影响评估的回归分析模型如下:

$$Y_i = \alpha + T_i\beta + \varepsilon_i \tag{6.8}$$

式中，下标 i 代表研究对象，Y 为实验结果，T 为实验变量（"干预组"取 1，"参照组"取 0）。当实验单位中包含多个研究对象时，上述模型仍适用，但标准误要在实验单位的水平上进行聚类。如果进行了分层随机设计，则需要在上述计量模型中增加分层虚拟变量。比如，按照性别（Gender）分层后，回归分析模型如下：

$$Y_i = \alpha + T_i\beta + \text{Gender}_i\gamma + \varepsilon_i \tag{6.9}$$

"数据在个体水平上回归、标准误在实验单位水平上聚类"这一做法的优势是，既控制了实验单位内部的"溢出"效应，又充分运用了个体水平上的数据，保证统计功效。

第五节　实地实验的实施

前面已提到，与实验室实验不同的是，实地实验往往要依托国际组织、政府部门、企业与网络等实施平台来进行。为确保实验顺利实施，研究人员务必充分认识到实验所依托的平台的根本利益与目标，使实验的研究目的、实验的流程与平台的利益目标相协调，这是实验得以开展的最根本前提。如果实地实验涉及宗教信仰、文化习俗、政治活动等问题，研究人员需要特别慎重，要充分尊重当地民众的信仰与道德制约，遵守当地的法律法规并了解政府对待特定问题的基本态度，从生理上和心理上保障实验参加者的基本权益。相较于实验室实验，实地实验要求研究人员按照更高的伦理道德规范标准进行自我约束，因为稍有不慎就有可能造成灾难性的后果。

由于实地实验属于在自然市场中所进行的"田野研究"，因此田野研究中的外部性问题也是实施实地实验过程中不可忽视的问题。如果实验所产生的负外部性由社会承担，那么研究人员要慎重进行这一类实验。比如，劳动经济学领域的研究人员运用投放人造简历的实地实验来识别就业市场上的歧视现象，其中最典型的实例是贝特兰（Bertrand）和穆兰内森（Mullainathan）于 2004 年发表在 *American Economic Review* 上关于种族歧视的研究。他们针对波士顿和芝加哥报纸上刊登的招聘广告投递精心设计的人造简历。实验变量是简历上的姓名，这一变量也是种族的代理变量。实验最终发现，在其他条件都相同时，具有典型白人名字的简历得到的面试机会要比典型黑人名字的简历多出 50%。其他类似的实地实验包括运用人造简历识别性别歧视、年龄歧视等。虽然实地实验相较于观察性实证方法在因果识别上具有优势，但这类投递人造简历的实验会给就业市场带来负外部性：由于投递人造简历的研究人员不可能去参加面试并最终获得招聘职位，因此雇主筛选简历的时间精力增加、岗位匹配的成功率下降；当大量的人造简历充斥市场时，雇主将不再把筛选简历作为有效的岗位匹配手段，更大程度上依赖于内部介绍，导致社会上的实际求职者也受到了损害。

实地实验的实施还具有一些特殊的困难，这些困难在实验室实验中表现得并不明显。除上面讨论的干预效应"溢出"之外，还存在实验参加者不遵从问题和实验数据缺失问题。

实验参加者不遵从问题是指部分参加者没有按照研究人员的要求进入指定的组别：比如，在小微信贷的实验中，有的参加者对贷款政策心存疑虑，本应获得贷款，进入"干预组"，实际上却拒绝了贷款进入"参照组"；也有些原本被分配到"参照组"的参加者在充分认识到贷款的益处以后，想方设法获得了贷款，进入了"干预组"。如果不遵从情况在实验参加者中占有显著的比例，实验干预的随机性将受到破坏，从而无法保证对干预效果的估计无偏。研究人员从实验实施的初期就要重视不遵从问题，让实验参加者充分了解干预政策，在适当的情况下可采用一些激励措施来引导参加者遵从。

当实验的实施阶段无法完全避免不遵从情况时，我们也可以采用一定的数据分析方法进行补救。为便于分析，我们把实验参加者分为三类：第一类为"参照组常客"，不论研究人员如何分配，这类参加者都会进入"参照组"；第二类为遵从者，他们按照研究人员的要求进入"干预组"或"参照组"；第三类为"干预组常客"，不论研究人员如何要求，他们都会进入"干预组"。

图 6-6 给出了一个数值上的例子。假设共有 20 名实验参加者，研究人员随机选取其中的 10 个人进入"干预组"，他们应当得到贷款；剩下的 10 个人进入"参照组"。但是在实验的实施过程中出现了不遵从的情况。结果发现，原计划获得贷款的 10 个人只有 8 个最后得到了贷款，而原本不应得到贷款的 10 人里有 3 人获得了贷款。我们如果直接将最终获得贷款的 11 个人的收入与未获得贷款的人的收入进行比较，则将得到干预效果的有偏估计，原因是实验参加者的实际组别分配并不随机。同时，我们也并不知道这一有偏估计量究竟是高估了干预效果还是低估了干预效果。

出现不遵从情况后，一种常用的干预效果估计量是意向性分析（Intention to Treat，ITT）。意向性分析不以最终是否接受干预为分组依据，而以研究人员最初的随机分配方案为分组依据。比如，在图 6-6 中，按照研究人员的分配方案，应当进入"干预组"的 10 个人的平均收入 $Y_t=100$，而应当进入"参照组"的 10 个人的平均收入 $Y_c=80$，那么我们得到 $(ITT=Y_t-Y_c)=20$。

ITT 是对干预效果的保守估计。在图 6-6 的例子里，在不遵从实验安排的参加者中，无论"参照组常客"还是"干预组常客"都没有受到干预的影响，干预的效果只作用于遵从者群体。而 ITT 所估计的是包含不遵从安排的参加者在内的所有参加者的平均干预效果，从而低估了干预效果。ITT 计算简便，当 ITT 显著时，实际干预效果必然显著。

为获得对干预效果具有一致性的估计，我们引入遵从者平均因果效应（Complier

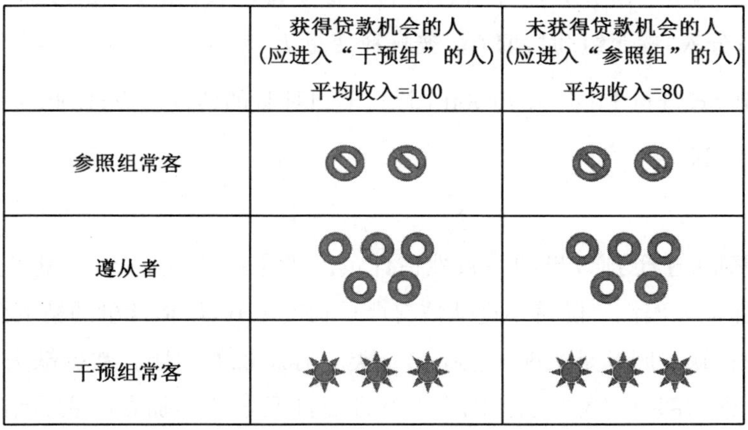

	获得贷款机会的人 (应进入"干预组"的人) 平均收入=100	未获得贷款机会的人 (应进入"参照组"的人) 平均收入=80
参照组常客	⊘ ⊘	⊘ ⊘
遵从者	○ ○ ○ ○	○ ○ ○ ○
干预组常客	✹ ✹ ✹	✹ ✹ ✹

注：⊘表示参照组常客，○表示遵从者，✹表示干预组常客。

图 6－6　实地实验中的不遵从情况

Average Causal Effect, CACE)这一估计量。CACE 以遵从者群体为基数估计实验干预效果。以图 6－6 为例，遵从者占全部参加者的 50%，那么 CACE＝ITT/50%＝40。在实际操作中，估计 CACE 的难度在于，研究人员在应当进入"干预组"的群体中，只能区分出哪些人最终获得了贷款、哪些人未得到贷款。研究人员无法判断在得到贷款的人中哪些是遵从者、哪些是干预组常客。因此，估计 CACE 需要用到假设。由于研究人员完全随机地分配参加者进入"干预组"与"参照组"，因此应进入"干预组"的参加者中参照组常客、遵从者与干预组常客这三类人占比，与应进入"参照组"的参加者中三类人占比具有一致性。研究人员在应进入"参照组"的参加者中能识别出最终获得了贷款的干预组常客及其占比，我们就可以用这一比例作为应进入"干预组"的参加者中干预组常客占比的代理变量。仍以图 6－6 为例，研究人员能观察到在未获得贷款机会的人中，实际得到贷款的干预组常客占比 $X_c=30\%$，研究人员也能观察到在获得贷款机会的人中实际得到贷款的人（即遵从者与干预组常客之和）占比为 $X_t=80\%$，从而得出遵从者比例为 $X_t-X_c=80\%-30\%=50\%$。

$$CACE=\frac{Y_t-Y_c}{X_t-X_c}=\frac{ITT}{X_t-X_c}$$

在回归分析中，使用 ITT 作为工具变量，可以得到与 CACE 等价的估计量。由于 ITT 是由研究人员随机分组得到的，该变量与被解释变量无关；同时，ITT 与参加者是否真正进入"干预组"高度相关，因此 ITT 是恰当的工具变量。我们仍以小微信贷为例，具体做法如下：

$$B=\alpha+\beta T+\varepsilon \tag{6.10}$$

式中，T 为表达研究人员分组意向的虚拟变量，当研究人员将参加者分入"干预组"时，取 1；分入"参照组"时，取 0。被解释变量 B 为实际上是否获得贷款的虚拟变量。对(6.10)式进行 Logit 或 Probit 回归，得到对 B 的估计量 $\hat{B}$；以此为基础，进行收入 Y 对 $\hat{B}$ 的回归：

$$Y = \alpha' + \beta'\hat{B} + \varepsilon' \tag{6.11}$$

从而得到关于干预效果的一致性估计量。要注意的是，该估计量虽然具有一致性，但不能保证无偏性。随着不遵从情况严重程度上升，该估计量的精度会下降。

实验数据缺失问题是实地实验中另一类不容忽视的问题。数据缺失意味着研究人员无法观察到部分实验参加者的个人特征或涉及这些参加者的实验结果。造成数据缺失的原因有多种，比如实地实验所依托的政府部门、企业的政策规定在实验过程中发生了变化，造成研究人员无法获取数据；也有可能部分实验参加者在实施过程中产生抵触情绪，不愿意配合；研究人员在实施实验过程中追踪记录数据不紧密，造成数据缺失；等等。

如果数据缺失是随机产生的，那么其影响仅限于观察值数量减少、实验结论的统计功效。若所缺失的数据与参加者的特征或实验分组产生了系统性关联，则通过实验得到的对干预效果的估计将不再是无偏估计。

要解决数据缺失问题，首先研究人员要从主观上提高实验的设计、实施及数据收集的水平。比如，设计小微信贷过程中，不仅要在参与者水平上进行随机化，在实验所涉及的乡镇、地市水平上等多个层级也要采取随机化设计，尽量减小可能发生的数据缺失所带来的系统性影响。在实验实施过程中，研究团队不能把任务全部交给所依托的实验平台，自己当"甩手掌柜"；研究团队要有专人全程跟进，确保实验实施不走样、实验数据可获得。在采集数据的过程中，研究人员要设计数据采集方案，定期进行调查，随时跟踪记录数据所产生的变化，必要时可采取一定的激励措施以降低参加者的退出率。

数据缺失一旦产生，研究人员首先需要评估其影响。如果数据缺失仅仅是个别的，这几乎在所有的实地实验中都是无法完全避免的，则并不会对研究结论造成显著影响。如果数据缺失形成了一定规模，那么研究人员需要进行第二步，判断数据缺失是否是随机产生的，判断依据为以下回归模型：

$$A = X\alpha + T\beta + \varepsilon \tag{6.12}$$

式中，A 为虚拟变量，表征该实验参加者的数据是否缺失。向量 X 描述实验参加者的个体特征，而虚拟变量 T 为实验变量，表征参加者的实验分组。进行 Logit 或 Probit 回归后，如果 X 和 T 均不显著，那么我们可以认为数据缺失是随机的，估计量不存在系统性偏误。如果 X 和 T 中存在显著的变量，我们则需要采取进一步的措施来纠正系统性偏误。解决办法是处理样本选择问题的常见方法,运用与缺失数据显著相关的变量进行 Heckman 两阶段回归。Heckman 两阶段模型在很多计量经济学的书籍中都有所介绍,这里就不赘述了。

在本章的末尾,我们再介绍一下数据缺失情况下用边界值来判断干预效果的范围。一种为 Manski-Horowitz 边界值:Manski-Horowitz 上界是干预效果的最大可能值,其做法是用实验中最佳的干预效果替代"干预组"中缺失的数据,用未受干预的参加者中最差的结果替代"参照组"中缺失的数据;Manski-Horowitz 下界是干预效果的最小可能值,做法是用最差的干预效果替代"干预组"中的缺失数据,用未受干预参加者中的最优结果替代"参照组"中的缺失数据。另一种是 Lee 边界值,通过弃去数据缺失较少的组别的数据,实现"干预组"与"参照组"观察值数量的平衡,得到关于干预效果的保守估计:比如,在实验中"干预组"缺失了 10% 的数据而"参照组"缺失了 15% 的数据,那么就需要在"干预组"内弃去前 5% 干预效果最佳的数据,以实现平衡;如果是"干预组"缺失了 15% 的数据而"参照组"缺失了 10% 的数据,那么就需要在"参照组"内弃掉后 5% 情况最差的数据,以实现平衡。

练习题

阅读以下文献:

Duflo, E. (2020). "Field Experiments and the Practice of Policy", *American Economic Review*, 110:1952—1973.

随机参照实验在社会政策研究领域取得成功,已逐步成为国际上制定发展政策的关键环节。2003 年起,反贫困行动实验室(The Abdul Latif Jameel Poverty Action Lab,J-PAL)和贫困行动创新组织(Innovations for Poverty Action,IPA)已在全球多个国家开展了信贷、教育等领域的扶贫随机参照实验评估研究,实证研究结果也被广泛应用于南亚、非洲和拉丁美洲等地区发展中国家政府的决策中。J-PAL 的创始人阿比希特(Abhijit Banerjee)和埃斯特·杜弗洛(Esther Duflo)也因其对全球减贫发展的贡献荣获 2019 年诺贝尔经济学奖。

我国在新时期仍面临着各地区发展不平衡的情况,"精准扶贫"是近年来的热点话题。此外,伴随着外出务工人员的大量流动,"留守儿童"与"流动儿童"的教育问题引起了各方的高度关注。选取我国经济运行中的一个具体问题,结合文献里的研究结果,提出干预方案,并设计实地实验评估干预效果。实验设计包括实验设置设计(Treatment Design)、实施方案设计(Implementation Design)和数据分析方案设计(Data Analysis Plan Design)。

参考文献

1. Bertrand, M., S. Mullainathan(2004)."Are Emily and Greg More Employable than Lakisha

and Jamal? A Field Experiment on Labor Market Discrimination", *American Economic Review*, 94: 991—1013.

2. Glennerster, R., K. Takavarasha (2014). "Running Randomized Evaluations: a Practical Guide", Princeton University Press.

3. Horowitz, J., C. Manski(2000). "Nonparametric Analysis of Randomized Experiments with Missing Covariate and Outcome Data", *Journal of the American Statistical Association*, 95: 77—84.

4. Lee, D. S. (2009). "Training, Wages, and Sample Selection: Estimating Sharp Bounds on Treatment Effects", *The Review of Economic Studies*, 76: 1071—1102.

5. Levitt, S., J. A. List(2007). "What do laboratory experiments measuring social preferences reveal about the real world", *Journal of Economic Perspectives*, 21: 153—174.

中篇：实验运行指南

本书上篇所介绍的重点是实验设计方法和实验数据的处理办法。本书中篇，我们着重介绍实验的运行：假如某个研究人员已经从自己的研究问题中提炼出了研究假设，他也已经对实验设置、实验数据的特征以及建立在实验数据基础上的研究假设的检验方法都有了基本的构想，那么他究竟应当如何运行实验从而得到有效的实验数据呢？中篇的首要目的就是帮助读者回答这一问题。

在运行实验室实验的全部流程中，撰写实验说明和编写实验程序是最关键的两个环节，对这两个环节的介绍是中篇的重点。实验说明是研究人员运行实验的第一步：通过实验说明，研究人员实现对实验的初始控制（在第七章里将会详细介绍）。为保证实验者充分掌握实验数据，尽可能减少实验运行中的失误，经济实验往往需要开发专用的计算机实验程序。特别是当实验设计牵扯到多贸易回合的交易机制时，实验必定需要相应的实验程序。根据研究人员的需要，实验说明也可以被嵌入到实验程序中。

在中篇里，我们将花费大量篇幅介绍实验程序的编写。掌握编写实验程序的基本技能，对起步阶段的研究人员而言至关重要，甚至有可能会对其职业生涯造成影响。成熟学者有科研经费用于实验程序的开发，而青年学者特别是博士生如果不具备编程能力，则很可能会影响到研究的选题：欠缺编程能力的人往往会不自觉地避开那些需要编程的实验；而具备编程能力的那些青年学者不仅自己在面对研究问题时无所畏惧，同时也会赢得更多的与成熟学者合作的机会。在中篇里我们将消除计算机编程的一切神秘感，帮助那些对计算机语言基本没有了解的经济学学者在短时间内通过简单易学的范例，初步掌握完全针对实验经济学实验室实验的编程技能。

2000年以后，欧洲的实验经济学家乌尔斯·菲施巴赫（Urs Fischbacher）开发了一种经济学实验的专用设计环境 z-Tree（Zurich Toolbox for Readymade Economic Experiments）。由于 z-Tree 的专用性，因此它是目前最简便易学和最易于操作的实验设计环境；完全没有计算机基础的人可以通过阅读 z-Tree 用户手册，在短期内学会使用。至目前为止，大部分基于局域网的实验室实验程序都是在 z-Tree 环境下开发的。但 z-Tree 也有其缺陷，如灵活性差、界面单调简单，不适用于互联网实验等。出于这些原因，除 z-Tree 外，在实验室实验程序开发过程中我们也经常会用到 Java 和

Visual Basic(或 VB. net)等面向对象的计算机语言，PHP 和基于 Python 的 oTree 等在互联网环境下的开发工具。

这里需要针对 Visual Basic(VB)做一下特别说明。在 2015 年以前，VB 是除 z-Tree 之外最常用的实验程序开发工具。而近几年，随着对互联网实验的需求上升，以及 Microsoft 不再发展 VB 等，互联网实验开发平台 oTree 已经成为 z-Tree 之外最重要的实验程序开发工具。但作者反复权衡考虑以后仍然决定在程序开发章节中重点介绍 VB，并保留 2010 年作者用 VB 完成的信誉机制实验程序开发实例，原因如下：(1)VB 面向对象的基本思想在用户界面设计中并没有过时；(2)用 VB 控件所实现的实验室实验的信息传递具有普遍性意义。因此，在第八章和第九章中，建议读者重点关注面向对象的程序设计方法，从任务(Task)到对象(Object)到事件(Event)的程序规划步骤，以及实验室实验信息传递的基本原则，而 VB 的程序代码与文档仅供参考。

本书中篇的结构如下：第七章介绍如何撰写实验说明；第八章介绍实验程序开发方法，包括 VB 和 z-Tree 两种开发环境；第九章是实验程序的设计实例。

为便于教学应用，在第九章后附有经济实验的系列综合练习题，每道练习题都是一个独立的科研问题，需要完成从撰写实验说明到实验程序开发，再到数据分析方法设计等各个运行和设计环节。

第七章 如何撰写实验说明

在上篇中我们提到经济实验的本质,就是针对研究人员的研究问题构造出一个可控条件下的可观测的微型经济系统。这个微型经济系统包括经济环境和市场机制。而实验说明,就是对这个微型经济系统的书面定义。比如,针对经济环境的各要素,实验中有多少人参与?这些人在实验中究竟是消费者还是厂商?有几种商品在实验中被交易?消费者对商品的保有价格是多少?厂商对商品的成本是多少?再针对市场机制的各个要素,厂商能在实验中出价吗?消费者能在实验中还价吗?厂商和消费者谁先做决策?先做出的决策能被后做决策的人看到吗?根据已提交的决策如何决定实验参加者的所得?这些内容都要在实验说明中得到描述。基于这样的原因,我们怎样强调实验说明的重要性都不过分。

微型经济系统的可观测性,体现在研究人员能够观察到微型经济系统中特定要素的变动对微型经济系统的整体运行所造成的影响。研究人员对微型经济系统运行状态的记录,就是实验的结果。微型经济系统中被变动的要素,就是实验变量。微型经济系统的可控性,体现在研究人员能最大限度地避免除实验变量之外的其他因素对实验结果的干扰。恰当地撰写实验说明,是研究人员实现对实验的"控制"的第一步。

在研究人员提炼出研究假设并进行了基本的实验设计之后,撰写实验说明实际上就是制定实验设计方案的实施细则。而实验说明又是实施实验的第一步:实验参加者进入实验室后的第一个步骤就是阅读实验说明,通过实验说明来理解实验的规则。实验说明就是这样一个承前启后的桥梁。

撰写实验说明能帮助研究人员梳理实验实施的流程。实验过程是如何安排的?实验自始至终谁先做什么、谁后做什么?实验所产生的数据中哪些将被记录?如果实验说明清晰、透彻、一目了然,实验的运行就有了一半的保障;反之,则需要研究人员返回到实验设计的各步骤进行必要的修正(见第二章)。

如果实验需要运行特定的计算机程序,那么撰写实验说明还是进行面向对象的程序设计的第一步(面向对象的程序设计方法将在第八章中详述)。在实验中,实验参加者将通过计算机提交哪些决策?哪些决策将通过计算机被记录下来?实验参加者通过计算机屏幕看到哪些信息?当新的信息在计算机屏幕上出现后旧的信息会消失吗?

在这些问题得到回答后,研究人员将设计出计算机屏幕上展示实验信息的图形用户界面,而图形用户界面往往是实验说明中帮助实验参加者理解实验规则的重要组成部分。

下面,我们向读者介绍撰写实验说明的基本原则并通过一些实例来介绍实验说明的基本结构。

第一节 撰写实验说明的基本原则

向实验参加者提供实验说明的根本目的是更好地实现研究人员对实验的控制,即避免与所研究的问题无关的因素对实验结果造成干扰和污染。如果实验是在实验参加者不理解实验规则的情况下进行的,那么研究人员就无法得知造成实验结果的原因究竟是什么。

撰写实验说明的所有原则都是为了实现对实验的控制这一根本目的服务的。总结起来,大致有客观、亲切、细致、简练四条基本的书写实验说明的原则。

书写实验说明要客观,采用陈述的语气,避免祈使句,同时尽量采用中性的词语。首先,采用客观陈述的语气是为了避免实验的"需求效应"。如上篇的第二章所述,"需求效应"是指实验参加者对实验目的的主观预期以及实验参加者对研究人员期望的主观预期对实验结果的影响。实验参加者往往有"研究人员希望我在实验过程中做什么"的主观猜测,这些与实验中的激励机制无关的猜测可能会影响实验参加者在实验中的决策。陈述语气的实验说明仅仅描述客观的实验规则,而祈使句和带有主观色彩的修饰成分则会引导猜测研究人员的意图。"我们希望……""实验参加者必须……"等句式一定要避免。又比如,实验说明有下面两种表达:

A."如果你选择甲,你的所得将是 X 元。"

B."如果你选择甲,你的所得将高达 X 元。"

A 只是陈述了实验参加者的决策与最终分配结果之间的客观关联性,而 B 则有诱导实验参加者选择甲的嫌疑。类似 B 的含有主观修饰成分的表达也是要避免的。

一、实验说明的客观性还表现在词语的中性化上

采用中性词语是为了避免与实验无关的个人偏好对实验结果的影响。比如,在拍卖实验中,赢得标的物的竞拍者不会被称作"赢家"或"拍卖的获胜者"。在实验说明中,研究人员只是客观陈述如果实验参加者得到标的物后的所得是多少,如果没有得到标的物,所得则又是多少。"赢家"或"拍卖的获胜者"等称谓会使实验参加者得到赢得标的物的满足感,极有可能会诱导实验参加者过度竞价。在采用非中性词语的拍卖实验中发生过度竞价的现象时,研究人员无法识别物质激励和非中性词语这两个不同的因素对竞拍者出价的影响各自有多大。

二、书写实验说明还要亲切

亲切首先表现在实验说明中要使用实验参加者能够理解的语言。绝大部分的实验参加者是大学本科各个不同专业的学生。研究人员应当在实验说明中运用所有一年级本科生都能够理解的语言,既不能假设所有实验参加者都学过微积分和高等代数等文科学生不会接触到的数学课,也不能假设实验参加者有任何经济学背景。所以,将实验所检验的经济学理论直接照搬到实验说明中是极端忌讳的。实验说明中所涉及的数学运算原则上不应比加减乘除和乘方更难。实验说明中还应尽量避免使用函数。如果一定要运用函数,则也要采用列表等直观描述自变量和因变量之间关系的方法。比如,产品质量是生产成本的函数,在实验说明中这一函数关系可以用表 7—1 表达：

表 7—1　　　　　　　　　　　产品质量与生产成本

产品质量	1	2	3	4	5	6	7	8	9	10
生产成本	0	1	2	4	6	8	10	12	15	18

亲切还表现在运用恰当的语言建立实验参加者对研究人员的信任。如果实验参加者失去了对研究人员的信任,则研究人员又从何建立对实验的控制呢？在实验说明里,要让实验参加者感受到研究人员所承诺的规则与报酬一定会兑现；另外,要让参加者感受到他们是被充分尊重的,同时要让参加者感受到实验的任务并不复杂,是完全能够完成的任务。

三、实验说明中对实验规则的描述要细致

对实验规则的描述是实验说明的核心部分,粗略、马虎的叙述显然会影响实验参加者对实验的理解。

四、在细致的基础上要做到叙述简练

如果实验说明过长,则会使实验参加者抓不住重点、妨碍理解。通常情况下,除去图文表格,对实验规则的文字说明不应超过两页纸。

最后,从实验参加者的角度出发,"如果我是实验参加者,则理解实验说明的难点会在哪里？"这样设身处地的考虑会帮助研究人员得到更有效的实验说明。最好研究

人员能自己作为实验参加者试运行一下自己的实验,这样得到的体会才会最直接。

第二节　实验说明的基本结构

实验说明有欢迎词、实验概述、实验规则的详细说明、给实验参加者的练习题、实验记录单以及调查问卷等几个部分。这几个部分的划分并不严格。比如,欢迎词可以被放置在实验概述中;当实验规则比较简单的时候,实验概述和对实验规则的详细说明可以被合并成同一个部分;而练习题、实验记录单和调查问卷可以根据研究人员的需要选用,并不一定每一个实验里都有。

一、欢迎词

欢迎词是实验说明的初始部分,旨在交代实验的背景环境、初步建立实验参加者和研究人员之间的信任。下面是一个实验说明欢迎词的实例。

例7.1　欢迎参与有关个人决策的实验。如果你有疑问,随时可以举手示意,我们将十分乐于回答你的问题。从现在起直到实验结束,在你离开实验室以前,严格禁止实验参加者之间相互交谈。

本实验的经费由××科研基金提供。如果你在实验说明所描述的规则下认真进行了决策,则你将在实验中得到收入。你在实验中的所得将用积点来计算。100个积点相当于人民币3元。实验结束时,你所得到的全部实验币将被折换成人民币,并以现金的形式支付给你。你在实验中所得的实验币越多,实验后所得的人民币就越多。除此之外,你还将得到10元人民币的实验参与费。

在欢迎词中,首先说明实验的性质。比如,"这是一个关于市场决策的实验""这是一个关于交互决策的实验"或者"这是一个关于个人决策的实验",随后,表明研究人员随时乐于解释实验规则的态度,同时强调实验参加者之间禁止交谈以确保实验的隐私性。

欢迎词中的另一个作用是说明实验报酬的支付办法。如果实验过程中的所得没有用人民币计算,而是用"积点"或"实验币"等虚拟货币来计算,则应当说明"积点"或"实验币"兑换人民币的折换率。实验中采用虚拟货币的好处是只需要更改折换率就可以控制实验报酬的规模。除实验过程中的所得之外,实验报酬往往还包括实验参与费。实验参与费的高低各有差别,研究人员可以依照当地的具体情况制定。

有的欢迎词还会说明实验经费的来源,如"本实验的经费由××科研基金提供"。说明经费来源的目的也是避免与实验无关的个人偏好对实验结果的污染。比如,实验参加者可能会猜测实验经费来源,担心自己在实验中所得过高会对研究人员产生不利影响。说明经费来源就是为了告诉实验参加者"这些钱并不是我的,我并不在乎你在实验中得到多少"。

有些欢迎词还会写上"实验的任务并不难""实验的规则很简单"等语句,以消除参与实验的神秘感、打消实验参加者的潜在顾虑。

二、实验概述

将实验概述与实验规则的详细说明分开的好处是,当实验规则相对比较复杂时,实验参加者能通过先阅读简短的实验概述以了解实验的全貌,避免迷失在对各种细节的描述中。

实验概述是对实验的全部过程的扼要小结。实验概述要描述实验参加者的人数及各自在市场中的角色。为了凸显经济实验中交易的真实性,通常实验说明中不会出现"你扮演的是×××的角色"一类的语句,而是直接说"在本次实验中你是一名消费者"或"你是一名厂商"等。实验概述还包括配对方式、实验中的贸易回合数以及在每个回合中决策的基本次序等信息。

下面的例子是一个投资博弈实验(Charness,杜宁华,杨春雷,2011)的实验说明的概述部分。

例 7.2 本实验有两组,各 10 名参与者分别进行决策。贯穿实验始终,分组不会改变。同一组的 10 名参与者要进行 36 轮决策。在每轮开始前,你将被随机指定为甲或乙,该信息将在你的计算机屏幕上显现。同时,其余 9 名与你同组的参与者中将有 1 名被随机选出与你配对。具体地说,如果你在本轮是甲(乙),那么与你配对的参与者就是乙(甲),甲方先做决定;与你同组的 9 名参与者中每个人被选中与你配对的机会均等,而你并不知道究竟是哪一名参与者与你配对。一般情况下,在每 4 轮中你将至少有一次为甲、至少有一次为乙。

三、实验规则的详细说明

在详细说明中研究人员要细致地介绍实验规则的每一个细节。如果实验需要开发特定的程序,那么结合实验程序的图形用户界面向实验参加者介绍规则更易于为实验参加者理解。下面的例子是投资博弈实验(Charness,杜宁华,杨春雷,2011)的实验说明的规则详述部分。

例 7.3 每轮决策的进程如下:首先由甲在 A 和 B 之间进行选择。如果甲选择了 A,则本轮结束:甲在本轮中得到 35 个积点而乙在本轮中得到 0 个积点。如果甲选择了 B,则乙需要在 C 和 D 之间进行选择。如果乙选择了 C,则甲在本轮中得到 0 个积点而乙在本轮中得到 100 个积点。如果乙选择了 D，则甲在本轮中得到 45 个积点而乙在本轮中得到 55 个积点。

如图 7—1 所示，在各轮中实验参与者通过点击"你的决策是："，下方的决策按键完成决策。乙需要在甲完成决策后再进行选择。如果甲在本轮选择了 A，则决策者乙被告知本轮结束；如果决策者甲在本轮选择了 B，则决策者乙将被告知需要在 C 和 D 之间进行选择。随后决策者甲和决策者乙在本轮的决策将被记录。当所有参与者都完成了决策时，你的屏幕上"历史记录"的下方将显示本轮的结果。显示结果包括你在本轮的选择、在本轮中与你配对的参与者的选择、你在本轮的所得以及累积所得。

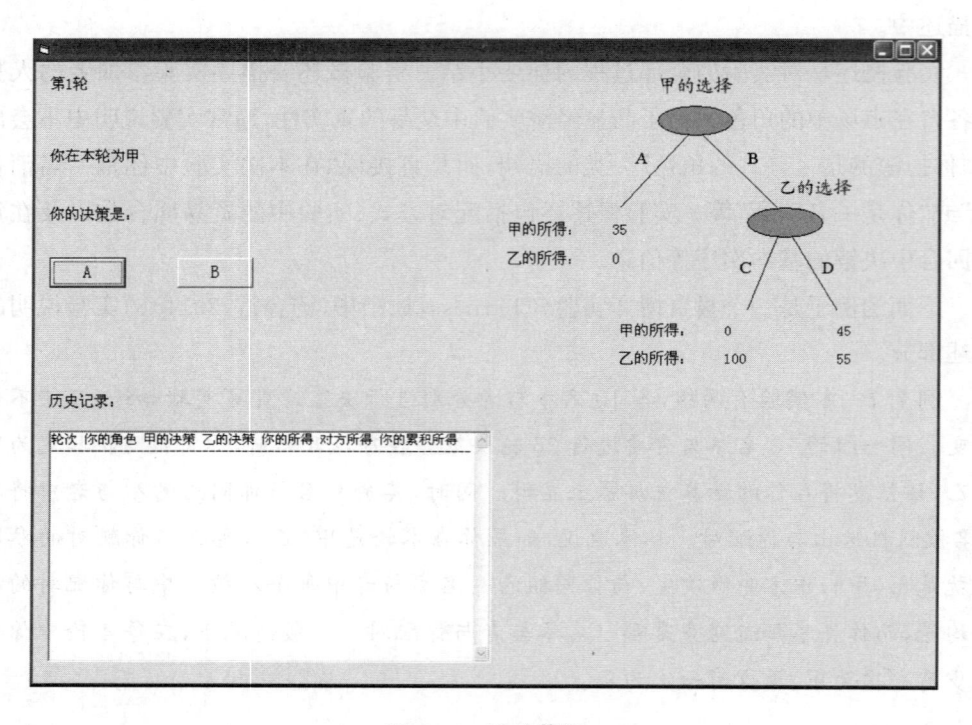

图 7—1 实验截屏

四、练习题

当实验参加者完成了对规则说明的阅读之后，研究人员可能会让实验参加者做一些练习题，以确保实验参加者充分理解实验规则。下面是一个市场实验的练习题示例。

例 7.4 请完成下面的所有练习。如果你有任何疑问，则请询问我们。

练习 1：

如果你在贸易过程中没有出价,则你在该回合的积分是多少?

你的积分＝

……

练习6:

如果一名销售者在贸易过程中没有接受任何出价,则该销售者在该回合的积分是多少?

你的销售者的积分＝

练习7:

如果你在贸易过程中没有任何一个出价被销售者接受,则你在该回合的积分是多少?

你的积分＝

如果发现某实验参加者所完成的练习中出现了错误,研究人员则应私下进一步向该参加者解释实验规则,并告知错误的原因在什么地方。当所有实验参加者都完成了练习并正确无误后,实验才可以正式开始。

在练习题中很有可能会涉及具体的数值,这时要尽量避免"现状偏好"现象对实验结果的干扰。如第二章所述,"现状偏好"是指实验参加者的决策会受到其他人特别是研究人员的暗示的影响。比如,练习题里的具体数值往往就成了实验中实验参加者的选择。涉及具体数值时,首先要避免使用理论预测值和实验参加者最可能用到的数值。例如,一般人在[0,1]区间选择任意的一个实数时,首先想到的往往是0,0.5和1,在练习题里就要避免这样的数值。另外,要向实验参加者说明,练习题只是为了帮助实验参加者理解实验规则,与实验中的正式决策没有任何关联。

五、实验记录单

在有些实验中,实验参加者可能会需要记录自己的历史决策,以帮助自己在以后的交易回合中更好地做出决定。为了避免实验参加者在实验说明上进行涂写(同一份实验说明可在相同实验条件下的不同实验场次中反复使用),研究人员可以向实验参加者提供实验记录单。下面是某市场实验的实验记录单示例。

例7.5 以下是购买者的实验记录单(见表7—2),请在各行填写每一回合的各项内容。

表 7—2　　　　　　　　　　　购买者的实验记录单

回合	你的销售者的识别号码	成交价格	你所期望的质量	实际提供的质量	你的销售者的积分	你的积分
1						
2						
3						
4						
5						

六、调查问卷

有的实验还包括调查问卷。调查问卷既有可能在实验开始前发放，也有可能在实验结束后发放。经济实验中的问卷大致包括两类：一类问卷调查实验参加者的描述性信息，另一类问卷调查实验参加者在实验中做出决策的原因。

描述性信息问卷调查实验参加者的性别、年龄、学历、专业以及研究人员所关心的其他信息。描述性信息问卷有两种作用：一方面，研究人员可以根据问卷中的信息得到统计量，以判定实验的随机化程度（随机化设计见上篇第三章），比如，判定实验参加者的性别比例、专业比例是否与总体（如进行该实验的院校的全部本科生）的特征一致。另一方面，研究人员可以运用描述性信息回答自己的研究问题。例如，在实验中研究人员测度出实验参加者的风险厌恶程度，实验后研究人员根据问卷中得到的信息分辨性别、年龄等因素对风险厌恶程度的影响。

关于实验参加者决策原因的问卷要在实验结束后发放。时至今日，此类问卷已经逐渐在经济实验中消失，其原因是问卷所得到的回答通常无法解释实验中所发生的现象。具体的例子有很多，比如在考克斯、罗伯森和史密斯（Cox，Roberson and Smith，1982）的拍卖实验中，实验参加者提供的原因就无法解释实验中发生的过度竞价现象。

参考文献

1. Cox, J. C., B. Roberson, V. L. Smith(1982). "Theory and Behavior of Single Object Auctions. Research in Experimental Economics", V. L. Smith ed., Vol. 2, Greenwich, CT: JAI press, 1—42.

2. Charness, G., N. Du, C—L. Yang(2011). "Trust and Trustworthiness Reputations in an Investment Game", *Games and Economic Behavior*, 72: 361—375.

3. Holt, C. (2006). "Markets, Games, and Strategic Behavior", Addison-Wesley.

4. Friedman, D., S. Sunder (1994). "Experimental Methods: A Primer for Economists", Cambridge University Press.

第八章 实验程序开发方法

为了避免实验参加者注意力下降并确保实验结果的有效性,在实验室里进行的经济实验通常需要在两小时内结束。然而,在许多实验里,只有实验参加者决策的次数足够多时研究人员才能得到有效的实验数据;有些时候,研究人员还需要通过随机配对的方法来剔除实验中已经产生的实验结果对未来决策的影响。在不长的两个小时里,运用人力组织十几个甚至二十几个交易回合,在每个交易回合还要实现多名实验参加者之间的随机配对,这几乎是不可能完成的任务。在这种情况下,开发实验专用的计算机程序就成了实施实验过程中无法回避的一个环节。

起先实验经济学家开发实验程序只是为了更充分地掌握实验数据并减少实验运行中的失误,而近年的发展表明经济实验运行过程的电子化为经济实验方法开辟了新的天地。弗农·史密斯在他的文章中提到,当阿灵顿·威廉姆斯(Arlington Williams)[1]于20世纪70年代末首先将双向拍卖市场电子化时,实验经济学家只是把计算机软件程序当作简化实验运行过程的有效工具。但随后的历史发展表明,交易过程的电子化大大降低了交易成本,拓展了市场参与者所能够选择的市场语言,过去依赖人力组织所不能实现的市场机制在今天的互联网和电子商务时代随处可见。现今,如何在计算机网络环境下设计新的市场机制并运用经济实验的手段率先检验新机制的特性,已经成了实验经济学的重要发展方向(Smith,2002)。

本章介绍两种经济实验程序的开发环境:第一节是 Visual Basic 的快速入门,第二节是 z-Tree 简介。

第一节 Visual Basic 的快速入门

我们首先介绍的是面向对象的计算机语言 Visual Basic(以下简称 VB)。本部分

---

[1] 当时 Arlington Williams 是弗农·史密斯的博士生,现在 Arlington Williams 是印第安纳大学的经济学教授。

的一至六所讲授的内容在其他 VB 教材中都可以找到。如果读者已经掌握对 VB 的基本运用,则可以跳过去直接开始阅读七。作者之所以在经济学教材中介绍 VB 语言,是出于两方面的考虑:一方面,要保证本书的完整性:本章为读者提供后续章节所需要的关于 VB 的基本概念与基本技能。另一方面,本章所介绍的内容完全是从经济实验出发的,与实验无关的 VB 技能不会在本章中出现;同时,本章介绍的顺序也考虑到读者并非计算机专业的特点。

一、VB 的基本开发环境

运行 Microsoft Visual Basic 6.0 中文版,首先你将见到一个关于"新建工程"的对话窗口。在各个备择选项中选择"标准 EXE"并点击按键"打开",VB 的基本开发环境就会展现在你的面前,如图 8—1 所示。

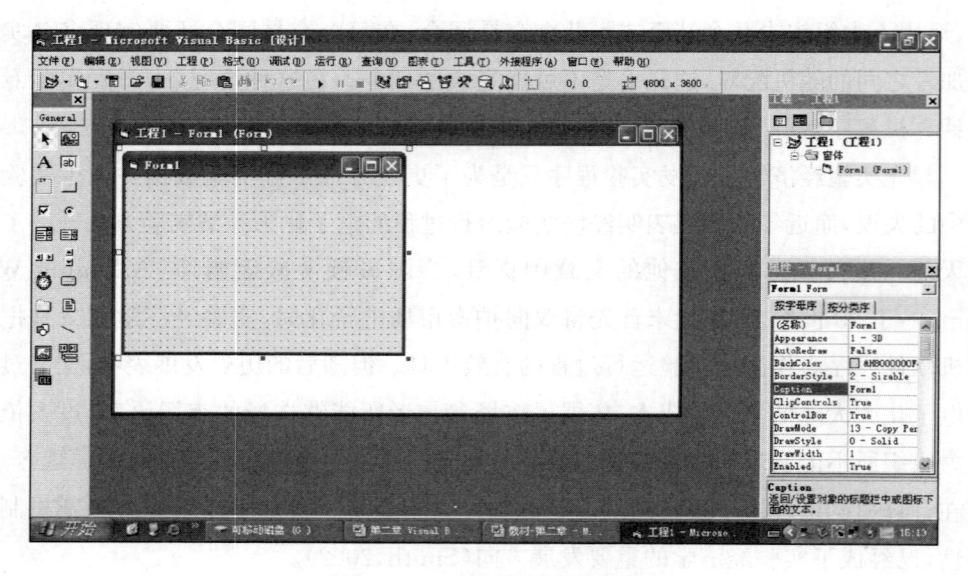

图 8—1　VB 的基本开发环境

如果你使用过微软的其他产品如 Word 或 Excel,那么你就会从 VB 的开发环境中找到一些似曾相识之处。屏幕的中央是对象窗口,在对象窗口的标题栏内显示"工程 1 — Form1 (Form)"的字样。对象窗口内所展示的是一个空白的窗体,窗体的标题栏上显示"Form1",见图 8—2。窗体(Form)是 VB 程序的用户界面。简单来说,在编程过程中程序员决定在窗体上放置哪些内容(这些内容的学名叫"对象"),又要对这些内容进行哪些处理;在运行程序的过程中,程序使用者将在窗体上看到这些内容的部分或全部,并根据编程人员的设计通过窗体上的内容实现特定的功能。

图 8—2 一个空白的窗体

　　VB 开发环境的屏幕上方所显示的是标题栏、菜单条和工具栏,这与微软的其他产品并无二致。屏幕的左侧是 VB 的工具箱,工具箱内包含 VB 的多种控件。"控件"是能够被放置在窗体上的内容。VB 程序开发过程中,窗体和放置在窗体上的所有内容在 VB 里都被称作"对象"。屏幕的右上方所显示的是工程资源管理器,其标题栏显示"工程 — 工程 1"。工程资源管理器的作用是定义应用程序的层次结构。屏幕的右下方是属性窗口,其标题栏显示"属性 — Form1"。属性窗口所展示的是当前被选中的对象的各种属性。刚刚打开 VB 时,空白的窗体 Form1 自动被选中,所以你现在看到的是 Form1 的各种属性。在 VB 中,"属性"所描述的是 VB 对象的特征。比如,窗体的属性包括窗体的名称、窗体的宽度和高度以及窗体在计算机屏幕上的位置等。有关对象和属性的概念我们在本章的"二、面向对象的程序设计方法"中还会详细介绍。

　　看到这里,读者应当大致了解了 VB 开发环境的各个部分的名称,但仍然有些知其然而不知其所以然,这并没有关系。我们先通过编写一个最简单的应用程序熟悉一下 VB 开发环境,在动手的过程中很多问题会自然而然地明朗。

　　我们先给窗体和工程命名。选中空白窗体 Form1,随后选中属性窗口。在属性窗口的各个属性中,有一栏是"(名称)"。点亮"(名称)"一栏并将窗体的名称改为"frmHello"。再选中工程资源管理器,在工程资源管理器内你会发现"工程 1"目录下的窗体目录中,原先的"Form1(Form1)"已经变成了"frmHello(frmHello)"。点亮工程资源管理器中的根目录"工程 1(工程 1)"。此时,属性窗口所显示的是工程 1 的属性,只有"(名称)"一栏。将工程 1 的名称改为"Hello"。最后,选中菜单条中的"文件"一栏并选择"保存工程",将窗体文件"frmHello"和工程"Hello"存储在适当的地方。

　　当工程中只有一个窗体文件时你可能体会不到分层次管理的好处。当某个工程中包括多个窗体文件时,只要在 VB 中打开该工程就能够在工程资源管理器中看到所有隶属于该工程的窗体,再点击工程资源管理器窗体目录中的窗体名,该窗体就会在对象窗口中出现。

关于命名问题需要提到的一点是,要给 VB 程序中的对象起有意义的名字,这样便于你追踪管理这些对象,也能帮助别人理解你的程序。通用的做法是先按照对象的类型给名称加前缀,而前缀由 3 个小写字母构成。比如,窗体对象(Form)的前缀是"frm",图标对象(Label)的前缀是"lbl",文本框对象(TextBox)的前缀是"txt",命令按键对象(CommandButton)的前缀是"cmd"。在前缀的后面,再加上以大写字母开头的、有一定意义的单词来描述对象的作用,如"txtInput"是用于输入的文本框。

下面让我们进入实质性工作。将对象窗口最大化并调整 frmHello 的边框,将其拉大。在属性窗口中点亮 frmHello 的"Caption"属性,将其改为"Hello"。这样,frmHello 的标题栏将显示"Hello"。快速双击屏幕左侧工具箱中的图形控件(Image),在窗体 frmHello 的中央就会出现一个图形对象 Image1。此时,属性窗口所显示的是 Image1 的属性。点击"Picture"属性右侧的省略号"…",将会弹出一个加载图片的对话框。在你的计算机内选择你喜欢的图片(注意,图片不要太大)并点击按键"打开",该图片(即 Image1)就会出现在窗体 frmHello 的中央。作者将自己的一张照片放在窗体上。调整 Image1 的边框大小并用鼠标把 Image1 拖动到窗体的恰当位置,如图 8—3 所示:

图 8—3　带图片的窗体

在 Image1 的属性窗口中，将 Image1 的名称改为"imgNinghua"，并将"Visible"属性改为"False"。点击 VB 开发环境屏幕上方工具栏内的启动键"▶"来运行程序。我们发现运行中的窗体上并不能见到所载入的图片，这是由于图片的可视属性"Visible"已经被设定为"False"。再点击屏幕上方工具栏内的结束键"■"以终止程序的运行。

现在，我们继续在窗体内增加一个新的对象。快速双击屏幕左侧工具箱中的图标控件（label），在窗体 frmHello 的中央就会出现一个图标 Label1。采用类似的步骤，将 Label1 的名称改为"lblHello"并将该图标移动到图片 imgNinghua 的右侧。选中图标 lblHello 的"Caption"属性，并将该属性的内容改为"Hello, everyone."，随后再选中图标 lblHello 的"Font"属性。点击该属性右侧的省略号"…"，你将会看到选择字体的对话框。选择小四号字并调整 lblHello 的边框大小，如图 8-4 所示：

图 8-4 带图片和图标的窗体

现在图标 lblHello 上面所显示的文字是"Hello, everyone."。快速双击图标 lblHello，这时会弹出程序代码窗口，在该窗口内会显示如下字样：

Private Sub lblHello_Click()
End Sub

lblHello_Click 是一个事件。VB 的事件是指 VB 的对象对某个外部事件所作出的响应，其概念我们在本节的第二部分"面向对象的程序设计方法"中还会介绍。事件 lblHello_Click 是程序使用者点击了图标 lblHello 之后程序所执行的操作。在"Private Sub lblHello_Click()"和"End Sub"之间所加入的各行计算机语句，就是当使用者点击 lblHello 这一外部事件发生时 VB 程序才会执行的操作。现在，我们在 lblHello_Click()内加入如下语句：
Private Sub lblHello_Click()
　　imgNinghua.Visible = True
End Sub

该语句的目的是在用户点击"Hello,everyone."以后显示图片 imgNinghua。现在保存工程，点击启动键"▶"来运行程序。此时你仍然看不到图片，只能在窗体内见到图标"Hello,everyone."。试着点击一下"Hello,everyone."，图片就会在窗体内出现。（其实编程就这么简单！）

点击结束键"■"终止程序的运行。编程人员如果不希望每次都在 VB 的开发环境内运行程序，则可以生成可执行文件。点击菜单中的"文件"并选中"生成 Hello.exe(K)…"，将 Hello.exe 存放在你希望存放的目录中。以后，你并不需要进入 VB 开发环境，只需要打开 Hello.exe 就可以执行上述小程序。

到现在读者应当对 VB 的应用有了最初步的感性认识。那么用 VB 开发的程序有哪些特征？在进行程序设计时又需要注意什么？下面我们来介绍面向对象的程序设计方法。

二、面向对象的程序设计方法

（一）VB 的对象、属性、方法和事件

VB 的窗体和控件是具有自己的属性、方法和事件的对象。可以把属性看作一个对象的性质，把方法看作对象的动作，把事件看作对象的响应。我们以 VB 的释义词典 MSDN(Microsoft Developer Network)中给出的气球的例子对对象的属性、方法和事件作出说明。

日常生活中的对象，如小孩玩的气球同样具有属性、方法和事件。气球的属性包括可以看到的一些性质，如它的直径和颜色。其他一些属性描述气球的状态（充气的或未充气的）或不可见的性质，如它的寿命。通过定义，所有气球都具有这些属性，这些属性也会因气球的不同而不同。

气球还具有本身所固有的方法和动作，如：充气方法（用氦气充满气球的动作）、放气方法（排出气球中的气体）和上升方法（放手让气球飞走）。所有的气球都具备这些能力。

气球还有预定义地对某些外部事件的响应。例如，气球对刺破它的事件响应是放气，对放手事件的响应是升空。

如果能对气球编程的话，VB 代码则如下所示。其作用是设置气球的属性。

Balloon. Color = Red

Balloon. Diameter = 10

Balloon. Inflated = True

　　注意代码的语法，首先是对象（Balloon），接着是属性（Color），然后是赋值（Red）。重复这条语句，但是，换一个不同的值，就可以改变气球的颜色。属性也可以在程序设计阶段在"属性"窗口中设置。

　　调用气球的方法是这样的：

Balloon. Inflate

Balloon. Deflate

Balloon. Rise 5

　　它的语法与属性的语法相似，对象（一个名词）后面紧跟着方法（一个动词）。在第三个例子中有一个附加项，称为一个参数，表示气球上升的高度。一些方法有一个或多个参数，它们对执行的动作做进一步的描述。

　　气球对一个事件的响应如下所示：

Sub Balloon_Puncture( )

　　Balloon. Deflate

　　Balloon. MakeNoise "Bang"

　　Balloon. Inflated = False

　　Balloon. Diameter = 1

End Sub

　　本例中代码描述了当刺穿事件发生时，气球的行为：调用 Deflate 方法，然后以"Bang"（发出的声响）为参数调用 MakeNoise 方法。因为气球已不再是充气状态，所以把 Inflated 属性置为 False，并给 Diameter 属性设置一个新值。

　　实际上对气球不能编程，但是可以对 Visual Basic 的窗体或控件进行编程。作为程序员，自己做主，决定应更改哪些属性、调用哪些方法、对哪些事件作出响应，从而得到希望的外观和行为。

　　(二)面向对象的程序设计

　　在上篇的第六章所介绍的广告与价格竞争的实验里，有一个"广告决策和定价同步"的实验设置。在这个实验设置里，每个销售者都要同时提交两个决定：他要选择产品的销售价格，同时还要决定是否对产品价格做广告。我们应当如何编写程序来实现这样的实验设置呢？

　　在这个实验中的销售者，有可能先考虑定价的问题，再考虑是否做广告，随后将已经做好的决定同时提交；也有可能是相反的次序，先决定是否做广告，然后再确定价格，随后将这两个决定同时提交。还有可能，在最后提交决策之前某销售者会改主意，比如他先选择了某个价格，然后决定对该价格做广告，随后他又更改了初始选择的价格……会有多种多样的情况。实验程序中应当如何实现这样的灵活性？这就需要面向对象的程序设计方法。

传统的程序设计方法如 C 语言、Fortran 等，都是面向过程的、线性的程序设计方法。而新发展起来的 Java、VB 等语言，是面向对象的程序设计方法。面向过程的程序设计方法所强调的是如何完成某一任务。面向过程的程序设计中，编程人员要从完成任务的第一步直到最后一步安排计算机所执行的每一个细节。在面向过程的程序的应用过程中使用者没有任何自主权，处于完全被动的角色：使用者无权决定提交信息和处理信息的次序。而面向对象的（或事件驱动的）程序设计中编程人员围绕着用户界面中的对象进行设计，只有用户对对象做出了某种动作之后程序才会进行特定的操作。面向对象/事件驱动的程序设计允许程序使用者控制提交信息和处理信息的次序。

面向对象的程序设计大致要遵从下面五个步骤：
(1) 对应用程序进行规划；
(2) 建立用户界面；
(3) 编写程序代码（即计算机语句）；
(4) 对程序进行测试；
(5) 书写程序文档。

对应用程序进行规划的步骤是要确定应用程序所需实现的功能，就好比写作文要先写个作文提纲。进行程序规划的关键是要进行任务、对象、事件的分解设计，我们在下面还会详述。而第二步建立用户界面是要确定如何安排放置用户界面上的内容，即对象。随后的第三步，针对程序规划步骤中所识别出的事件编写程序。如果在第四步的程序测试过程中发现了错误，则需要修改程序代码，进一步进行测试，直至程序运行无误。最后书写程序文档也是不能忽略的：程序员在一定时间以后很可能就完全忘记了当时是按照怎样的思路编写程序的，也忘记了程序中各个语句所实现的功能是什么。程序文档的作用就是提示程序员程序中各个变量的含义、各个模块的功能。

我们先着重介绍前两个步骤，后三个步骤将在第九章经济实验程序开发实例中穿插说明。

对应用程序进行规划首先要识别该程序要完成哪些任务。在识别经济实验程序所需要完成的任务时，下述问题列表会帮助你进行规划：
(1) 实验参加者需要提交哪些信息？
(2) 经济实验程序需要完成哪些计算和处理？

(3)在用户界面上需要向实验参加者展示哪些信息？
(4)新的信息在用户界面上出现时，旧的信息是否会消失？
(5)实验程序在什么条件下会结束运行？

你要确定所要完成的任务究竟通过哪些对象来实现。比如，图标(Label)用于展示特定的标识或运算结果，而文本框(TextBox)用于采集信息。最后，当你要确定哪些对象的哪些事件被触发时，程序所需要实现的任务会被完成。需要注意的是，并不是所有的对象都需要事件触发。换句话说，你只需要针对部分对象的事件编写程序，这些程序语句会在事件发生时执行；而另外一些对象不需要你编程就能实现特定的任务。比如，文本框(TextBox)不需要任何事件触发就能实现采集信息的任务。

程序规划步骤可以用任务(Task)、对象(Object)、事件(Event)的分解图(TOE)来实现。以杜宁华(2009)关于广告与价格竞争的实验程序为例，实验的主要目的是要分析广告形式对定价的影响。实验中有2个实验设置：一个是"先广告决策后定价"博弈，另一个是"广告决策与定价同步"博弈。在"先广告决策后定价"博弈中，销售者首先同一时间内决定是否要广告他们的价格(即显示他们的价格)。在电脑屏幕上，销售者如果要做广告，则点击"显示"按钮；如果决定不做广告，则点击"不显示"按钮。随后销售者将观察到他们对手的广告选择("显示"或"不显示")，并将他们所选取的价格输入文本框中。在"广告决策和定价同步"博弈中，所有销售者同时进行他们的广告和定价决策。在电脑屏幕上，销售者点击选择按钮决定是否要做广告，并在文本框中输入价格。

我们来看一下"广告决策与定价同步"的实验程序分解图。为简单起见，现在我们不考虑实验的起始结束和轮次问题，也不考虑销售者的分组问题以及买家的决策问题，只考虑销售者所需要同时提交的两个决策：产品的价格以及是否为该价格做广告。我们用表8—1来实现程序的规划：

表 8—1　　　　　　　　　　　分解图(TOE)的示例

任务(Task)	对象(Object)	事件(Event)
销售者输入价格信息	文本框 txtPrice	无
销售者选择做广告	选择按键 optRev	optRev_Click 点击
销售者选择不做广告	选择按键 optNRev	optRev_Click 点击
同时提交价格与广告决策	命令按键 cmdOK	cmdOK_Click 点击

根据分解图(TOE)，我们可以开始第二个步骤——用户界面设计。对 VB 来说，用户界面设计就是对窗体上的各个对象的排列安排。不同的实验用户界面设计有不同的要求，但总的来说，界面设计有下面几个基本的原则：

(1)按照一定的顺序排列对象，要么从上至下，要么从左到右。

(2) 相关的对象放在相邻位置(如示例中的 optRev 和 optNRev)。

(3) 涉及实验参加者提交决策的对象需要在醒目位置显示。

(4) 完成对各个对象的初步排列后,可以根据需要在对象的旁边添加一些图标以说明各个对象的作用。

根据表 8—1 的分解图(TOE)所设计的图形用户界面如图 8—5 所示:

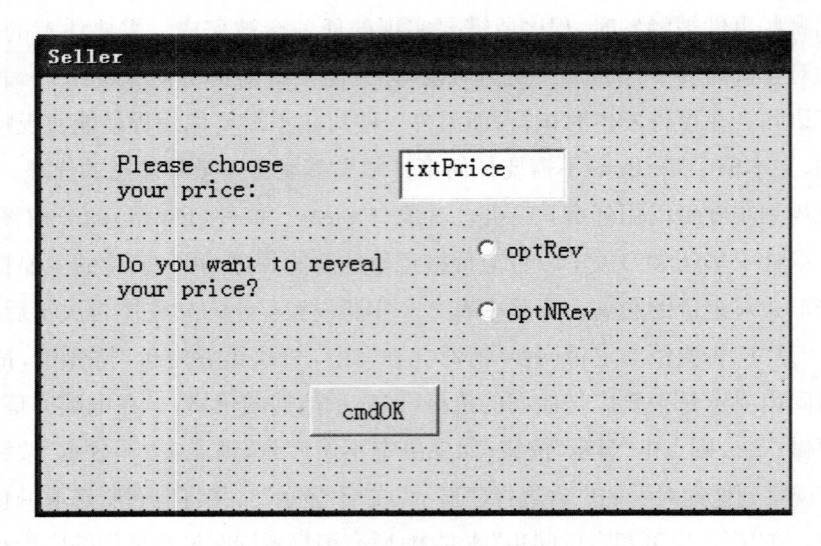

图 8—5 用户界面设计示例

最后,杜宁华(2009)"广告决策与定价同步"实验设置下真正的用户界面设计如图 8—6 所示:

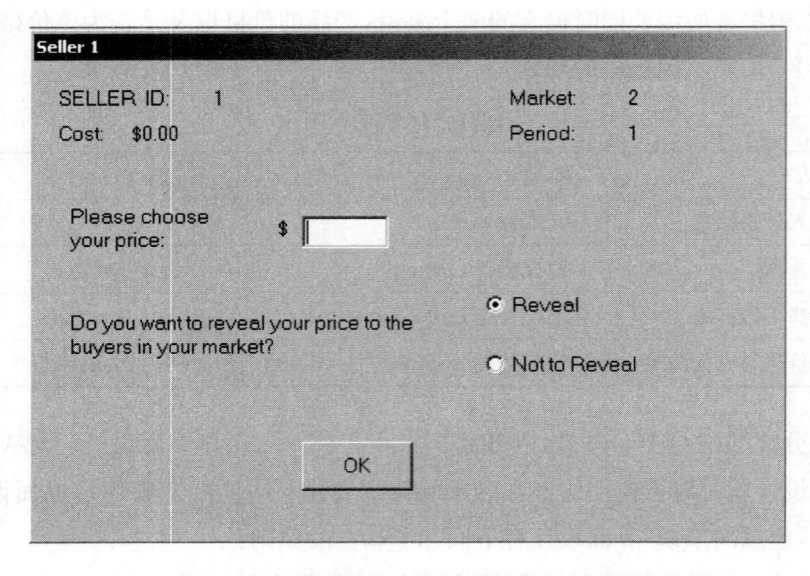

图 8—6 "广告决策与定价同步"实验设置的用户界面设计

以上我们介绍的是面向对象的程序设计的基本原则。下面我们以变量、变量组和常量的运用为起点，开始介绍在 VB 中发挥不同作用的语句的基本格式。

三、变量、变量组和常量的运用

（一）变量

变量的作用是在程序的运行过程中临时记录数据，就好比我们上街需要带上钱包来放现金和信用卡。顾名思义，变量中所存储的数据在程序运行中是可以被改变的。由于变量只在程序运行中发挥作用，因此变量的生命周期不会超过程序的运行周期：一旦程序结束运行，变量的使命自然就终止了。变量的另一个特征是一个变量中只能存放一段数据，将新的数据存入变量中势必会抹去变量中原有的数据。在有些情况下，数据既可以存放在某个对象的属性里，也可以存放在一个变量中。使用变量的好处是 VB 程序对变量中数据的处理速度要远高于 VB 程序对某对象的属性中数据的处理速度。

1. 创建新变量

当你创建新的变量时，你需要定义该变量的数据类型；经过定义以后，只有符合定义类型的数据才能在该变量中被存取。如果你在创建新变量时没有定义数据类型，VB 则将自动把该变量定义为 Variant 类型，即变体类型。Variant 类型的变量可以存取所有类型的数据。表 8－2 所显示的是 VB 变量的所有类型。

表 8－2　　　　　　　　　　　　　　VB 变量的类型

类　型	所存储数据	值的范围
Byte（字节型）	二进位数值	0 至 255
Boolean（布尔型）	逻辑值	真或伪（True or False）
Currency（货币型）	小数点前最多 15 位,小数点后最多 4 位的实数	$+/-$ 9E14
Date（日期型）	日期和时间信息	公元 100 年 1 月 1 日至公元 9999 年 12 月 31 日
Double（双精度）	实数	$+/-$ 5E－324 至 1.8E308
Integer（整型）	整数	－32768 至 32767
Long（长整型）	整数	$+/-$ 2000000000
Object（对象型）	VB 中的对象	
Single（单精度）	实数	$+/-$ 1E－45 至 3E38
String（字符串型）	文本信息	最长 65 400 个字符
Variant（变体型）	任意其他类型的数据	其他类型数据的最大取值范围

在创建新变量时还需要为变量命名,在命名时,应尽量为变量取有含义的名字,这样不仅有助于自己记忆变量的数据类型和作用,也有助于其他人理解程序的含义。一种常见的变量命名方法是在变量名中用3个小写字母构成的前缀表达变量的数据类型,而变量名的剩余部分以大写字母开头,用来表达变量的作用与目的。各种数据类型的前缀如表8—3所示:

表8—3　　　　　　　　　　　　VB变量名的前缀

类　　型	前　　缀
Byte	byt
Boolean	bln
Currency	cur
Date(time)	dtm
Double	dbl
Integer	int
Long	lng
Object	obj
Single	sng
String	str
Variant	vnt

在VB中,对变量的命名还需要满足下面的几个硬性规定:

◆ 变量名必须以字母开头。

◆ 变量名中只能包含字母、数字和下划线,其他任何字符都不允许在变量名中出现。

◆ 变量名最长不能超过255个字符。

◆ 不能用VB中的保留字做变量名。保留字在VB中有特定的含义和功能,不能做其他用途。比如在VB中"Print"是打印命令,属于保留字,不能充当变量名。

通常我们用Dim语句或Public语句来创建新变量。两个语句的区别在于它们所创建的变量的有效范围有所不同,这会在后面介绍。创建新变量的语句格式如下:

Dim *variablename* As *datatype* 或

Public *variablename* As *datatype*

比如,我们需要记录实验当前的交易轮次。为了达到目的,我们可以创建一个整型变量"intRound"。定义该变量的语句如下:

Dim intRound As Integer

又比如，我们需要记录某实验参与者对价格的选择，被命名为"curPrice"的货币型变量可以实现这一要求。定义该变量的语句如下：

Dim curPrice As Currency

2. 赋值

赋值是将数据存放到特定位置的过程。这个"特定位置"，既可以是某个对象的属性，也可以是变量。赋值语句中的赋值符号为"＝"，赋值号左侧是数据存放的位置，而赋值号右侧是数据，如：

Label1.Caption ＝ "Hello!"

intRound ＝ 10

curPrice ＝ 10.23

原则上，数据要存放到与其类型一致的位置上。比如，"intRound"是整型变量，我们不能用它存放字符串。又比如，对象的可视属性（Visible）是布尔型的，它的值只可能是"True"或"False"，将其他类型的数据赋予可视属性不可能实现。

赋值语句的一个应用技巧是累加，比如，

intRound ＝ 10

intRound ＝ intRound ＋5

这两个语句执行后 intRound 的值为 15。上面的第二个赋值语句中赋值号"＝"右侧的 intRound 的值为 10。上面第二个赋值语句的作用是将 intRound 原先的值"10"加上 5 以后再赋予 intRound。

在创建新变量时，VB 自动将空字符串赋予字符串型和变体型的变量，而那些数值类型的变量会被赋为"0"值。

3. 变量的有效范围

变量的有效范围所描述的是究竟程序的哪一部分能够应用该变量。是程序的全部运行过程中该变量都可用，还是该变量只在某窗体内有效？或者只在针对某个对象的事件发生时才有效？按照有效范围的大小，变量可分为局部变量、窗体变量以及全程变量。变量的有效范围在创建新变量时确定。

（1）局部变量

局部变量由 Dim 语句在事件内定义。局部变量的生命周期是事件的发生过程。一旦事件结束，局部变量的使命就告终了。在介绍 VB 基本开发环境的小程序里，我们在过程 lblHello_Click() 内加入一个局部变量：

Private Sub lblHello_Click()

　　Dim i As Integer

End Sub

End Sub

局部变量 i 只在 lblHello_Click() 内有效，而仅当程序运行过程中"用户点击图标 lblHello"这一事件发生时，lblHello_Click() 才会被调用。

（2）窗体变量

窗体变量的生命周期即窗体从载入到终止的周期。窗体变量对窗体内所有对象都有效，能在不同对象、事件和过程之间传递数据。比如，点击某个命令按键所产生的数据可以用一个窗体变量暂时存储，当窗体上其他对象的事件发生时可以通过该窗体变量调用数据。窗体变量也由 Dim 语句定义，语句格式与局部变量的语句格式并无二致，唯一的区别是书写语句的位置有所不同：窗体变量在代码窗口的通用声明 (General Declaration) 区域定义。

（3）全程变量

当程序中包含多个窗体，而程序又需要在不同窗体之间传递数据时，我们就要用全程变量达到目的。全程变量的生命周期等同于程序的运行周期。全程变量要用 Public 语句在程序的代码模块中定义。代码模块是程序中的独立文件，仅包含程序代码。在菜单条中点击"工程"并选择"添加模块"，在弹出的对话窗口中选择新建模块，一个新的代码模块 Module1 就会被添加到工程中。全程变量的定义位置是代码模块的通用声明区域。

4. Option Explicit 语句

VB 允许程序开发者对变量随用随定义：如果某个变量未经正式定义，那么对该变量第一次使用就构成了对该变量的定义。这种随用随定义的做法很可能会造成变量使用混乱。Option Explicit 语句的作用是禁止在程序中运用未经正式定义的变量，能有效防止变量混乱现象的发生。具体做法是在工程下所有窗体和代码模块的通用声明区域输入 Option Explicit 语句，并紧随该语句对变量进行定义，所有未经定义的变量皆为非法。比如在窗体的通用声明区域内输入如下语句：

Option Explicit

Dim i,j,k As Integer

Dim strName As String

经定义后，在该窗体内除 i,j,k 及 strName 之外的变量皆为非法变量。

（二）变量组

变量组是相互关联的一组变量，这些变量有相同的名称和相同的数据类型。程序开发人员运用变量组在内存中暂时存取数据。运用变量组的优势是用它存取数据的速度远高于在外部存储设备中存取数据的速度。变量组定义语句的格式如下：

Dim *arrayname*（*lower subscript* To *upper subscript*，…，*lower subscript* To *upper subscript*）As *datatype* 或

Public *arrayname*（*lower subscript* To *upper subscript*，…，*lower subscript* To *upper subscript*）As *datatype*

  Dim 语句和 Public 语句中的"*arrayname*"是变量组的名称。对变量组的命名规定与对变量的命名规定完全一致。在括弧内，每个"lower subscript To upper subscript"表示变量组的一组下标，也是变量组的一个维。VB 最高允许定义 60 维的变量组，而最常见的变量组是一维变量组和二维变量组。一维变量组是由变量组成的向量，而二维变量组是由变量组成的矩阵。"lower subscript"是下标的下界，而"upper subscript"是下标的上界。在变量组中各个变量通过变量组的名称和下标识别。变量组的有效范围以及 Option Explicit 语句的应用完全类同于之前对变量的介绍。

  下面我们看一个在实验中运用变量组的例子。假设在某实验的每个交易回合中市场上的 3 个销售者同时选择各自的出价，而实验一共要进行 10 个交易回合。这样，该实验中一共有 30 个出价要记录：每个交易回合的 3 个出价乘以 10 个交易回合。我们用二维变量组 curPrice 来记录出价，定义该变量组的语句如下：

Dim curPrice(1 To 10,1 To 3) As Currency

  curPrice 的第一组下标指示交易的轮次，而第二组下标指示的是销售者。比如，curPrice(4,2)是第 2 名销售者在第 4 轮交易中的出价，而 curPrice(7,3)是第 3 名销售者在第 7 轮交易中的出价。

  （三）常量

  在实验中常会遇见这样的情形：有些实验参数在更改实验条件时需要修正，而这些实验参数在同一实验中却是固定不变的常量。这就需要实验程序在一开始的地方对这些常量参数进行定义，以后修改参数时只需要修改参数的定义就可以了，而不需要对程序进行大范围的修改。

  VB 中的符号常量所起到的就是这样的作用。定义符号常量的语句格式如下：

Public Const *constname* As *datatype* = *expression*

  符号常量需要在 VB 的代码模块的通用声明区域中定义，其有效范围是程序运行的全程。"constname"是符号常量的名称，而"datatype"是符号常量的数据类型，"expression"是要赋予符号常量的值。

  比如，在某价格竞争实验中，厂商生产成本皆为 1.5 元。我们定义符号常量 conCost 为成本参数：

Public Const conCost As Single = 1.5

  在以后的实验中，如果成本参数需要修改，则只需要更改该定义语句就可以了。

四、选择结构

程序通常有三种基本结构，它们分别是顺序结构、选择结构和循环结构。在顺序结构中，程序的语句按照出现的先后次序，从前到后一个接一个地被执行；在选择结构中，程序根据某个比较结果选择执行语句的路径；而在循环结构中，某些语句会被执行若干次或直到某个特定的条件被满足时才会停止执行这些语句。大多数 VB 程序是这三种结构的组合。顺序结构非常易于理解，下面先来介绍选择结构。

在实验中经常出现这种情况：根据实验参与者的选择做出判断，来决定每个人的所得。比如，最后通牒博弈，在 10 元的潜在收益中，提议者建议自己得到 6 元，而回应者得到 4 元。在见到提案以后，如果回应者接受这个提案，那么就按照提案来分配所得；如果回应者拒绝这个提案，则提议者和回应者的收益全部为 0。现在我们需要编写一个最后通牒博弈的实验程序，在回应者见到提案后，实验程序如何根据回应者"接受"或"拒绝"的选择来决定提议者和回应者的所得？

选择结构就是对这种情况所构造的语句结构。在选择结构中，计算机程序根据某个决策或者比较结果来决定哪些操作需要执行、哪些操作不需要执行。

（一）基本选择结构：If…Then…Else 语句

If…Then…Else 语句是 VB 中最基本的选择结构。语句格式如下：

If *condition* Then

    [instructions when the condition is true]

[Else

    [instructions when the condition is false]]

End If

语句中的"condition"是条件表达式。条件表达式是判定哪些操作被执行、哪些操作不被执行的条件，它的值只可能是"真"或"伪"(True or False)。如果条件表达式的值为"真"，那么"Then"以后的语句将被执行；如果条件表达式的值为"伪"，那么"Else"以后的语句将被执行。"End If"表示选择结构的结束。需要注意的是，If…Then…Else 语句中不一定包括"Else"和"Else"以后的语句。在这种情况下，当条件表达式为"伪"时直接进行"End If"之后的操作，而选择结构内部不进行任何操作。

在 If…Then…Else 语句格式中，读者会发现有不少方括号。我们在介绍 VB 的语句格式的时候，方括号里的内容为可选内容，编程人员根据需要来决定是否选用这些内容。如果某语句格式的方括号里的内容在编程中被省略掉，VB 也不会将其视作语法错误。

条件表达式可以包括变量、常量、对象的属性、函数、数学运算符、关系运算符以及逻辑运算符。对于数学运算符，我们经常见到，而前面也已经介绍过变量、常量、对象的属性。下面我们分别介绍一下关系运算符、在关系表达式中常用到的函数以及逻辑运算符。

1. 关系运算符

VB 中有 6 种关系运算符：＝，＞，＞＝，＜，＜＝，＜＞，分别表示等于，大于，大于等于，小于，小于等于以及不等于。各个关系运算符之间并没有优先次序，在表达式中对它们按照从左到右的顺序进行处理。关系运算符的处理优先级要低于数学运算符的优先级，而数学运算符的优先顺序是先处理乘方，再处理乘除，最后处理加减。下面我们看两个例子。

表达式 1：10 ＋ 3 ＜ 5 ＊ 2

处理顺序：首先计算 5 ＊ 2，得到 10；随后计算 10 ＋ 3，得到 13；最后判断不等式 13 ＜ 10 的真伪，返回值为"伪"（False）。

表达式 2：7 ＞ 3 ＊ 4 / 2

处理顺序：首先计算 3 ＊ 4，得到 12；随后计算 12 / 2，得到 6；最后判断不等式 7 ＞ 6 的真伪，返回值为"真"（True）。

所有包含关系运算符的表达式的返回值只可能是"真"或"伪"。

2. UCase 函数和 LCase 函数

在 VB 中进行字符串比较时，如果两个字符串所包含的字母相同但字母的大小写有所区别，那么 VB 会判定两个字符串不同。比如，表达式"Hi ＝ hi"的返回值为"伪"（False）。如何在对比两个字符串的时候忽略字母大小写的区别？这里我们就要用到 UCase 函数。

UCase 函数的语句格式是 UCase(String)，其中，"String"是一个任意的字符串。UCase(String)所返回的是一个新的字符串，新字符串将原字符串"String"中所有的小写字母都转换成大写。需要注意的是，UCase 函数只是临时将字符串中字母的小写转换成大写。如果要保存转换结果，你则需要使用赋值语句。比如，strName ＝ UCase(strName)。UCase 函数既可以出现在关系运算符的左侧，也可以出现在关系运算符的右侧。但是在赋值语句中，UCase 函数只能出现在赋值号的右侧。

类似地，LCase 函数的语句格式是 LCase(String)，它的作用是将原字符串中所有字母的大写都转换成小写。

3. 逻辑运算符

Not，And，Or 是 VB 中最常见的逻辑运算符，它们的含义分别为"非""与""或"。各个逻辑运算符的优先次序为：Not 最先，其次为 And，最后是 Or。Not 运算符的作用是将条件表达式的值反转；若干个由 And 运算符连接起来的条件表达式，只有在每个条件表达式都为"真"的情况下,被连接起来的复合条件表达式才为"真";若干个由 Or 运算符连接起来的条件表达式,只要其中有一个条件表达式为"真",被连接起来的复合条件表达式就会为"真"。

逻辑运算符在表达式中的处理优先次序在数学运算符和关系运算符之后。下面我们来看几个例子。

表达式 1:$3 > 2$ And $6 > 5$

处理顺序:首先判断不等式 $3 > 2$ 的真伪,返回值为"真"(True);随后判断不等式 $6 > 5$ 的真伪,返回值为"真"(True);最后判断 True And True,得到返回值"真"。

表达式 2:$10 < 25$ And $6 > 5 + 1$

处理顺序:先计算 $5 + 1$,得到 6;随后判断不等式 $10 < 25$ 的真伪,返回值为"真"(True);第三步判断不等式 $6 > 6$ 的真伪,返回值为"伪"(False);最后评价 True And False,得到返回值"伪"。

表达式 3:$8 = 4 * 2$ Or $6 > 5 + 1$

处理顺序:先计算 $4 * 2$,得到 8;随后判断等式 $8 = 8$ 的真伪,返回值为"真"(True);由于 Or 运算符左侧的条件表达式为"真",条件表达式 3 整体的返回值也为"真"。

所有包含逻辑运算符的表达式的返回值只可能是"真"或"伪"。如果你用 And 运算符连接两个条件表达式,而 And 运算符左侧的条件表达式的值为"伪"时,VB 将不再判断 And 运算符右侧的条件表达式的真伪:此时无论后一个条件表达式的真伪,复合条件表达式的值皆为"伪"。类似地,如果你用 Or 运算符连接两个条件表达式,而 Or 运算符左侧的条件表达式的值为"真"时,VB 将不再判断 Or 运算符右侧的条件表达式的真伪:此时无论后一个条件表达式的真伪,复合条件表达式的值皆为"真"。

(二)If…Then…Else 语句基础上的层次选择结构

层次选择结构是指在某个选择结构中,根据条件表达式的判定结果所选择的某一条操作路径上嵌入了另一个选择结构。下面我们来看一些在 If…Then…Else 语句基础上构造的层次选择结构例子。

层次选择结构示例 1:在某个价格竞争的实验中,我们用变量 sngCost 表示销售者的成本,用变量 intSellerID 表示销售者的识别号码。1 号销售者和 3 号销售者的成本是 1.2 元,2 号销售者的成本是 1.5 元,而其他所有销售者的成本都是 1.8 元。我们需要用层次选择结构对变量 sngCost 赋值。

程序代码如下:

```
If intSellerID = 1 Or intSellerID = 3 Then
    sngCost = 1.2
```

```
    Else
        If intSellerID = 2 Then
            sngCost = 1.5
        Else
            sngCost = 1.8
        End If
    End If
```

选择结构首先判定 intSellerID 是否为 1 或 3，如果条件满足，则将 1.2 赋予变量 sngCost；如果条件不满足，则进一步进行判定。如果 intSellerID 是 2，则 sngCost 为 1.5；在其他所有情况下，sngCost 为 1.8。在本例中，程序代码的书写采用缩进格式：同一层次的条件选择语句上下对齐，在选择路径上的语句与条件选择语句相比缩进一格。这样书写的好处是层次结构清晰，读者一目了然。

层次选择结构示例 2：在某个激励机制的实验中，多名销售者在实验市场上出售产品。根据实验规则，针对不同销售者的激励办法各不相同。如果 1 号销售者的销售收入达到 10 000 实验币，那么他将在实验结束后得到 500 实验币的奖励；如果她的销售收入达不到 10 000 实验币，她在实验后得到的奖励将是 200 实验币。如果 2 号销售者的销售收入达到 20 000 实验币，那么他将在实验结束后得到 600 实验币的奖励；如果他的销售收入达不到 20 000 实验币，则他在实验后得到的奖励是 550 实验币。其他所有销售者得到固定奖励 150 实验币。变量 intSellerID 表示销售者的识别号码，sngSales 表示实验中的销售收入，sngBonus 表示对销售者的奖励。运用层次结构为 sngBonus 赋值。

程序如下：

```
If intSellerID = 1 Then
    If sngSales >= 10000 then
        sngBonus = 500
    Else
        sngBonus = 200
    End If
Else
    If intSellerID = 2 Then
        If sngSales >= 20000 Then
            sngBonus = 600
        Else
```

```
            sngBonus = 550
        End If
    Else
        sngBonus = 150
    End If
End If
```

选择结构首先判断 intSellerID 是否为 1,如果条件满足,则继续判断销售收入是否达到 10 000 实验币,如果达到,则奖励额度 sngBonus 为 500 实验币;若未达到 10 000 实验币的销售收入,则将 200 赋予 sngBonus。当 intSellerID 不为 1 时,继续判断 intSellerID 是否为 2。当条件满足时,继续判断销售收入是否达到 20 000,在达到的情况下 sngBonus 为 600;未达到的情况下,sngBonus 为 550。其他所有情况下 sngBonus 为 150。

还可以用另一种层次关系来完成上述判定选择任务,程序如下:

```
If intSellerID = 1 And sngSales >= 10000 Then
    sngBonus = 500
Else
    If intSellerID = 1 And sngSales < 10000 Then
        sngBonus = 200
    Else
        If intSellerID = 2 And sngSales >= 20000 Then
            sngBonus = 600
        Else
            If intSellerID = 2 And sngSales < 20000 Then
                sngBonus = 550
            Else
                sngBonus = 150
            End If
        End If
    End If
End If
```

对程序的解读由读者自行完成。

(三) 用 Case 语句表达的选择结构

用 Case 语句表达的选择结构也被称作拓展选择结构,适用于对条件表达式的判定后产生多个可供选择的操作路径的情况。与 If…Then…Else 语句相比，Case 语句更简单、直观。Case 语句的格式如下：

Select Case *testexpression*
[Case *expressionlist1*
　　[instructions for the first case]]
[Case *expressionlist2*
　　[instructions for the second case]]
[Case *expressionlistn*
　　[instructions for the nth case]]
[Case Else
　　[instructions for when the *testexpression* does not match any of the *expressionlists*]]
End Select

　　语句中的"testexpression"为被测表达式，它可以是字符串，也可以是数值。被测表达式可以包含变量、常量、各种运算符以及对象的属性。"expressionlist"是一系列表达式的列表。在 Case 语句中，表达式列表中的每个表达式的数据类型必须与被测表达式的数据类型相一致。当表达式列表中的某一个表达式与被测表达式相吻合时，在该表达式后的操作将被执行，而 Case 语句中的其他操作路径将被忽略，直接进行"End Select"之后的操作。如果没有任何一个表达式列表中的表达式与被测表达式相吻合，"Case Else"之后的操作将被执行；在 Case 语句中没有"Case Else"部分的情况下，Case 语句将结束，直接进行"End Select"之后的操作。

　　如果表达式列表中的某个表达式所描述的是包括上界和下界的数值范围，那么你可以运用关键词"To"。具体地说，"a ≤ testexpression ≤ b"在 Case 语句中可以被写成：

Select Case *testexpression*
[Case a To b
　　[instructions for the case of 'a to b']]
End Select

　　如果表达式列表中的某个表达式所描述的是只包括上界或下界的数值范围，那么你可以运用关键词"Is"。比如，"a ≤ testexpression"在 Case 语句中可以被写成：

Select Case *testexpression*
[Case Is >＝a
　　[instructions for the case of '>＝a']]

End Select

下面我们运用 Case 语句将层次选择结构示例 1 中的程序代码重新表述如下：

Select Case intSellerID
    Case 1,3
        sngCost = 1.2
    Case 2
        sngCost = 1.5
    Case Else
        sngCost = 1.8
End Select

当 intSellerID 为 1 或 3 时，sngCost 为 1.2；当 intSellerID 为 2 时，sngCost 为 1.5；其他情况下，sngCost 为 1.8。

再运用 Case 语句将层次选择结构示例 2 的第一种程序代码重新表述如下：

Select Case intSellerID
    Case 1
        Select Case sngSales
            Case Is >= 10000
                sngBonus = 500
            Case Else
                sngBonus = 200
        End Select
    Case 2
        Select Case sngSales
            Case Is >= 20000
                sngBonus = 600
            Case Else
                sngBonus = 550
        End Select
    Case Else
        sngBonus = 150
End Select

层次选择结构示例 2 的第二种程序代码用 Case 语句改写：

Select Case True

```
        Case intSellerID = 1 And sngSales >= 10000
            sngBonus = 500
        Case intSellerID = 1 And sngSales < 10000
            sngBonus = 200
        Case intSellerID = 2 And sngSales >= 20000
            sngBonus = 600
        Case intSellerID = 2 And sngSales < 20000
            sngBonus = 550
        Case Else
            sngBonus = 150
End Select
```

五、循环结构

在实验中，往往有多名实验参加者参与，所进行的交易回合往往也不止一轮。当每个交易回合开始的时候，研究人员要将一些基本的信息发送给每个实验参加者：当前的轮次、销售者在本轮中的成本、购买者在本轮中的保有价格等。而在各个交易回合结束的时候，研究人员又要将本回合的交易结果发送给每个实验参加者：实验参加者本轮的决策、其他参加者的决策、实验参加者本人本轮的所得以及到目前为止的累积所得等。用实验程序来实现这些任务需要进行一些重复性操作，这就涉及循环结构。

循环结构中，某些语句会被执行若干次或直到某个特定的条件被满足时才会停止执行这些语句。VB 中循环结构有三种基本形式：For Next 循环、Do While 循环和 Do Until 循环。

（一）For Next 循环

For Next 循环的作用是将某些特定的操作重复执行一定的次数，其语法格式如下：

```
For counter = startvalue to endvalue [Step stepvalue]
    [instructions]
Next counter
```

其中"Counter"是一个数值类型的变量，"startvalue"是循环的初始值，"endvalue"是循环的终值，而"stepvalue"是循环的步长。循环的初始值、终值和步长都必须是数值，这些数值既可以是正数，也可以是负数。如果编程人员省略了对循环的步长的定义，则 VB 自动将循环的步长规定为 1。

For Next 循环按照如下步骤运行：

◆ 第一步，在循环开始的时候，将循环的初始值"startvalue"赋予变量"Counter"。这一操作只进行一次。

◆ 第二步，如果步长"stepvalue"为正，则需要判定变量"Counter"的值是否大于循环的终值"endvalue"（如果步长"stepvalue"为负，则是相反的情况，需要判定变量"Counter"的值是否小于循环的终值"endvalue"）。如果判定结果为"真"，则循环终止；如果判定结果为"伪"，则循环内的操作"instructions"将被执行。

◆ 第三步，将步长值"stepvalue"加入变量"Counter"中，并返回到上述第二步，直到变量"Counter"的值大于终值"endvalue"（若步长为负，则变量"Counter"的值小于终值"endvalue"）的时候，循环结束。

For Next 循环示例：在有些多回合交易的实验中，初始的几轮由于缺乏经验，实验参加者有可能会遭受损失。为避免实验参加者的所得为负值，研究人员可以给予实验参加者一定的启动资金。在某实验中有 12 名实验参加者参与，每个人在实验开始时得到 150 实验币的启动资金。换句话说，如果实验参加者在实验中不做任何决策，那么他在实验过程中的累积所得就是 150 个实验币。我们用一维变量组 sngTPayoff(1 to 12)来表示 12 个实验参加者的累积所得，其中的变量 sngTPayoff(i)是第 i 个实验参加者的累积所得。我们现在的任务是将各个实验参加者的累积所得初始化为 150 个实验币。

程序如下：

```
Dim i As Integer
Dim sngTPayoff(1 To 12) As Single
For i = 1 to 12
    sngTPayoff(i) = 150
Next i
```

（二）Do While 循环和 Do Until 循环

Do While 语句中，当循环的判定条件为真时，重复执行循环内的操作；而 Do Until 语句重复执行循环内的操作，直到循环的判定条件为真时终止。Do While 循环和 Do Until 循环都能够实现 For Next 循环中将某些操作重复执行特定次数的功能。

Do While 循环的语句格式为：

```
Do While condition
    [loop instructions]
Loop
```

Do Until 循环的语句格式为：

Do
  [*loop instructions*]
Loop Until *condition*

  上述两种循环中,循环的条件"condition"可包含变量、常量、函数、对象的属性以及各种运算符,"condition"的返回值必须是"真"或"伪"。在 Do While 循环中,当且仅当循环的条件"condition"的值为"真"时,循环内的操作"loop instructions"才会被执行;而 Do Until 循环中,当且仅当循环的条件"condition"的值为"伪"时,循环内的操作"loop instructions"才会被执行,一旦"condition"为"真",则循环终止。

  Do While 循环也被称作前试循环。其原因是在该循环中,在执行循环内的操作之前先判定循环的条件是否为真,随后根据判定结果决定是否执行循环内的操作。Do While 循环中,有可能根据条件的判定结果,循环内的操作一次也没被执行。For Next 循环也是一种前试循环。

  Do Until 循环也被称作后试循环。其原因是在该循环中,在执行循环内的操作之后再判定循环的条件是否为真。因此,Do Until 循环内的操作至少会被执行一次。

  用 Do While 语句完成 For Next 循环示例中的程序,代码如下:

Dim i As Integer
Dim sngTPayoff(1 To 12) As Single
i = 1
Do While i <= 12
  sngTPayoff(i) = 150
  i = i + 1
Loop

  用 Do Until 语句完成 For Next 循环示例中的程序,代码如下:

Dim i as Integer
Dim sngTPayoff(1 To 12) As Single
i = 1
Do
  sngTPayoff(i) = 150
i = i + 1
Loop Until i > 12

  (三)计数器和累加器

  计数器和累加器是循环结构最常见的两种应用。计数器用于统计数量,比如在某个实验的某个回合,究竟有多少实验参加者选择了纳什均衡策略? 而累加器用于求和，比如实验进行了 5 轮以后某个实验参加者的累积所得是多少？

　　计数器和累加器都需要初始化和更新。初始化是指为计数器和累加器赋初始值。多数情况下，计数器和累加器会被初始化为 0 或 1。更新是指将新的数值加入到计数器或累加器中。计数器每次的更新为常量，而累加器的更新为变量。更新在循环内进行，而初始化在更新所在的循环开始之前进行。下面我们来看两个示例。

　　计数器示例：某实验有 12 名参加者，共进行 20 个回合。在每个回合里，各实验参加者要在选项"A"与"B"之间选一个。现所有参加者在各个回合中的选择都已被存入二维变量组 strChoice(1 to 12,1 to 20)。其中，变量 strChoice(i,j)是指第 i 个实验参加者在第 j 个回合所做的选择。现在我们需要构造一个新的计数器变量组 intAChoice(1 to 20)，用于统计在各回合中选择"A"的实验参加者的人数。

　　程序如下：

```
Dim i,j As Integer
Dim intAChoice(1 To 20) As Integer
For i = 1 to 20
    intAChoice(i) = 0
    For j = 1 to 12
        If strChoice(j,i) = "A" Then
            intAChoice(i) = intAChoice(i) + 1
        End If
    Next j
Next i
```

　　累加器示例：某实验有 12 名参加者，共进行 20 个回合。现所有参加者在各个回合中的所得都已被存入二维变量组 sngPayoff(1 to 12,1 to 20)。其中，变量 sngPayoff(i,j)是指第 i 个实验参加者在第 j 个回合的所得。现在我们需要计算各个实验参加者在实验结束后的累积所得，用变量组 sngTPayoff(1 to 12)表示。其中，变量 sngTPayoff(i)是第 i 个实验参加者的累积所得。每个实验参加者在第一回合开始时的启动资金皆为 150 个实验币。

　　程序如下：

```
Dim i,j As Integer
Dim sngTPayoff(1 To 12) As Single
For i = 1 to 12
    sngTPayoff(i) = 150
    For j = 1 to 20
```

```
        sngTPayoff(i) = sngTPayoff(i) + sngPayoff(i,j)
    Next j
Next i
```

六、对数据的存取

研究人员需要记录实验参加者在实验中的决策和所得。通过前面的介绍,读者了解到变量和变量组能起到在程序运行过程中临时存取数据的作用。然而程序一旦结束运行,变量和变量组就会从计算机内存中消失,在变量和变量组中存放的数据也随之消失。为避免数据丢失,研究人员需要把实验数据长久保存在数据文件中。

(一)数据文件

程序文件所包含的是实现一系列操作指令的集合。我们前面介绍的 VB 工程文件、与工程文件关联的窗体文件和代码模块都属于程序文件。而数据文件专门用于承载信息,由数据领域和数据记录构成。

数据领域又被称作数据元素,是一段无法继续细分的信息。在经济实验中,数据领域包括实验参加者的识别号码、交易的轮次、实验参加者的角色等信息。而数据记录是一系列相关联的数据领域的组合。在经济实验中,一条数据记录就是某个实验参加者在某个轮次的全部实验结果。比如,在某个重复多轮的囚徒困境博弈实验中,数据记录包括轮次、实验参加者的识别号、与其配对的参加者的识别号、实验参加者的决策、与其配对的参加者的决策、实验参加者本轮所得以及实验参加者的累积所得。数据文件是相关联的数据记录的集合。在经济实验中,数据文件要包括所有实验参加者在所有轮次中的全部实验结果。

经济实验中最常用到的数据文件是顺序存取的数据文件。对顺序存取的数据文件中的数据记录只能依次按顺序处理。对顺序存取的文件的一个直观比喻是音乐磁带:磁带只能按照顺序播放乐曲,而不能像激光唱盘那样可随意跳转到听众喜爱的乐曲。顺序存取的文件易于创建,也易于操作,完全可以满足经济实验的需要。

(二)对顺序存取的数据文件的基本操作

1. 顺序存取的数据文件的类型

VB 中最常用的顺序存取的数据文件是以"*.txt"的后缀为结尾的文本文件。文本文件的一行为一条数据记录。数据记录的各个数据领域之间用逗号分开。如果某数据领域为字符串,则在字符串外要加上双引号。

上述格式的文本文件可以直接用 Microsoft Excel 打开。在 Excel 的"文件"目录下选择"打开",在适当的路径下选中你需要打开的文本文件,你会看到"文本导入向导"的对话窗口。在"请选择最合适的文件类型"下选择"分隔符号"选项,并点击"下一步"。在第二步的对话窗口中的"分隔符号"下选择"逗号"作为分隔符,"文本识别符号"一栏选择双引号作为识别符。随后点击完成,就结束了文本导入。

2. 打开文件

打开顺序存取的数据文件要用到 Open 语句,其格式如下:

Open *pathname* For *mode* As # *filenumber*

"pathname"是所打开的数据文件的名称,文件名要包括该文件在你的计算机上存储位置的路径,用引号将包含硬盘符号、路径以及文件名的 pathname 括起来。

"mode"是数据文件打开的模式,共有 Input、Output、Append,即输入、输出和附加三种模式。如果你需要把数据文件中的数据记录读入程序中,你应当用 Input,即输入模式打开数据文件。Input 模式下,如果数据文件不存在,则 VB 会返回出错信息。如果你需要创建新的数据文件并将数据记录存入新文件中,则你应当用 Output 即输出模式。在 Output 模式下打开文件,如果数据文件已经存在,则 VB 将抹去数据文件中原有的内容。如果你需要打开已有的数据文件并在该文件的末尾附加新的数据记录,则你应当用 Append 即附加模式,打开数据文件。Append 模式下,如果数据文件不存在,则 VB 会在相应目录下创建新的数据文件。

"filenumber"是你赋予数据文件的识别号码。"filenumber"必须是 1 到 511 之间的整数(包括 1 和 511)。数据文件在被编程人员打开期间,其识别号码是唯一的。换句话说,VB 最多能同时打开 511 个数据文件。

VB 运用记录指针来确定下一个要被处理的数据记录的位置。当你用输入模式打开数据文件时,记录指针指向文件的起点、第一条数据记录之前;当你用输出模式打开数据文件时,记录指针指向空文件的开端;当你用附加模式打开数据文件时,记录指针指向文件的末尾、最后一条数据记录的后面。当前的数据记录处理完毕(根据打开模式的不同,对数据记录的处理既可能是读取数据,也可能是存入数据),记录指针指向下一条数据记录。

打开文件示例:在某实验中,你需要在"D:\Experiment\"路径下创建一个新的顺序存取的数据文件 Result.txt 以记录实验结果。程序如下:

Open "D:\Experiment\Result.txt" For Output As #1

3. 关闭文件

文件中的所有数据记录已被处理完成之后,需要用 Close 语句来关闭文件:

Close [# *filenumber*]

其中,"filenumber"是某个已经被打开的数据文件的识别号码,Close 语句的作用是将该文件关闭。如果 Close 语句中不包括任一个数据文件的识别号码,那么所有在 VB 中已被打开的数据文件都将关闭。

关闭文件示例：如果需要关闭打开文件示例中的 Result.txt，则你需要在程序中书写如下语句：

Close ♯ 1

4. 从文件中读取数据

用 Input 语句从数据文件中读取数据记录，其格式如下：

Input ♯ *filenumber*, *variablelist*

其中，"filenumber"是某个已经被打开的数据文件的识别号码。"variablelist"是变量的列表。当变量的列表中包括多个变量时，各个变量之间用逗号分开。变量列表中的各变量分别对应于数据记录的各个数据领域。变量列表中变量的数量以及各变量的数据类型必须与数据记录中数据领域的数量和数据类型相一致。同时，各变量在变量列表中的顺序也必须与数据记录中各数据领域的顺序相一致。

Input 语句的作用是将数据记录中各数据领域所包含的信息分别存入相应的变量中。

从文件中读取数据示例：最后通牒博弈实验有 10 名实验参加者参与，其中，5 名提议者和 5 名回应者。在数据文件"D:\Experiment\Matching.txt"中存放着 10 名实验参加者的配对方式。文件 Matching.txt 的内容如下：

1,10

2,9

3,8

4,7

5,6

该文件中有 5 条数据记录，每个数据记录有两个数据领域，前一个数据领域是提议者的识别号码，而后一个数据领域是与之配对的回应者的识别号码。我们需要将提议者的识别号码读入变量组 Proposer(1 to 5)中，相应的回应者识别号码读入变量组 Responder(1 to 5)中。比如，Proposer(i)所存放的是第 i 个提议者的识别号码，而与第 i 个提议者配对的回应者的识别号码存放在 Responder(i)中。程序如下：

Dim i As Integer

Dim Proposer(1 To 5) As Integer, Responder(1 To 5) As Integer

Open "D:\Experiment\Matching.txt" For Input As ♯1

For i＝1 to 5

  Input ♯1, Proposer(i), Responder(i)

Next i

Close ♯1

5. 向文件存入数据

用 Write 语句向数据文件存入数据记录,其格式如下:

Write # filenumber,[outputlist]

其中,"filenumber"是某个已经被打开的数据文件的识别号码。"outputlist"是输出列表。输出列表既可以包含数字、字符串,也可以包含变量。当输出列表中含有多个分量时,各分量之间用逗号分割。对输出列表的规定与 Input 语句中关于变量列表的规定类似。需要注意的是,如果输出列表中包括字符串,字符串外要加上双引号;如果输出列表中包括字符型的变量,在该变量外不要加引号。

Write 语句的作用是把输出列表里的信息分别存入文件内数据记录的相应数据领域中。

向文件存入数据示例:在 10 名参加者参与的最后通牒博弈实验中,有 5 名提议者和 5 名回应者。1 名提议者和 1 名回应者组成一组,共 5 组。完成配对后,提议者提出分配 10 元现金的提案,而回应者选择接受或拒绝。在所有参加者都做出选择以后,研究人员要把实验结果记录到文件"D:\Experiment\Result.txt"中去。程序中,Role(i)是第 i 个实验参加者的角色,"1"为提议者,"2"为回应者。Group(i)是第 i 个实验参加者所在的组的序号,为 1 到 5 之间的整数(包括 1 和 5)。FChoice(i) 是第 i 个实验参加者所在的组内的提议者所作出的选择,为 0 到 10 之间的整数(包括 0 和 10),即提议者提议自己得到 FChoice(i)元,回应者得到 10－Fchoice(i)元。SChoice(i)是第 i 个实验参加者所在的组内的回应者所作出的选择,"Y"为接受,"N"为拒绝。Payoff(i)是第 i 个实验参加者的所得。我们需要把这些变量组中的数据存入到数据文件中。程序如下:

```
Open "D:\Experiment\result.txt" For Output As #1
Write #1,"ID","Role","Group","First Mover's Choice",_
"Second Mover's Choice","Payoff"
For i = 1 to 10
    Write #1,i,Role(i),Group(i),FChoice(i),SChoice(i),Payoff(i)
Next i
Close #1
```

在将数据存入数据文件以前,我们首先输入一行标题栏,对各个数据领域的内容进行描述。这样做的好处是增强数据文件的可读性,避免研究人员事后遗忘各个数据领域的作用。另外要注意的是,在 VB 中,如果一行语句太长了,可以插入下划线将一行分成两行。具体做法是在第一行末尾(即需要中断处)加入空格和下划线,第二行再继续书写未完成的内容。

（三）EOF 函数

EOF 函数用于判定 VB 的记录指针是否已指向数据文件的最后一条数据记录之后，即数据文件是否已被处理完毕。EOF 是"End of File"的缩写。EOF 函数的格式如下：

EOF(*filenumber*)

其中，"filenumber"是某个已被打开的数据文件的识别号。EOF 函数返回布尔型值。若记录指针已指向识别号为"filenumber"的数据文件的末尾（即最后一条数据记录之后），则 EOF 函数的返回值为"真"；否则，EOF 函数的返回值为"伪"。EOF 函数常作为判定条件，与循环语句相结合，如：

Do While Not EOF(1)
　　[*loop instructions*]
Loop

或

Do
　　[*loop instructions*]
Loop Until EOF(1)

七、运用 ESL Network Queue 处理实验中的信息传递

经济实验中最常遇见的问题是信息传递。具体来讲，所有实验参加者在实验过程中通过实验程序所做出的决策，都要传递给研究人员并被记录下来。许多实验设计中，部分或全部实验参加者的决策在特定条件下会被其他实验参加者观察到。比如，在双向拍卖市场（Double Auction Market）实验中，所有销售者的卖出价（ask）由低到高排列，在每一个实验参加者的计算机屏幕上显现；而所有购买者的买入价（bid）由高到低排列，也会在每一个实验参加者的屏幕上显现。如果某个实验参加者提交了一个新的价格，则如何把这个新价格传送给其他实验参加者呢？又比如，在"囚徒困境"博弈中，两个局中人分别在"合作"和"背叛"两个策略之间取舍。在两个局中人完成决策后，局中人各自看到双方的策略和自己的所得，这又该如何通过实验程序实现呢？

ESL Network Queue 是专门处理实验中信息传递问题的 VB 控件。该控件大幅度降低了信息传递的任务难度。通过该控件，只需要在程序中键入一些简单的命令就能够经互联网传递信息。ESL Network Queue 由亚利桑那大学经济科学实验室开发，并授权上海财经大学实验经济学实验室使用。本部分我们将详细介绍 ESL Network Queue 的属性、特征和使用方法。各院校的经济学实验室完全可以根据本部分的介绍，自行开发或委托专业编程人员设计开发具有相同或类似功能的 VB 控件，

以便本校需要开发经济实验程序的师生使用。

下面我们首先介绍在经济实验中信息传递的基本架构,其次介绍 ESL Network Queue 的使用方法,最后给出一个应用 ESL Network Queue 的简单例子:互联网聊天小程序。

(一)信息传递的基本架构

在介绍信息传递的逻辑结构之前,我们有必要先介绍一下信息传递的物理结构,即运行实验的设备基础。

在实验室中,研究人员所占用的计算机被称作"服务器"。服务器要与实验参加者保持距离,以免实验参加者窥视到服务器上的信息。另外,服务器所处的位置又要便于研究人员观察到实验参加者的活动。为满足这样的要求,实验经济学实验室通常被分成实验区和控制区两个区域。实验区处于实验室的前端,是实验过程中实验参加者活动的区域。而服务器被放置于实验室后端的控制区内,控制区是研究人员观察实验进程的地方。实验区和控制区之间用玻璃窗隔开。图 8—7 是上海财经大学实验经济学实验室的控制区。

图 8—7 上海财经大学实验经济学实验室的控制区

在实验区内,每个实验参加者占用一台计算机。实验经济学实验室的计算机数量依情况而定。如果建设实验室的目的是教学和科研兼顾,则需要 30 台至 40 台计算机,以满足班机上课的需要。如果实验室单纯用于科研,那么 20 多台计算机就足够研究人员使用了。在各台计算机之间,需要用隔板等设备进行隔离,以确保实验的隐私性。图 8—8 是美国佐治梅森大学经济学实验室的实验区。

图 8—8　佐治梅森大学经济学实验室的实验区

图 8—9 是上海财经大学实验经济学实验室的平面布置介绍,包括实验区和控制区。

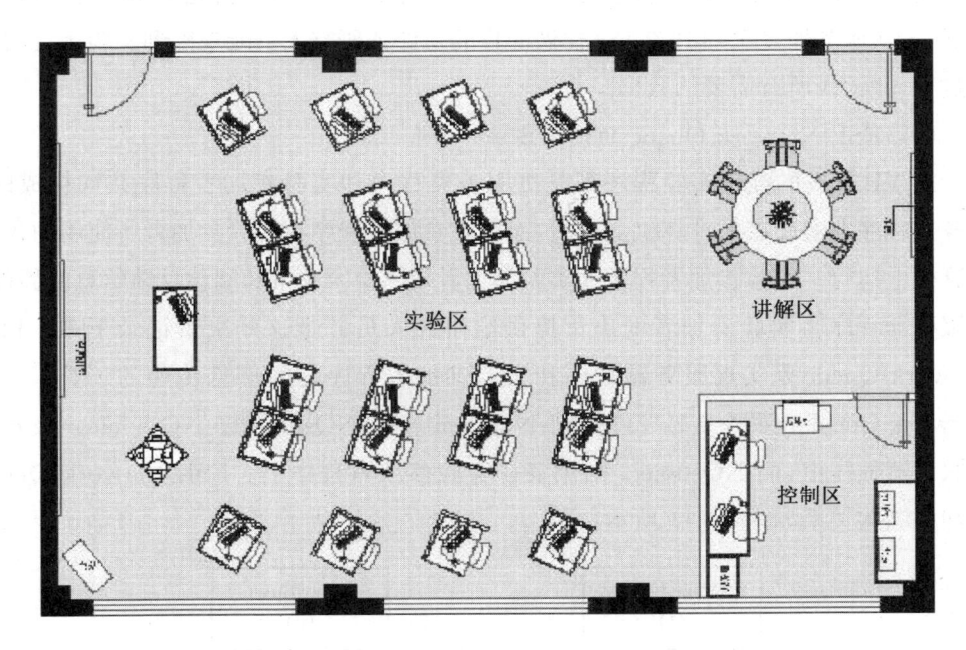

图 8—9　上海财经大学实验经济学实验室的平面布置

在实验经济学实验室中,所有的计算机都连入网络是运行经济实验程序的必要前提条件。在实验室的计算机网络中,实验者(即研究人员)与实验参加者之间信息传递的关系如图 8—10 所示。

在网络中,服务器是信息传递的中心,与 n 个实验参加者相连。实验参加者各自占用一台计算机,编号从 PC_1 到 PC_n。经济实验中进行信息传递最根本的原则是,每

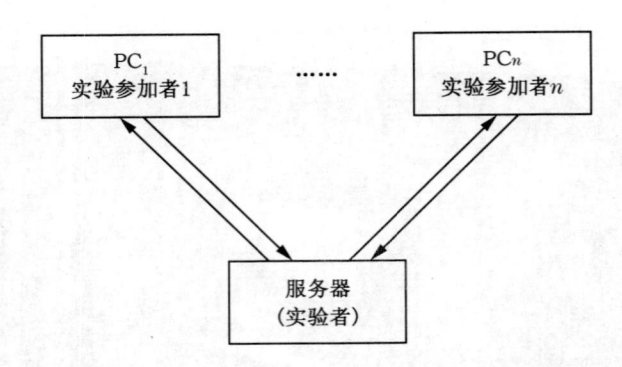

图 8—10　实验者与实验参加者在网络中的结构关系

一个实验参加者只能向服务器提交信息,也只能从服务器获得信息。服务器在网络中是唯一的信息中转节点,实验参加者之间直接的信息传递被严格禁止。比如,在某实验中实验参加者 1 需要向实验参加者 2 发送信息,那么该信息会先从 PC1 发送到服务器,再从服务器发送到 PC2。这样做的目的是保证研究人员能观察到实验运行的全部过程,并记录所有需要的数据。

(二)ESL Network Queue 的使用方法

用 VB 开发的经济实验程序都是由服务器程序和实验参加者程序共同构成的。服务器程序在实验者的计算机上运行,而实验参加者程序在实验参加者所使用的各台计算机上运行。实验参加者程序为实验参加者提供输入决策和阅读反馈信息的界面,而服务器程序将实验参加者的决策提供给研究人员并把这些决策记录下来。ESL Network Queue 是实现服务器程序和实验参加者程序之间信息传递的工具。ESL Network Queue 由两个 VB 控件构成:NQmonitor 和 NQsubject。NQmonitor 被安装在服务器程序上,而 NQsubject 则被装在实验参加者程序上。ESL Network Queue 的网络结构关系如图 8—11 所示:

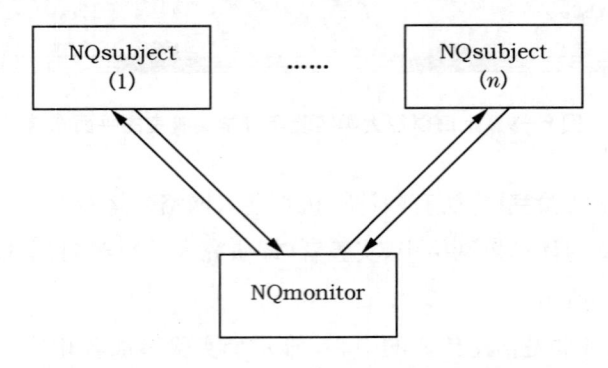

图 8—11　ESL Network Queue 的网络结构关系

不难发现，图 8—11 是图 8—10 中网络结构关系的一种特殊应用。我们仍然考察有 n 个实验参加者的情形。当第 i 个实验参加者做出决策后，该决策由 NQsubject(i) 发送给 NQmonitor。在服务器程序中，按照实验需要，NQmonitor 将信息发送给某些实验参加者，即 NQsubject(1) 至 NQsubject(n) 中的部分或全部。在网络结构中，所有的信息传递都通过 NQmonitor 实现。

下面，我们分别介绍控件 NQmonitor 和控件 NQsubject。

1. 控件 NQmonitor 的特征

（1）Mqserver 属性

Mqserver 是控件 NQmonitor 最重要的属性，该属性所描述的是服务器程序所在的计算机在互联网中的 IP 地址。将恰当的 IP 地址赋予 NQmonitor.mqserver 是进行信息传递的第一步，语句如下：

NQmonitor.mqserver = ip & ":2955"

语句中的 ip 是计算机的 IP 地址。

（2）OpenQueues 方法

OpenQueues 方法在 NQmonitor.mqserver 属性被赋值后使用，其作用是打开信息队列，让控件 NQmonitor 做好信息传递服务的准备。语法格式如下：

NQmonitor.OpenQueues

（3）SendMessage 方法

控件 NQmonitor 的 SendMessage 方法的作用是由服务器向某个实验参加者发送信息。SendMessage 方法要在信息队列已打开（即应用 OpenQueues 方法后）且所有实验参加者程序都已连入信息队列（即应用 ConnectQueues 方法）之后才能够应用。其语法格式如下：

NQmonitor.SendMessage *Message*, *MessageType*, *Subject*

NQmonitor.SendMessage 方法后跟随着三部分内容：Message，MessageType 和 Subject。Message 是服务器所发送的信息的内容。MessageType 是一个字符串，所描述的是信息的类型。Subject 是一个整数，所描述的是接收信息的实验参加者的识别号码。

（4）MessageArrived 事件

MessageArrived 事件是某个实验参加者向服务器所发送的信息（即提交的决策）到达控件 NQmonitor 的信息队列后服务器所做出的响应。其语法格式如下：

Private Sub NQmonitor_MessageArrived（Message As *Variant*, MessageType As *String*, Subject As *Integer*）

　　［*instructions*］

End Sub

MessageArrived 事件中有三个固有常量：Message 是变体型的常量，是实验参加者所发送的信息的内容；MessageType 是字符串常量，是实验参加者所发送的信息的类型；Subject 是整型常量，是发送该信息的实验参加者的识别号码。这三个固有常量仅可在 MessageArrived 事件内使用。

2. 控件 NQsubject 的特征

(1) SubjectNumber 属性

控件 NQsubject 的 SubjectNumber 属性是一个整数，它所定义的是实验参加者的识别号码，而该识别号码是实验参加者在实验中的唯一标识。当实验参加者向服务器发送信息时，服务器程序中控件 NQmonitor 的 MessageArrived 事件中的固有常量 Subject 的值，就会被赋为发送信息的实验参加者程序的控件 NQsubject 的 SubjectNumber 属性值。类似地，当服务器向实验参加者发送信息时，NQmonitor.SendMessage 方法后所跟随的 Subject 部分的值，就是接收信息的实验参加者程序的控件 NQsubject 的 SubjectNumber 属性值。

(2) Mqserver 属性

NQsubject.mqserver 所提供的是服务器程序所在的计算机的 IP 地址。得到了服务器的 IP 地址，是将各个实验参加者与服务器相连的前提。赋值语句如下：

NQsubject.mqserver = ip & ":2955"

语句中的 ip 是服务器的 IP 地址。

(3) ConnectQueues 方法

当控件 NQsubject 的 SubjectNumber 属性和 Mqserver 属性已被赋值且服务器程序已应用 NQmonitor.OpenQueues 方法时，ConnectQueues 可使实验参加者与服务器相连。语法格式如下：

NQsubject.ConnectQueues

(4) SendMessage 方法

控件 NQsubject 的 SendMessage 方法的作用是由实验参加者向服务器发送信息，SendMessage 方法要在信息队列已打开（即应用 OpenQueues 方法后）且所有实验参加者程序都已连入信息队列（即应用 ConnectQueues 方法）之后才能够应用。其语法格式如下：

NQsubject.SendMessage *Message*, *MessageType*

NQmonitor.SendMessage 方法后跟随着两部分内容：Message 是实验参加者所发送信息的内容；MessageType 是一个字符串，所描述的是信息的类型。

(5) MessageArrived 事件

控件 NQsubject 的 MessageArrived 事件是服务器所发送的信息被实验参加者接收到以后实验参加者程序所做出的响应。其语法格式如下：
Private Sub NQsubject_MessageArrived（Message As *Variant*，MessageType As *String*）
　　[*instructions*]
End Sub

事件中有两个固有常量：Message 是变体型的常量，是服务器所发送信息的内容；MessageType 是字符串常量，是服务器所发送信息的类型。

（三）ESL Network Queue 应用简例：互联网聊天小程序

我们通过一个简单的聊天小程序获得对 ESL Network Queue 使用方法的直观感性认识。

聊天程序需要实现如下功能：当某个实验参加者发出文字信息后，其他所有实验参加者都会读到这段信息。每个实验参加者可以给自己取一个昵称，昵称会出现在所发出的文字信息之前。实验参加者的数量不受限制。

聊天程序分为两个部分：实验参加者程序命名为 ChatSub，而服务器程序命名为 ChatMon。实验参加者程序 ChatSub 所发出的信息会通过服务器程序 ChatMon 发送给所有实验参加者。下面我们分别介绍 ChatSub 和 ChatMon 的程序编写。

1. ChatSub 程序

打开 VB6.0，将窗体命名为 ChatSub.frm，将工程命名为 ChatSub.vbp，并在恰当的目录下保存。将窗体 ChatSub.frm 的 Caption 属性改为"Chat"，并将按键 cmdConnect 和 cmdSend，文本框 txtHandle，txtMessage，txtNewMessage 以及控件 NQsubject 按照图 8-12 的布局放入窗体 ChatSub.frm。

控件 NQsubject 是进行网络信息传递的工具，在程序运行过程中不会显现在窗体上。运行 ChatSub 程序以后，实验参加者通过点击按键 cmdConnect 与服务器相连；实验参加者在文本框 txtHandle 中输入自己的昵称；文本框 txtMessage 中所显示的是所有实验参加者所发送的信息；实验参加者在文本框 txtNewMessage 中输入新的文字信息，并通过点击按键 cmdSend 发送。

在聊天程序中，我们唯一需要实现的信息传递是将实验参加者所发出的信息通过服务器传送给所有实验参加者，在信息传递过程中服务器不需要针对不同实验参加者所发送的信息做出不同处理。因此，我们不需要为各个实验参加者赋予不同的识别号码。把控件 NQsubject 的 SubjectNumber 属性值设为"-1"，再把实验的服务器在网络中的 IP 地址赋予 NQsubject.mqserver。如果实验服务器的 IP 地址为 100.1.1.1，则 NQsubject.mqserver 的属性值被设为"100.1.1.1:2955"。

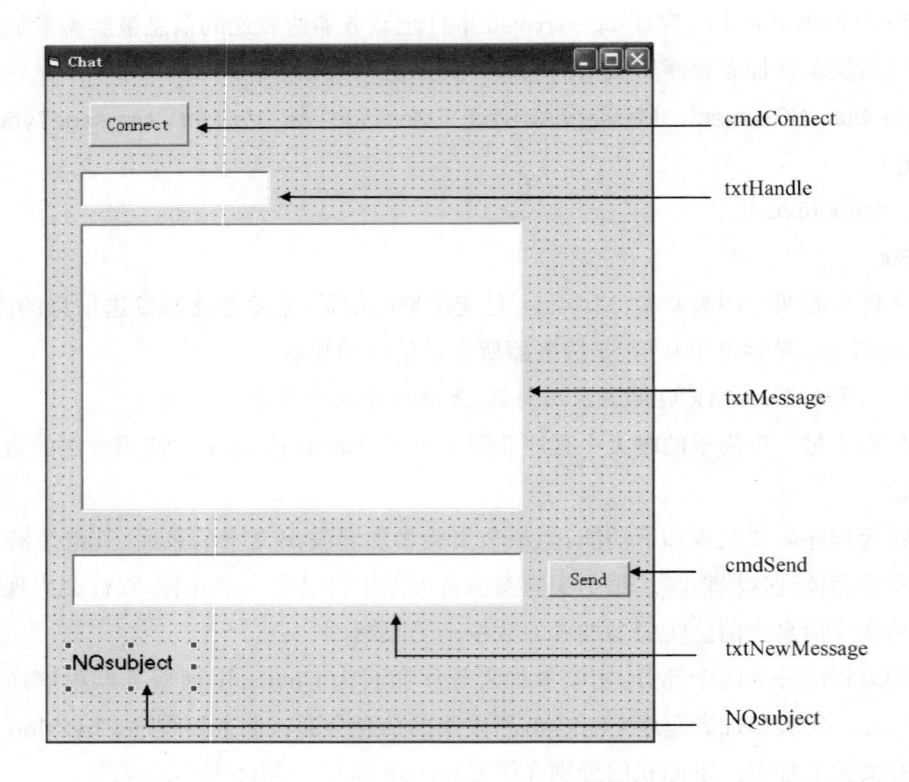

图 8—12 窗体 ChatSub.frm 的界面设计

下面我们分别对窗体上的其他对象进行编程。为确保文本框 txtMessage 中的内容正确显示，我们将 txtMessage 的 ScrollBars 属性设为"2 — Vertical"，将 txtMessage 的 Locked 属性和 MultiLine 属性都设为"True"。

双击 cmdConnect 按键，cmdConnect_Click 事件则会出现在代码窗口。加入以下语句：

```
Private Sub cmdConnect_Click()
    NQsubject.ConnectQueues
    cmdConnect.Enabled = False
End Sub
```

"NQsubject.ConnectQueues"的作用是使实验参加者程序与服务器程序相连。而"cmdConnect.Enabled = False"是使 cmdConnect 按键在点击一次以后就失效，以免实验参加者反复点击。

双击 cmdSend 按键，在 cmdSend_Click()后加入语句，如下所示：

```
Private Sub cmdSend_Click()
    NQsubject.SendMessage txtHandle.Text & ":" & _
```

txtNewMessage. Text & vbCrLf,""
End Sub

该语句的作用是将实验参加者的昵称和新的文字信息传送给服务器程序。所发送的信息 Message 为字符串 txtHandle. Text & ":" & txtNewMessage. Text & vbCrLf。其中，txtHandle. Text 是文本框 txtHandle 内的文本信息，即实验参加者自己取的昵称。txtNewMessage. Text 是文本框 txtNewMessage 内的文本信息，即要发送的文本信息。vbCrLf 是换行符。& 符号在 VB 中是字符串连接符。由于服务器程序不需要对聊天信息进行分类，信息类型 MessageType 为空字符串""。

双击 NQsubject，在代码窗口中 NQsubject_MessageArrived 事件内加入语句，如下所示：

Private Sub NQsubject_MessageArrived(Message As Variant,MessageType As String)
    txtMessage. Text = txtMessage. Text & Message
End Sub

一旦服务器所发送的信息被实验参加者接收，则文本框 txtMessage 的文本末尾将加入新传来的信息。

至此我们就完成了 ChatSub 的编程，在菜单的"文件"选项下生成 ChatSub. exe。

2. ChatMon 程序

新建一个工程，将窗体命名为 ChatMon. frm，将工程命名为 ChatMon. vbp 并在恰当的目录下保存。将窗体 ChatMon. frm 的 Caption 属性改为"Chat Monitor"，窗体布局如图 8—13 所示：

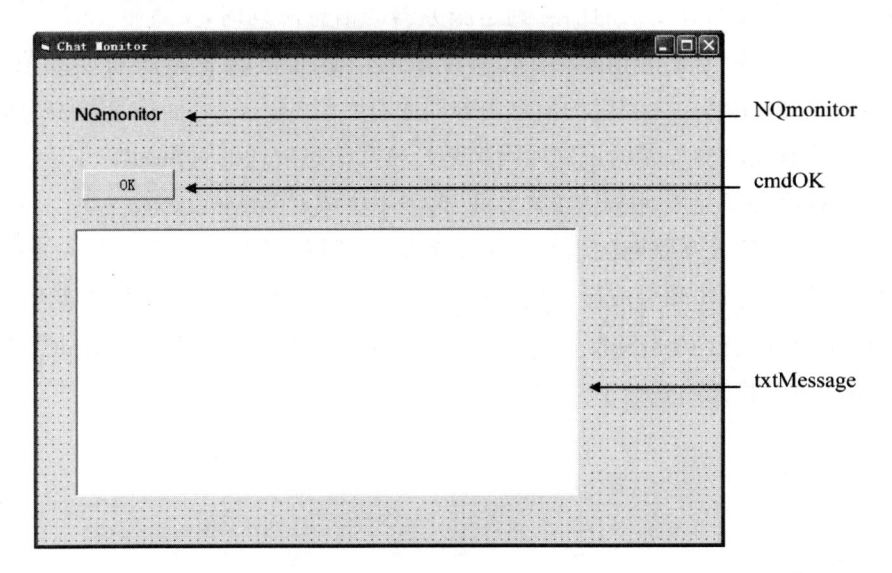

图 8—13　窗体 ChatMon. frm 的界面设计

把实验的服务器在网络中的 IP 地址赋予 NQmonitor.mqserver。如果实验服务器的 IP 地址为 100.1.1.1，则 NQmonitor.mqserver 的属性值被设为"100.1.1.1：2955"。为确保文本框 txtMessage 中的内容正确显示，我们将 txtMessage 的 Scroll-Bars 属性设为"2 — Vertical"，将 txtMessage 的 Locked 属性和 MultiLine 属性设为"True"。

双击 cmdOK 按键，在 cmdOK_Click() 后加入语句，如下所示：

Private Sub cmdOK_Click()
    NQmonitor.OpenQueues
      cmdOK.Enabled = False
End Sub

"NQmonitor.OpentQueues"的作用是打开服务器程序的信息传递队列。而"cmdOK.Enabled = False"是使 cmdOK 按键在点击一次以后就失效，以免反复点击造成运行错误。

双击 NQmonitor，在代码窗口中 NQmonitor_MessageArrived 事件内加入语句，如下所示：

Private Sub NQmonitor_MessageArrived(Message As Variant, MessageType As String, Subject As Integer)
    txtMessage.Text = txtMessage.Text & Message
      NQmonitor.SendMessage Message，""，－1
End Sub

从某个实验参加者发来的信息到达服务器的信息队列时，文本框 txtMessage 的文本末尾将加入新传来的信息，随后新传来的信息会被转发给所有实验参加者。"NQmonitor.SendMessage"后的信息内容即固有常量 Message，而信息类型为空字符串""，由于所有实验参加者的识别号码都是"－1"，信息发送的对象为"－1"。

至此，程序编写完成，在菜单的"文件"选项下生成 ChatMon.exe。

先选定一台连入互联网的电脑作为服务器，在服务器上运行 ChatMon.exe 并点击按键"OK"。这些步骤完成后，再选择其他几台连入互联网的电脑作为参加者并在各台电脑上分别运行 ChatSub.exe。在各台电脑上分别点击按键"Connect"，多个人之间就可以享受聊天的乐趣了。

第二节 z-Tree 简介

一、z-Tree 的基本结构

z-Tree 是欧洲的实验经济学家 Urs Fischbacher 所开发的经济实验专用设计环境。该实验软件可以通过访问 z-Tree 的网页（https://www.ztree.uzh.ch/en.html）免费获得。

z-Tree 所面向的使用者是未经计算机系统培训，同时又需要自己开发设计经济实验程序的研究人员。z-Tree 的最大优势是简便易学，易于操作。图 8－14 所展示的是 z-Tree 环境下实验者（即研究人员）与实验参加者之间的网络结构关系。

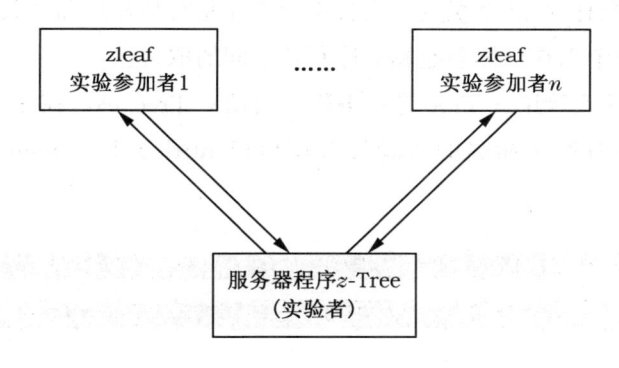

图 8－14 z-Tree 的网络结构关系

安装在研究人员监控实验进程的计算机上的服务器程序叫做 z-Tree，安装在实验参加者的计算机上的客户端程序叫做 zleaf。z-Tree 既是程序开发环境，又是程序运行环境。用 z-Tree 开发出来的经济实验程序，无法独立于 z-Tree 运行。而我们前面介绍的 VB 所开发的程序完全能够独立于 VB 设计环境运行：经济实验程序开发完成后，在运行实验的各台电脑上只需要安装该程序就可以了，不必安装 VB 设计环境。

尽管如此，与 VB 相比，z-Tree 也有其优势：首先，研究人员只需要运用 z-Tree 在服务器端编程，不需要专门开发客户端的实验参加者程序。zleaf 只要通过网络与服务器相连，就能按照 z-Tree 发来的指令形成图形用户界面并处理信息。其次，z-Tree 内部已预先设定与 zleaf 之间的信息传递，研究人员不需要针对信息传递问题编制程序。最后，运行经济实验时 z-Tree 自动生成 Excel 文档记录实验数据，研究人员也不需要针对数据的存取问题编制程序。

下面，我们看一个运用 z-Tree 编写实验程序的实例(该实例取自 Fischbacher 编写的 z-Tree 使用指南)。我们通过这一实例简要介绍 z-Tree 的运行环境和使用方法，对 z-Tree 的各种指令以及各种常见问题的详细介绍见 z-Tree 的网页。

二、运用 z-Tree 编写实验程序

实验参加者 4 人一组进行决策。每个实验参加者需要考虑如何将各自拥有的 20 个积点在私有品账户和公共品账户之间进行分配。如果实验参加者将积点存入私有品账户，则他们将保有所存入的积点；如果实验参加者将积点存入公共品账户，则所存入的积点将变为原先的 1.6 倍并平均分配到 4 名同组的实验参加者手中。该实验的社会最优结果是每个人都把所有的积点存入公共品账户，每个人的所得都是 32 个积点。然而，如果每个人都在给定其他人决策的基础上进行利己的选择，最后实现的结果(即公共品提供博弈的纳什均衡解)却是每个人都把所有的积点存入私有品账户，每个人的所得都是原有的 20 个积点。实验参加者在私有品账户和公共品账户之间的选择，可以被理解为个人在个体利益和群体利益之间的取舍。

下面我们对该实验用 z-Tree 进行编程。启动 z-Tree.exe，在 z-Tree 的运行环境内将见到一个空白的、未命名的实验设置窗口(Untitled Treatment 1)，如图 8－15 所示。

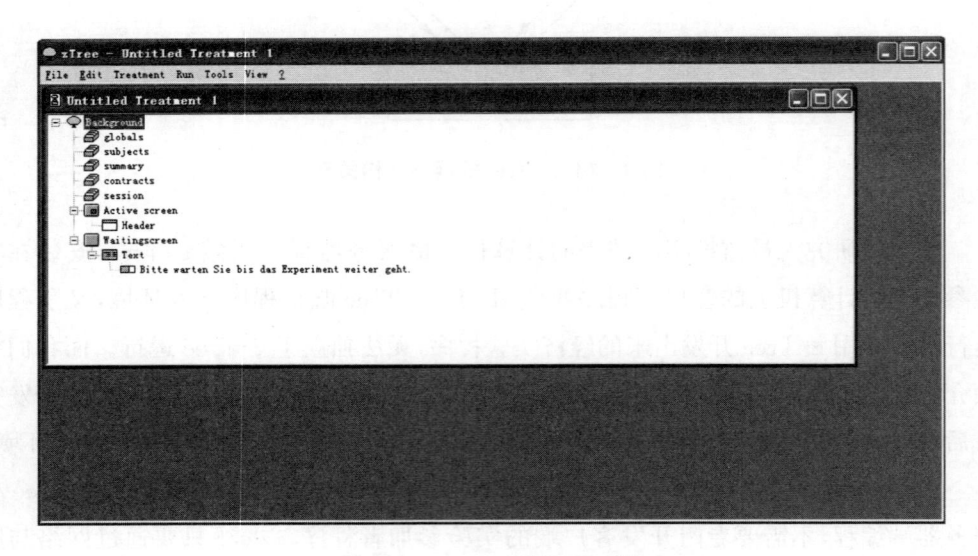

图 8－15 z-Tree 的运行环境

z-Tree 按照实验参加者的决策次序，将实验设置分解为一系列的实验阶段 (Stage)。直观地看，z-Tree 的实验设置就是一个分层次的阶段树(stage tree)。在构造实验设置的各个阶段之前，我们先做一些准备工作，首先对实验的参数进行设定。

在实验设置窗口下,双击阶段树上的 Background 一项,关于实验参数的对话窗口 General Parameters 将弹出。如图 8—16 所示,我们在该窗口内设定实验参数。

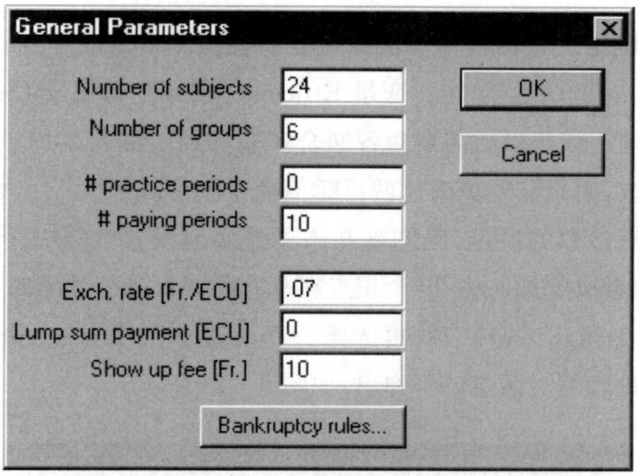

图 8—16　实验参数设定窗口

我们将实验参加者的人数定为 24 人,而 24 个实验参加者被分成 6 组。需要支付报酬的正式实验定为 10 个回合,正式实验开始前没有无报酬的试运行回合。实验积点与现实货币的折换率为 0.07,实验参与费为 10 元,在实验过程中实验参加者不具有启动资金。完成设定后,点击 OK 键确定。

我们再设定实验中各回合的参数。在实验的每个回合里,每个实验参加者得到 20 个积点,公共品账户的回报率为 1.6。单击阶段树上的 Background 一项下的 Session 分支,再选择 z-Tree 菜单条 Treatment 下的"New Program…"选项,对话窗口将弹出(见图 8—17):

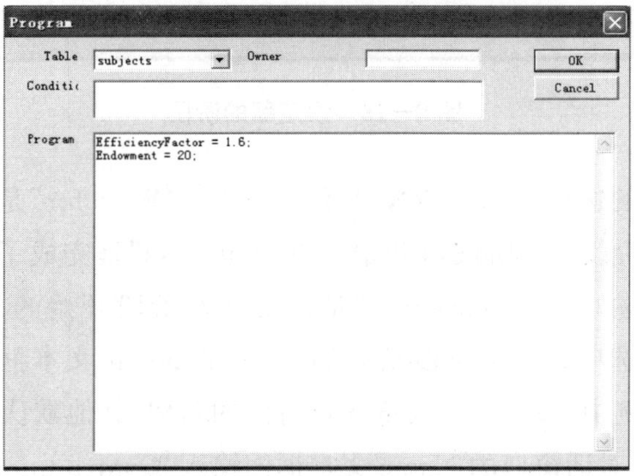

图 8—17　各回合的参数设定

在对话窗口的 Program 文本框内输入以下命令：

EfficiencyFactor = 1.6；

Endowment = 20；

点击 OK 键确定。这两行命令的作用是将变量 EfficiencyFactor 的值赋为 1.6，将变量 Endowment 的值赋为 20。变量 EfficiencyFactor 和变量 Endowment 还会在后面的程序中出现。如果以后需要对各回合实验参加者的初始积点以及公共品账户的回报率进行更改，则只需要更改这两行赋值命令就可以了。

完成了对所有参数的设定，我们现在来构造实验设置的第一个阶段。在本阶段内，所有实验参加者决定如何将 20 个积点在私有品账户和公共品账户之间进行分配。单击阶段树上的 Background 一项，再选择 z-Tree 菜单条 Treatment 下的"New Stage…"选项，设定新阶段的对话窗口将弹出，如图 8—18 所示。

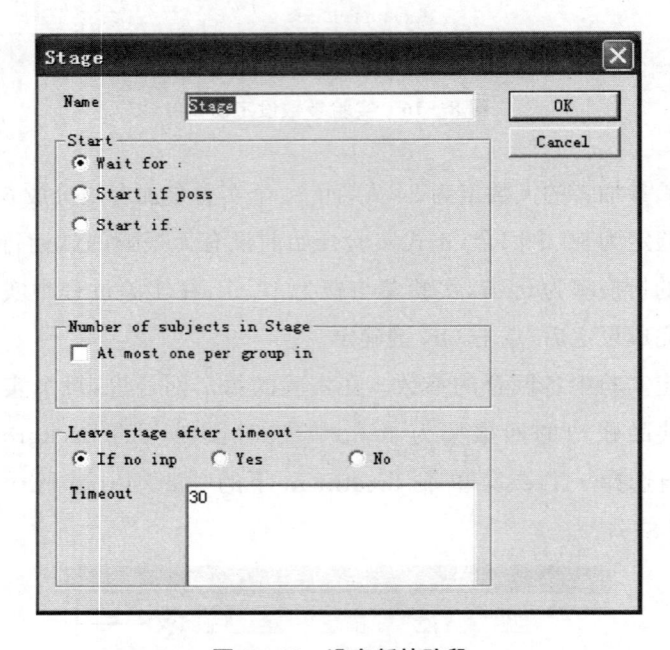

图 8—18　设定新的阶段

图中"Start"下的选项表示本阶段开始的条件。"Wait for"是等待所有实验参加者都完成了上一个阶段后本阶段再开始，"Start if poss"是完成了上一个阶段的实验参加者直接进入本阶段，而"Start if.."是自定义本阶段开始的条件。"Leave stage after timeout"下的选项表示本阶段结束的条件，Timeout 文本框所显示的是本阶段持续的时间。在本例中，我们只需要输入新阶段的名称，其他默认的设定（如图 8—18 所示）不必更改。在对话窗口的 Name 文本框内输入"Contribution Entry"并点击 OK 键确认，阶段树上就会增加 Contribution Entry 阶段，如图 8—19 所示：

```
└─ 📦 Contribution Entry =|= (30)
    ├─ ■ Active screen
    └─ ■ Waitingscreen
```

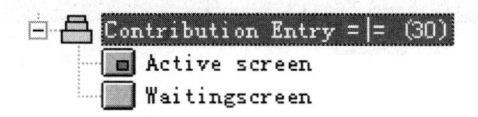

图 8—19　Contribution Entry 阶段

新阶段 Contribution Entry 有两个部分：活动屏幕（Active screen）和等待屏幕（Waiting screen）。活动屏幕是实验参加者获得信息以及提交决策的界面。而实验参加者在某阶段内完成了决策，当她在等待其他实验参加者提交决策时等待屏幕会出现。

现在我们来构造 Contribution Entry 阶段的活动屏幕。z-Tree 的屏幕由一系列框架（Box）组成。框架所描述的是屏幕的布局。单击 Contribution Entry 阶段下的"Active screen"，再选择 z-Tree 菜单条 Treatment 下的"New Box"选项，并进一步选择其中的"Standard Box…"，我们会见到一个对框架进行设定的对话窗口。在本例中我们不需要对默认设定进行更改，点击 OK 键确定就可以了。在 Contribution Entry 阶段的 Active screen 下会出现名为"Standard"的框架，如图 8—20 所示：

```
└─ 📦 Contribution Entry =|= (30)
    ├─ ■ Active screen
    │   └─ ▤ Standard
    └─ ■ Waitingscreen
```

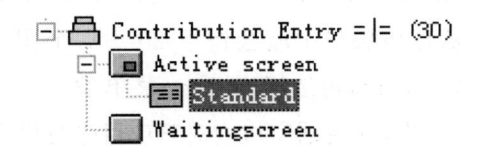

图 8—20　活动屏幕下的框架"Standard"

在框架"Standard"下我们增加一个项目（item），其作用是向实验参加者展示各回合的初始积点（见图 8—21）。单击 Contribution Entry 阶段的 Active screen 下的框架"Standard"，再选择 z-Tree 菜单条 Treatment 下的"New Item…"选项，一个对话窗口将弹出。我们在该对话窗口内定义新的项目。

在 Label 文本框内输入"Your endowment"，在 Variable 文本框内输入"Endowment"，再在 Layout 文本框内输入"1"并点击 OK 键确认。Label 文本框里的内容是该项目展示给实验参加者的文字。Variable 文本框里的内容是该项目的变量，我们这里用到变量 Endowment。由于对话窗口内的选择按键 Input 未被选中，则运行程序时变量 Endowment 的值会在屏幕上显示。由于 Layout 一栏中我们输入的是"1"，屏幕上显示的变量 Endowment 的值只保留到个位（即 20）。如果 Layout 一栏中我们输入的是"0.1"，则屏幕上显示的变量 Endowment 的值会保留到小数点后一位（即 20.0）。

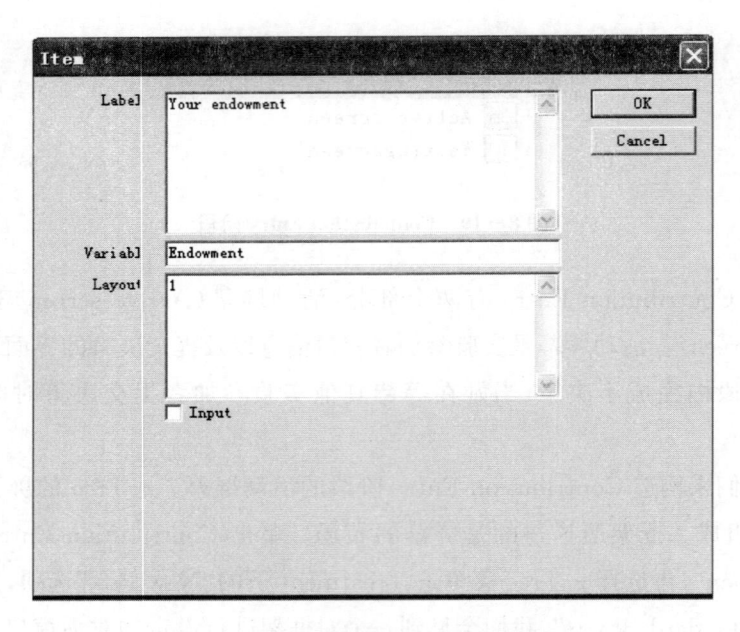

图 8—21　展示各回合初始积点的项目

框架"Standard"下的第二个项目用于输入决策(见图 8—22)。在本实验中,实验参加者只需要决定在公共品账户中存入多少个积点。如果实验参加者在公共品账户中存入了 X 个积点,在私有品账户中就会留下 $20-X$ 个积点。类似地,点亮框架"Standard"下的项目 Endowment,再选择 z-Tree 菜单条 Treatment 下的"New Item…"选项,一个对话窗口将弹出,在对话窗口内对新项目进行设定。

图 8—22　用于输入决策的项目

在 Label 一栏内输入"Your contribution to the project",在 Variable 一栏内输入"Contribution",再在 Layout 文本框内输入"1"。选中选择按键 Input,新的栏目会出现。在 Minimum 一栏中输入"0",再在 Maximum 一栏中输入"Endowment",并点击 OK 键确认。Variable 一栏内的新变量 Contribution 即为实验参加者所输入的公共品账户贡献值。选中选择按键 Input 意味着运行程序时变量 Contribution 的值将从屏幕上输入。Minimum 一栏限定了 Contribution 的最小值,而 Maximum 一栏限定了 Contribution 的最大值。

框架"Standard"下的最后一项内容是用于提交决策的 OK 按键。点亮框架"Standard"下的项目 Contribution,再选择 z-Tree 菜单条 Treatment 下的"New Button…"选项,一个对新按键进行设定的对话窗口将弹出。在本例中我们不需要对默认设定进行更改,点击"OK"确定就可以了。至此,实验设置的第一阶段完成。

实验设置的第二个阶段用于展示回合结束后的实验结果。单击阶段树上的 Contribution Entry 阶段,再选择 z-Tree 菜单条 Treatment 下的"New Stage…"选项,并将新阶段命名为"Profit Display"。我们需要添加一些指令来计算实验参加者的所得。选中 Profit Display 阶段并选择 z-Tree 菜单条 Treatment 下的"New Program…"选项,在对话窗口的 Program 文本框内输入以下指令:

SumC = sum(same(Group),Contribution);
N = count(same(Group));
Profit = Endowment − Contribution + EfficiencyFactor * SumC/N;

第一行指令计算同组的所有实验参加者的贡献值(Contribution)之和,并将计算结果存入变量 SumC。Group 是 z-Tree 预定义的变量,其值为实验参加者所在组的编号。比如第一组的 Group 值为 1,第二组的 Group 值为 2,依次类推。第二行指令计算同组的实验参加者数量,并将计算结果存入变量 N。在本例中,每一组的参加者数量都是 4 人。第三行指令计算实验参加者在本回合的所得,并将计算结果存入变量 Profit。

下面,我们来布置 Profit Display 阶段的活动屏幕。在 Active screen 内加入框架"Standard",并在该框架内加入 Contribution,SumC 和 Profit 三个项目以显示实验结果。其中,Profit 项目的 Layout 一栏定为"0.1",以保证实验参加者的所得显示到小数点后一位。框架"Standard"下的最后一项内容是按键"Continue"。除将按键名改为"Continue"之外,其添加方法与 OK 按键的添加方法一致。Profit Display 阶段的全部内容如图 8—23 所示:

```
Profit Display =|= (30)
    subjects.do { ... }
        SumC = sum( same( Group ), Contribution);
        N = count( same( Group ) );
        Profit = Endowment - Contribution + EfficiencyFactor * SumC/N;
    Active screen
        Standard
            Your contribution to the project: OUT( Contribution )
            Sum of all contributions: OUT( SumC )
            Your income in this period: OUT( Profit )
            Continue
    Waitingscreen
```

图 8—23　Profit Display 阶段的内容

至此用 z-Tree 对公共品提供实验进行的编程工作就基本完成了。由于 z-Tree 是在德文环境下开发的，在默认设定下运行程序时屏幕上会显示一些德文内容。现在我们将这些德文内容改为英文。在阶段树的 Background 一项下的内容如图 8—24 所示：

```
Background
    globals
    subjects
    summary
    contracts
    session
    subjects.do { ... }
        EfficiencyFactor = 1.6;
        Endowment = 20;
    Active screen
        Header
    Waitingscreen
        Text
            Bitte warten Sie bis das Experiment weiter geht.
```

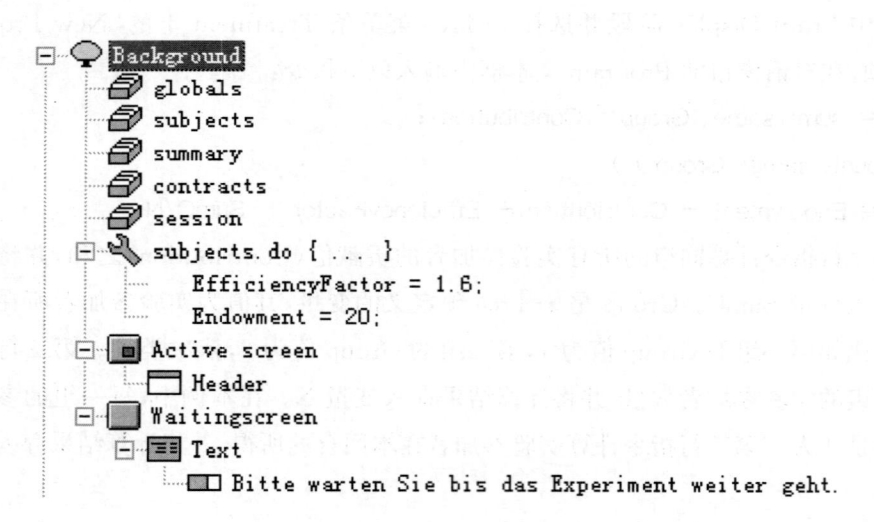

图 8—24　Background 下的内容

首先双击 Background 一项下"Active screen"之下的"Header"，并将弹出的对话窗口中各文本框的德文内容改为英文，再点击"OK"确定，如图 8—25 所示：

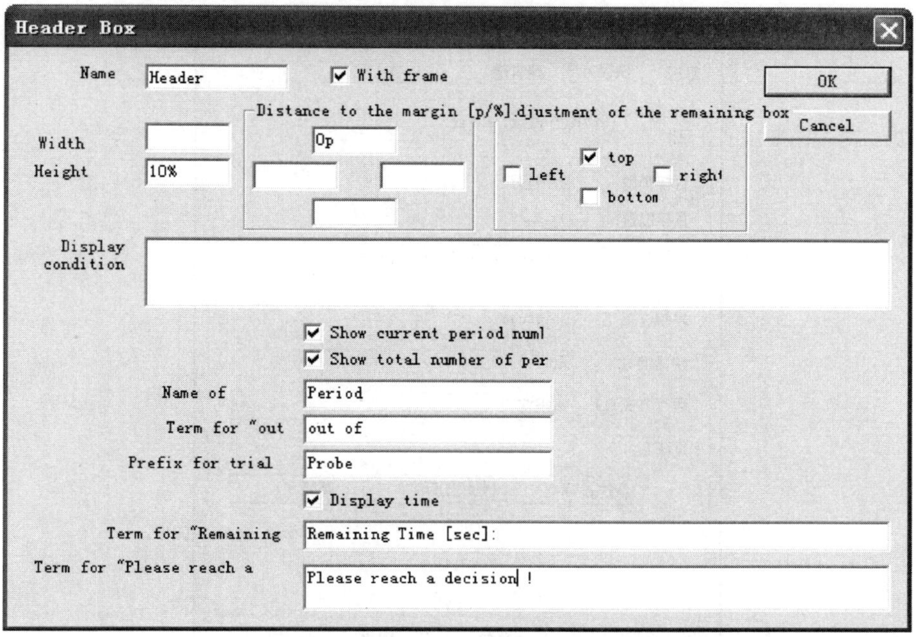

图 8—25　Header Box 的内容

双击 Background 一项下"Waiting screen"之下的框架"Text"后显示德文的项目，将显示内容改为"Please wait until the experiment continues"。

最后，选择 z-Tree 菜单条 File 下的"Save As…"选项，给实验设置命名为"Public Good"并存放在恰当的文件目录下。现在编程工作已经彻底完成了！

三、z-Tree 的运行

在运行 z-Tree 程序之前，要对 z-Tree 的运行环境进行恰当的安装。z-Tree 运行环境包括两个可执行文件：z-Tree.exe 和 zleaf.exe。将 z-Tree.exe 安装在研究人员监控实验的服务器上，将 zleaf.exe 安装在实验参加者所使用的各台电脑上。为了让 zleaf 通过网络与 z-Tree 相连，我们要对装有 zleaf 的各台电脑进行设定。假设第 i 个实验参加者所使用的电脑上的 zleaf 安装在该电脑的目录 D:\z-Tree 下，而 z-Tree 所在电脑的 IP 地址为 10.1.1.1。我们要为 zleaf 创建快捷方式，并将快捷方式粘贴到桌面上。鼠标右键单击 zleaf.exe 的快捷方式，并选中其"属性"，更改快捷方式的属性如图 8—26 所示：

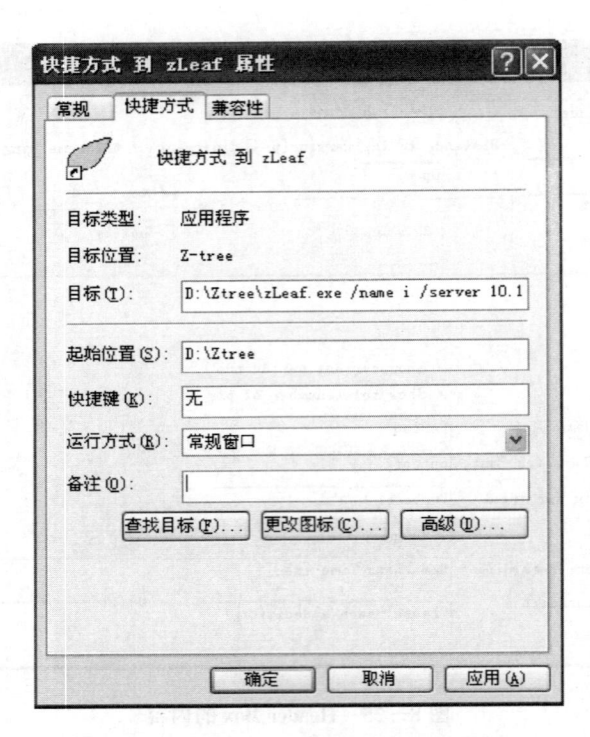

图 8—26 设定 zleaf 快捷方式的属性

图 8—26 中"目标"一栏的内容为"D:\z-Tree\zLeaf.exe /name i /server 10.1.1.1"。这一行指令的作用是将第 i 个实验参加者的识别号定为 i,并确定 zleaf 在运行时将与 IP 地址为 10.1.1.1 的计算机上的 z-Tree 程序相连接。

这些准备工作都完成以后,在服务器上运行 z-Tree.exe,在 z-Tree 运行环境内打开已经完成的实验设置"Public Good",在各个实验参加者所使用的电脑上运行 zleaf.exe。当所有实验参加者都与服务器相连后,选择 z-Tree 菜单条 Run 下的"Start Treatment"选项,实验就开始运行了。实验运行完毕以后,z-Tree 自动生成存储实验数据的 Excel 文档,该文档的存放位置即 z-Tree.exe 所在目录。

为调试程序,你可以在同一台电脑上试运行你的实验设置。将 z-Tree 和 zleaf 都放置在目录 D:\z-Tree 下。当 z-Tree 和 zleaf 在同一目录下的时候,不必提供 IP 地址,zleaf 就可以与 z-Tree 相连。在目录 D:\z-Tree 下创建两个 zleaf 的快捷方式:快捷方式 1 的属性目标为"D:\z-Tree\zLeaf.exe /name 1",快捷方式 2 的属性目标为"D:\z-Tree\zLeaf.exe /name 2"。

完成准备工作以后,运行 z-Tree 并打开实验设置"Public Good"。双击阶段树的 Background 一项,将实验设置成 2 个实验参加者、1 组、1 个回合。运行 zleaf 的快捷方式 1 和快捷方式 2,选择 z-Tree 菜单条 Run 下的"Start Treatment"选项。运行实验的界面如图 8—27 所示：

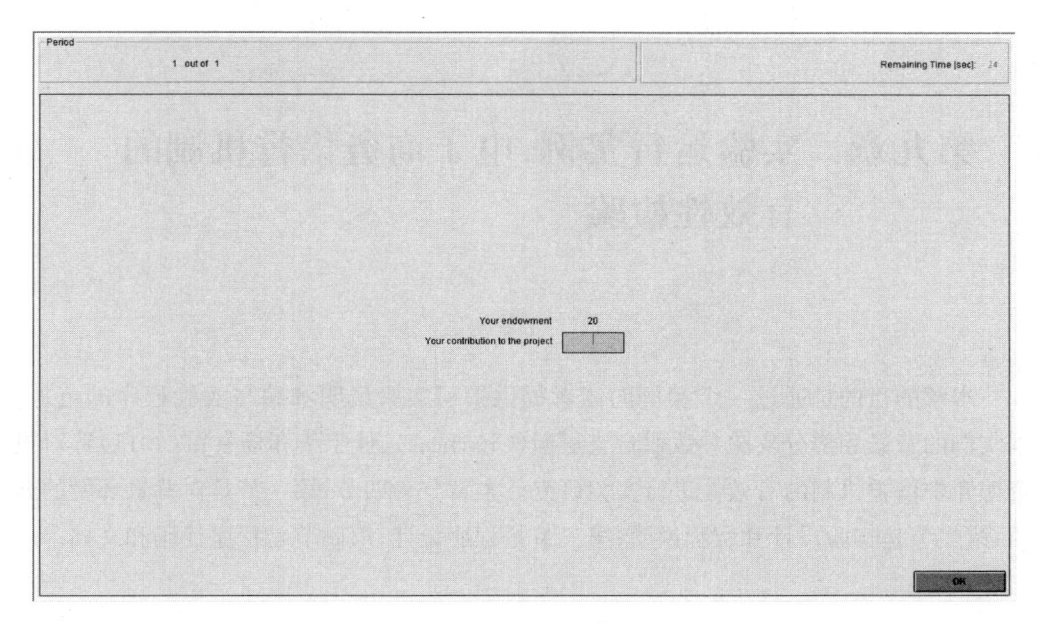

图 8—27　公共品提供实验运行界面

参考文献

1. Du, N. (2009). "On Advertising and Price Competition", *New Zealand Economic Papers* 43: 191—202.

2. Zak, D. (2001). "Programming with Microsoft Visual Basic 6.0, Enhanced Edition", Thomson Learning.

3. Fischbacher, U. (2002). z-Tree Tutorial. Manuscript.

4. Smith, V. L. (2002). "Method in Experiment: Rhetoric and Reality", *Experimental Economics*, 5: 91—110.

第九章　实验运行实例：电子商务信誉机制的有效性检验

本章的目的是通过一个实例向读者提供撰写实验说明和编写实验程序的范例。本实例的背景和部分实验参数取自查尼斯（Charness）、杜宁华和杨春雷（2011）针对投资博弈中信誉机制的有效性进行实验研究。本章分为四节：第一节是对背景环境的介绍；第二节是实验设计和实验说明；第三节是程序设计；第四节是程序代码和文档。

第一节　背景环境

不完整合约是现实生活市场交易中普遍存在的现象，其表现有两个方面：其一是对于交易中的某些细节无法通过合约进行表述；其二是即便在合约中对交易细节进行了约定，而实际执行过程中也很难约束监督。产品市场中的不完整合约现象以当前迅猛发展的电子商务交易最为典型。由于在线交易的双方相互匿名，而在线交易中买家付款与卖家发货并不同步，这为卖家不按照合约发货的欺诈行为提供了可乘之机。

在应用和实证研究中，投资博弈（Investment Game）是对产品市场中不完整合约的抽象：先行者（First Mover）作为买家是信任者，而次动者（Second Mover）作为卖家是被信任者。社会剩余的实现与分配全部由被信任者决定，信任者无法监管。在信任博弈中实现市场效率的关键是信任者是否信任：一旦选择信任，从利己的角度出发被信任者一定会创造剩余，但未必会把剩余分配给信任者。我们用图9—1来描述投资博弈。

信任者（买家）选择不信任（不购买），则信任者保有自己的初始所得35，被信任者（卖家）无所得。若信任者选择信任（购买），则被信任者用信任者所支付的资金生产出总价值为100的一批产品。随后，被信任者在"诚信"（发货）和"不诚信"（不发货）之间进行选择。若被信任者选择不诚信，则被信任者保有价值100的产品，信任者无所得；若被信任者选择诚信，则信任者和被信任者分享价值100的社会剩余，信任者所得

第九章 实验运行实例:电子商务信誉机制的有效性检验

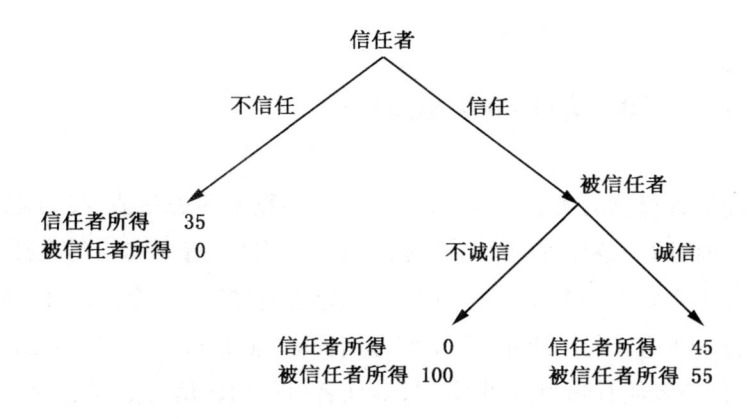

```
                     信任者
              不信任  /    \  信任
                   /      \
                  ↓        被信任者
        信任者所得  35      /    \
        被信任者所得 0  不诚信 /    \ 诚信
                         ↓      ↓
               信任者所得  0    信任者所得  45
               被信任者所得 100  被信任者所得 55
```

图 9—1　投资博弈的博弈树

45,被信任者所得 55。如果博弈的局中人都只考虑自己的物质利益,则该博弈唯一的子博弈完美纳什均衡(Subgame Perfect Nash Equilibrium)是被信任者选择不诚信,从而信任者选择不信任。

建立信誉机制的目的是在不完整合约环境下改进市场效率,提高市场中的信任度和诚信度。查尼斯(Charness)、杜宁华和杨春雷(2011)在图 9—1 的投资博弈环境下检验了两种信誉机制的效果:一种机制为被信任者的信任信誉(即被信任者在以往的博弈轮次中作为信任者时选择信任的频率),另一机制为被信任者的诚信度信誉(即以往的市场交易中被信任者选择诚信的频率)。实验结果表明,与不存在信誉机制的投资博弈相比,两种信誉机制都对改善市场成交率有显著作用。

需要指出的是,关于信任信誉机制的研究是查尼斯(Charness)、杜宁华和杨春雷(2011)的创新,而有关诚信度信誉机制的研究在实验经济学的文献中已存在,如博尔顿、卡托克和奥肯菲尔斯(Bolton,Katok and Ockenfels,2004)。本书第一章中已提到,实验的并行性,即实验结果的可重复性,是所有科学实验必须具备的性质。检验以往文献中的实验结果能否再现,也是实验经济学研究的重要内容。查尼斯(Charness)、杜宁华和杨春雷(2011)关于诚信度信誉机制的实验结果与博尔顿、卡托克和奥肯菲尔斯(Bolton,Katok and Ockenfels,2004)的实验结果高度一致,证实诚信度信誉机制确实行之有效。

下面,作者对查尼斯、杜宁华和杨春雷(2011)的诚信度信誉机制的实验设置进行了一定的简化,并以此为基础提供实验说明和实验程序的范例。

第二节 实验设计和实验说明

在诚信度信誉机制的实验条件下,为保证足够数量的观察值,我们需要一定数量的实验场次(即将同一条件下的实验重复运行若干次)。每个实验场次征召8个实验参加者。这8个实验参加者将图9—1中的博弈重复进行14轮。在每一轮中,8个参加者被随机分成4组。每一组中,究竟谁是信任者、谁是被信任者,也是随机决定的。从第2轮起,信任者能看到当前遇到的被信任者以往的诚信度信誉记录。如果该被信任者在以往轮次中被某个信任者信任,记录则将显示该被信任者是否在该轮次中选择诚信。诚信度信誉记录信息需要信任者主动点击才会看到。

为了避免实验结果被实验参加者对市场角色的偏好干扰,我们在实验说明中采用中性的词语。以下是实验说明。

实验说明

欢迎参与有关决策的实验。如果你有疑问,随时可以举手示意,则我们将十分乐于回答你的问题。从现在起直到实验结束你离开实验室以前,严格禁止实验参加者之间相互交谈或观看其他人的电脑屏幕。

本实验的经费由多个科研基金提供。如果你在实验说明所描述的规则下认真进行了决策,则你将在实验中得到收入。你在实验中的所得将用积点来计算。100个积点相当于3元。实验结束时,你所得到的全部积点将被折换成人民币,并以现金的形式在实验结束后当场支付给你。你在实验中所得的积点越多,实验后所得的人民币就越多。除此之外,你还将得到10元的实验参与费。

实验规则

轮次与匹配

本实验有8名参与者进行14轮决策。在每轮开始前,你将有一半的机会为甲、一半的机会为乙,该信息将在你的计算机屏幕上显示。同时,其余7名参与者中将有1名被随机选出与你配对。具体地说,如果你在本轮是甲(乙),那么与你配对的参与者就是乙(甲),甲方先做决定;其余7名参与者中每个人被选中与你配对的机会均等,而你并不知道究竟是哪一名参与者与你配对。

各轮次的进程

每轮决策的进程如下:首先由甲在选项A和B之间进行选择。如果甲选择了A,则本轮结束;甲在本轮中得到35个积点而乙在本轮中得到0个积点;如果甲选择了

B，则乙需要在选项 C 和 D 之间进行选择；如果乙选择了 C，则甲在本轮中得到 0 个积点而乙在本轮中得到 100 个积点；如果乙选择了 D，则甲在本轮中得到 45 个积点而乙在本轮中得到 55 个积点。

从第二轮起，甲将看到与其配对的乙的决策记录。如图 9—2 所示，通过点击"乙的决策记录"右方的"汇总信息"按键，甲将看到当前与其配对的乙在过去各轮中选 C 多少次、选 D 多少次。通过点击"详细信息"按键，甲将看到当前与其配对的乙过去有机会在 C 和 D 之间进行选择时，在各轮中的选择。

如图 9—2 所示，在各轮中实验参与者通过点击"你的决策是:"下方的决策按键完成决策。乙需要在甲完成决策后再进行选择。如果甲在本轮选择了 A，则乙被告知本轮结束；如果甲在本轮选择了 B，则乙将被告知需要在 C 和 D 之间进行选择。随后决策者甲和决策者乙在本轮的选择结果将被记录。当所有参与者都完成了决策时，你的屏幕上"历史记录"的下方将显示本轮的结果：显示结果包括轮次、你的角色、甲的决策、乙的决策、你的所得、对方所得以及你的累积所得。

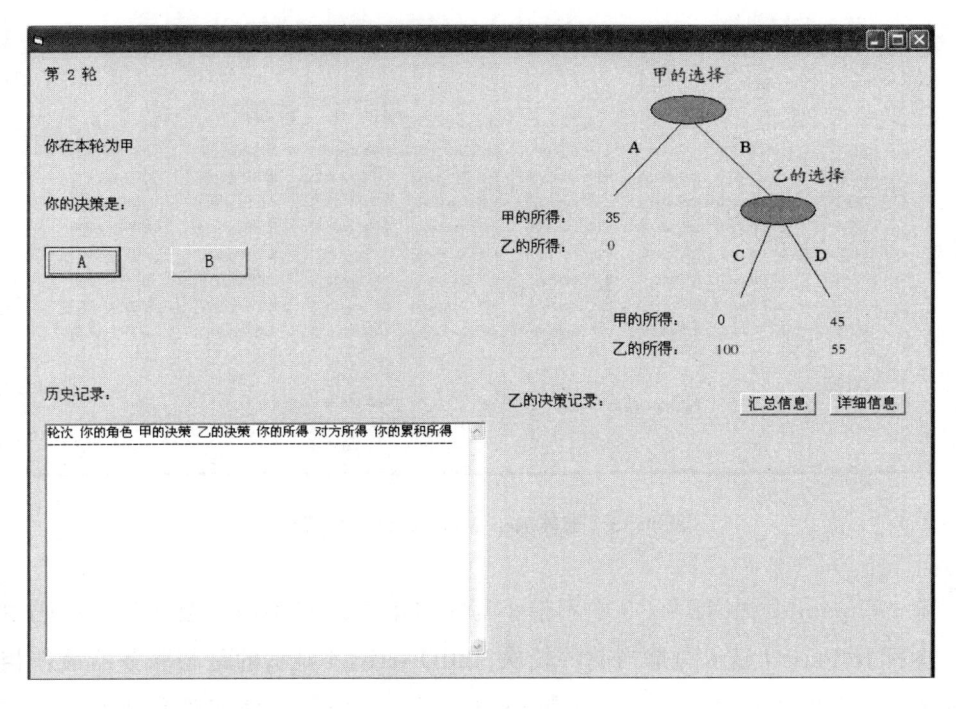

图 9—2　实验截图

重申一次，在实验过程中切勿与其他参与者讨论你的决策和所得，或观看其他人的电脑屏幕。你对实验说明和实验过程还有什么疑问吗？如果有疑问，请举手，我们将走到你的座位前回答你的问题。

第三节 程序设计

实验程序分为服务器程序和实验参加者程序两部分。

一、服务器程序

服务器程序要实现以下几部分功能：首先，它是实验中信息传递的中转站；其次，它要生成数据文件以记录实验结果；最后，它要将实验结果通过电脑屏幕随时反映给监控实验的研究人员。我们创建一个新的 VB 窗体 Rep_Monitor.frm 和 VB 工程 Rep_Monitor.vbp，并存放到恰当的目录下。针对服务器程序需要实现的功能，我们在窗体 Rep_Monitor 上添加若干个对象，如图 9—3 所示（图中显示的带有小写字母前缀的英文单词都是对象的名称，而不是对象的 Caption 属性）：

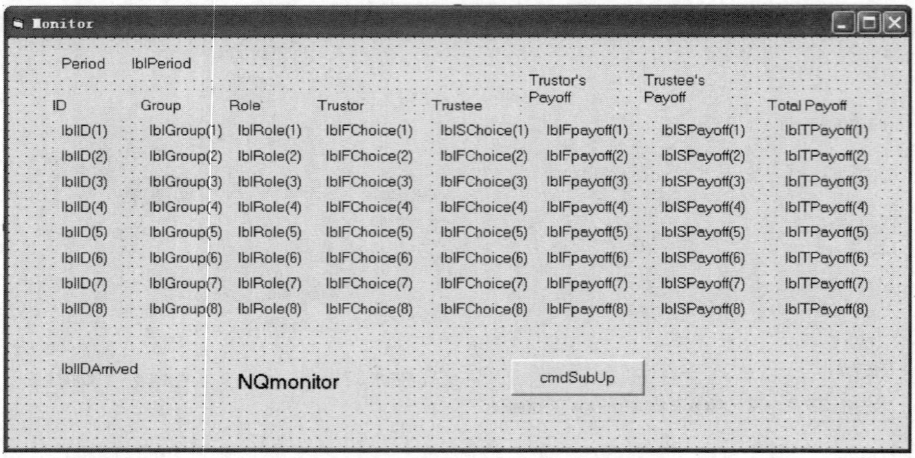

图 9—3 窗体 Rep_Monitor 的界面设计

除 NQmonitor 外，图 9—3 中不带小写字母前缀的对象都不会在程序代码中出现。图标 lblPeriod 显示的是当前的轮次，lblIDArrived 显示的是与服务器最新相连的实验参加者的识别号码。命令按键 cmdSubUp 的作用是使实验参加者进入实验状态。

服务器的界面上还有一系列的图标组。这些图标组的作用是显示各轮次内各个实验参加者的信息。图标组可以通过复制粘贴来创建。比如，你可以先创建一个图标 lblID，随后复制该图标并将复制件粘贴到窗体上。这时 VB 会弹出一个对话窗口，问你是否需要创建一个图标组。你选择"是"。将 lblID 复制 7 次,并将各个图标分别命名为 lblID(1)至 lblID(8)。这样,图标组 lblID 就创建完成了。其他各图标组的创建过程类似。表 9—1 所显示的是服务器程序界面上各个对象的作用。

表 9—1　　　　　　　　　　服务器程序界面上各个对象的作用

对象名称	对象作用
图标组 lblID	显示实验参加者的识别号码
图标组 lblGroup	显示实验参加者的组别
图标组 lblRole	显示实验参加者的角色
图标组 lblFChoice	显示同组信任者的选择
图标组 lblSChoice	显示同组被信任者的选择
图标组 lblFPayoff	显示同组信任者的所得
图标组 lblSPayoff	显示同组被信任者的所得
图标组 lblTPayoff	显示实验参加者的累积所得
lblPeriod	显示当前的轮次
lblIDArrived	显示最新连入的实验参加者
cmdSubUp	使实验参加者进入实验状态
NQmonitor	信息传递的工具

对服务器程序界面上各个图标的"Caption"属性重新设置,如图 9—4 所示:

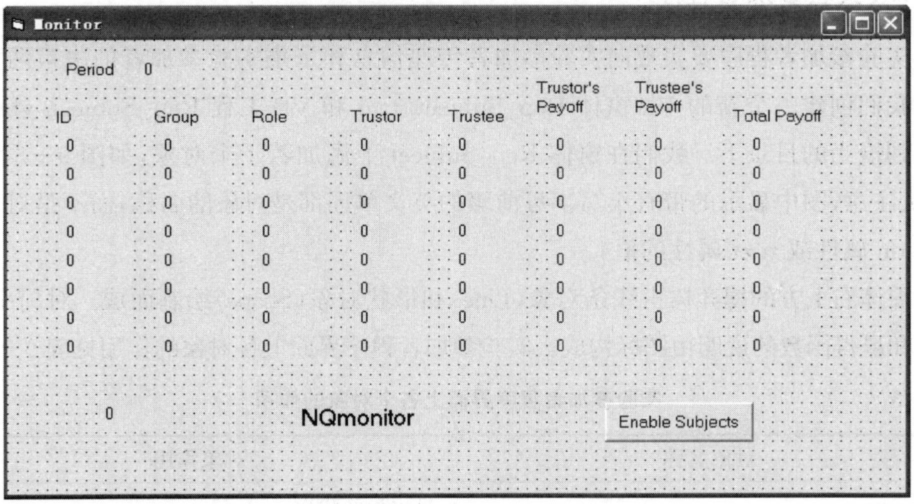

图 9—4　窗体 Rep_Monitor 上各图标所展示的文字

我们把服务器程序的功能继续细划成多个任务。实验开始前，服务器要检查实验参加者与服务器的连接状态。当所有实验参加者都与服务器连上，且已做好实验准备时，服务器要发出使实验参加者进入实验状态的指令。实验开始时，服务器要对实验参加者进行分组配对。每一轮开始时，服务器要向实验参加者发送新一轮的信息。每一轮结束时，服务器要记录本轮的实验结果。在各轮进行过程中，服务器要处理信任者（甲）的决策、被信任者（乙）的决策，并记录信任者使用信誉系统的情况。下面我们针对服务器程序进行任务、对象、事件分解，如表9—2所示。

表9—2　　　　　　　　服务器程序的任务、对象、事件分解表

任务（Task）	对象（Object）	事件（Event）
为实验参加者分组配对	Form	Form_load
检查实验参加者与服务器的连接	NQmonitor	Nqmonitor_MessageArrived
使实验参加者进入实验状态	cmdSubUp	cmdSubUp_Click
开始新的轮次	NQmonitor	
终止当前轮次	NQmonitor，窗体上所有的图标组	
处理信任者（甲）的决策	NQmonitor	Nqmonitor_MessageArrived
处理被信任者（乙）的决策	NQmonitor	Nqmonitor_MessageArrived
登记信任者观察信誉记录的情况	NQmonitor	Nqmonitor_MessageArrived

二、实验参加者程序

实验参加者程序要实现向实验参加者传递信息和采集实验参加者的决策两大功能。我们创建一个新的 VB 窗体 Rep_Subject.frm 和 VB 工程 Rep_Subject.vbp，并存放到恰当的目录下。我们在窗体 Rep_Subject 上添加若干个对象，如图9—5所示（再次注意，图中显示的带有小写字母前缀的英文单词都是对象的名称，而不是对象的 Caption 属性或 text 属性的值）。

窗体右上方的博弈树由线条对象（Line）和形状对象（Shape）绘制而成。对局中人、策略和赢得函数的说明由图标构成。实验参加者程序界面上各对象的作用见表9—3。

表9—3　　　　　　　　实验参加者程序界面上各个对象的作用

对象名称	对象作用
lblRound	显示当前轮次
lblRole	显示实验参加者的角色
lblYourChoice	"你的决策是："

续表

对象名称	对象作用
cmdA	用于选择 A,C 的按键
cmdB	用于选择 B,D 的按键
lblFChoice	显示"甲已选择 A,本轮结束"
lblHistory	显示"历史记录:"
txtHistory	用于记载实验参加者本人的决策历史
lblInfo	显示"乙的决策记录:"
cmdSum	汇总信息按键
lblSummary	用于展示乙的决策记录汇总信息
cmdInfo	详细信息按键
txtInfo	用于展示乙的决策记录详细信息
txtID	用于输入识别号码
cmdOK	用于确认识别号码
NQsubject	信息传递的工具

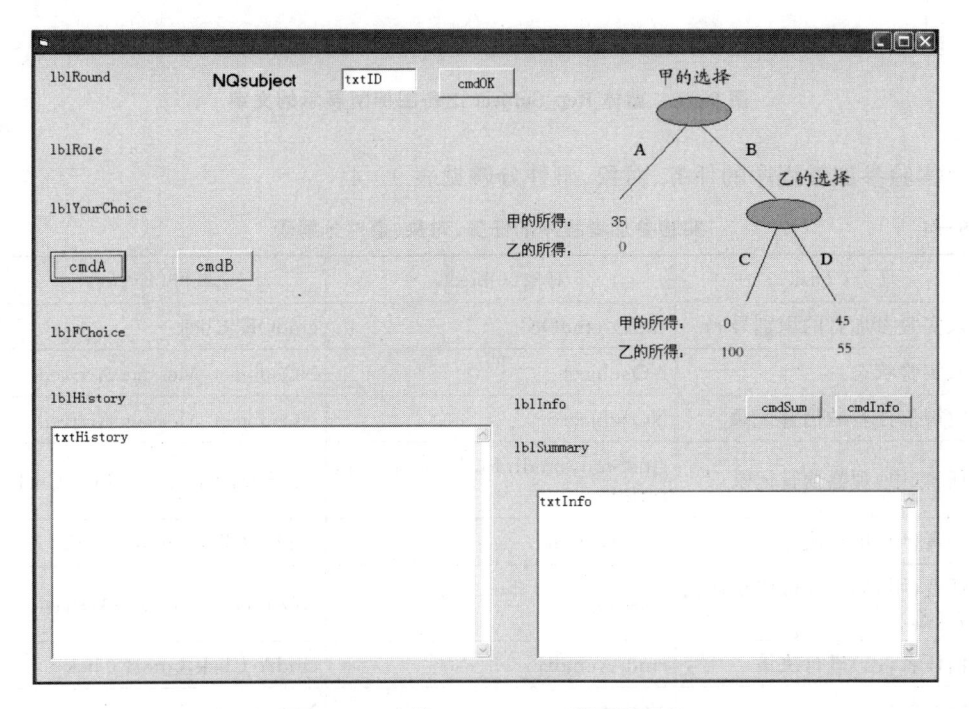

图 9-5 窗体 Rep_Subject 的界面设计

如图 9-6 所示,我们对实验参加者程序界面上各个对象的 Caption 属性值和

Text 属性值重新设置,并将 txtHistory 的 MultiLine 属性和 txtInfo 的 MultiLine 属性都设为"True"。

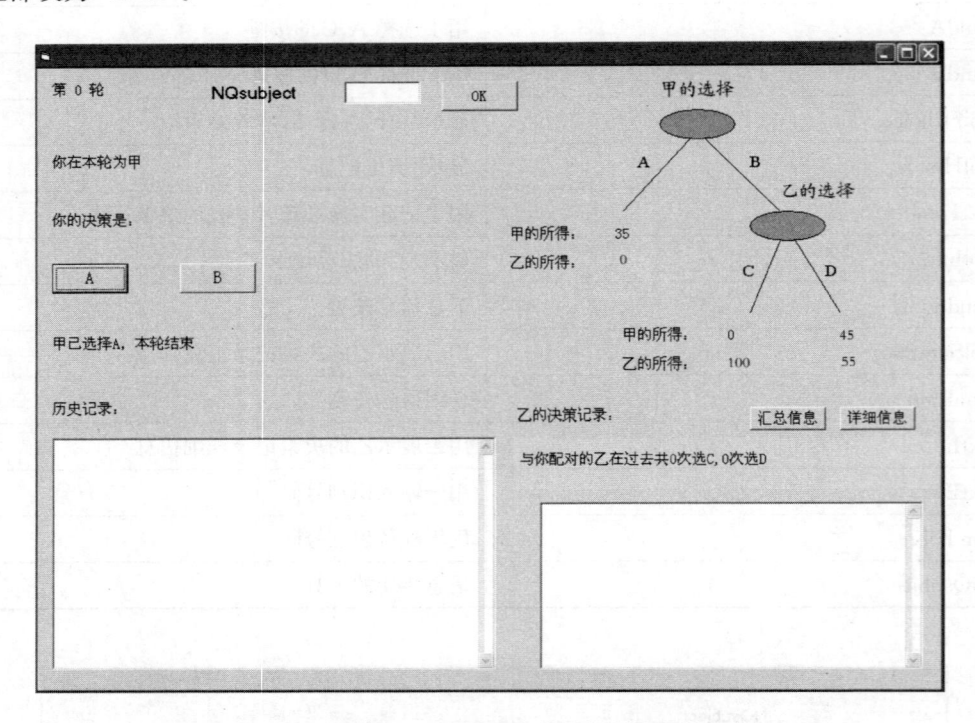

图 9—6　窗体 Rep_Subject 上各图标所展示的文字

实验参加者程序的任务、对象、事件分解见表 9—4。

表 9—4　　　　　　　　实验参加者程序的任务、对象、事件分解表

任务(Task)	对象(Object)	事件(Event)
录入实验参加者的识别号码	txtID,cmdOK	cmdOK_Click
进入实验状态	NQsubject	NQsubject_MessageArrived
接收被信任者的信誉记录	NQsubject	NQsubject_MessageArrived
信任者(甲)观察信誉记录	cmdSum, cmdInfo, lblSummary, txtInfo	cmdSum_Click,cmdInfo_Click
信任者(甲)进行决策	cmdA,cmdB	cmdA_Click,cmdB_Click
信任者(甲)的决策被传至被信任者(乙)	NQsubject	NQsubject_MessageArrived
被信任者(乙)进行决策	cmdA,cmdB	cmdA_Click,cmdB_Click
开始新的轮次	NQsubject	NQsubject_MessageArrived
终止当前轮次	NQsubject	NQsubject_MessageArrived

要注意的是，表 9—4 中没有列举与各个任务相关的全部对象，只是举出了实现各个任务所需要的最主要对象。

第四节 程序代码和文档

根据程序设计中对服务器程序 Rep_Monitor 和实验参加者程序 Rep_Subject 的功能细化，我们分别对 Rep_Monitor 和 Rep_Subject 进行编程。

一、服务器程序 Rep_Monitor

（一）对变量和变量组进行定义

在编程的一开始，首先要定义程序中需要用到的变量和变量组。在代码窗口的通用声明（General Declaration）区域录入以下语句：

```
Option Explicit
Dim Period As Integer
Dim Arrangement(1 To 14,1 To 4,1 To 2) As Integer
'Arrangement(period,group,role)
Dim Choice(1 To 14,1 To 8) As String 'choice(period,id)
Dim Random(1 To 8) As Single,Position(1 To 8) As Integer
Dim Group(1 To 8) As Integer,Role(1 To 8) As Integer
Dim FChoice(1 To 8) As String,SChoice(1 To 8) As String
Dim FPayoff(1 To 8) As Integer,SPayoff(1 To 8) As Integer, _
TPayoff(1 To 8) As Integer
Dim SumUse(1 To 8) As Integer,InfoUse(1 To 8) As Integer
Dim CountSChoices As Integer
```

Option Explicit 语句的作用是禁止随用随定义的情况发生。以上在通用声明区域定义的变量都是窗体变量，它们在窗体 Rep_Monitor 的所有过程、对象、事件中都有效。我们还注意到以上语句中存在以单引号为引导的文字。在 VB 中，单引号为注释符。在各行中，单引号后的部分为程序注释（即程序文档），仅用于帮助阅读程序的人理解程序，不进入程序的编译运行。下面我们分别介绍各个变量和变量组的含义。

1. 变量

变量 Period 用于记录当前的轮次。Arrangement 是三维变量组，它的作用是记录实验参加者的分组配对。Arrangement 的第一维下标是实验的当前轮次，第二维下标是组别,第三维是角色,而 Arrangement 的值是实验参加者的识别号码。比方说,如果 Arrangement(3,4,2)的值是 5,那就意味着 5 号实验参加者在第 3 轮作为乙(即被信任者)被分在第 4 组。在变量组 Arrangement 的定义语句之后,我们用一行注释语句说明它的含义。

2. 变量组

变量组 Choice 用于记录各个实验参加者在各轮中的决策。Choice 的第一维下标是轮次,第二维下标是实验参加者的识别号码。变量组 Random 是一组随机数,而变量组 Position 记录的是变量组 Random 中各个变量的大小次序。Random 和 Position 在进行实验参加者随机配对时有用。Group 记录的是各个实验参加者的分组,Role 记录的是各个实验参加者的角色。FChoice 即"First Mover's Choice",记录的是各个实验参加者所在的组中甲(信任者)的决策。SChoice 即"Second Mover's Choice",记录的是各个实验参加者所在的组中乙(被信任者)的决策。FPayoff 是各实验参加者所在的组中甲的所得,SPayoff 是各实验参加者所在的组中乙的所得。TPayoff 是各个实验参加者的累积所得。SumUse 是各个实验参加者点击"汇总信息"按键的情况,1 为点击而 0 为未点击。类似地,InfoUse 是各个实验参加者点击"详细信息"按键的情况。Group,Role,FChoice,SChoice,FPayoff,SPayoff,TPayoff,SumUse 和 InfoUse 都以实验参加者的识别号码为下标,新的轮次一开始,这些变量组的值都会更新。

我们注意到在 FPayoff 和 SPayoff 定义语句的末尾有一个下划线"_",而下一行对 TPayoff 的定义并没有以 Dim 开头。其实,对 FPayoff,SPayoff 和 TPayoff 的定义为同一语句。在 VB 中,如果一行语句太长,则可以插入下划线将一行分成两行。具体做法是在第一行末尾(即需要中断处)加入空格和下划线,第二行再继续书写未完成的内容。

最后,CountSChoice 是一个整型变量,它的作用是统计各轮次中有多少组实验参加者已经完成决策,从而决定是否进入下一轮。

(二)窗体载入:初始化和实验参加者之间的配对

在窗体 Rep_Monitor 刚载入运行时,我们要进行总体的初始设定。双击窗体对象,在代码窗口的 Form_Load 事件内输入以下指令:

```
Private Sub Form_Load()
    Period = 0
    frmMonitor.Top = (Screen.Height - frmMonitor.Height) / 2
    frmMonitor.Left = (Screen.Width - frmMonitor.Width) / 2
    Open "D:\Trust_Program\result1.txt" For Output As #1
```

Write ♯1,"Period","ID","Group","Role","FChoice",_
"SChoice","FPayoff","SPayoff","Total Payoff","Summary","Info"
Close ♯1
NQmonitor.OpenQueues
End Sub

窗体 Rep_Monitor 刚被载入时,当前交易轮次被设为 0,而窗体的位置会被调整到屏幕的中央。文档"Result1.txt"是记录实验结果的数据文件。在恰当的目录下创建这一文件,并向该文件写入一行文字以说明各个数据领域的内容含义。最后,应用 NQmonitor.OpenQueues 方法以打开信息队列,做好信息传递的准备。

1. 随机配对

对实验参加者的配对也可以在窗体载入阶段(即第一轮实验开始以前)完成。我们首先介绍随机配对方法。在代码窗口的 Form_Load 事件内加入新指令(单引号后的文字是程序文档):

```
Private Sub Form_Load()
    Dim i As Integer,j As Integer,k As Integer
    Dim Differ as Boolean
    Period = 0
    frmMonitor.Top = (Screen.Height - frmMonitor.Height) / 2
    frmMonitor.Left = (Screen.Width - frmMonitor.Width) / 2
    Open "D:\Trust_Program\result1.txt" For Output As ♯1
    Write ♯1,"Period","ID","Group","Role","FChoice",_
    "SChoice","FPayoff","SPayoff","Total Payoff","Summary","Info"
    Close ♯1
    For k = 1 To 14      完成各回合的随机配对
        For i = 1 To 8      '生成8个互不相同的随机数
            Differ = True
            Do
                Randomize                Random(i) = Rnd
                For j = 1 to i - 1
                    If Random(j) = Random(i) Then
                        Differ = False
                    End If
                Next j
```

```
                Loop Until Differ
            Next i
            For i = 1 To 8      '将1到8这8个实验参加者识别号码随机排序
                Position(i) = 1
                For j = 1 To 8
                    If Random(j) > Random(i) Then
                        Position(i) = Position(i) + 1
                    End If
                Next j
            Next i
            For i = 1 To 4      '按照排序后的识别号码对实验参加者分组
                For j = 1 To 2
                    Arrangement(k,i,j) = Position(2 * (i - 1) + j)
                Next j
            Next i
        Next k
        NQmonitor.OpenQueues
End Sub
```

新定义的整型变量 i, j, k 用于循环结构计数,而布尔型变量 Differ 用于判定新生成的随机数是否与已生成的随机数相同。从"For $k = 1$ to 14"到"Next k"间的各条语句用于生成各个轮次的实验参加者配对方案。首先,我们用循环结构生成8个互不相同的随机数,并将这些随机数赋予变量组 Random。Randomize 语句的作用是产生随机数 Rnd。Rnd 的值处于[0,1)区间,服从均匀分布。随后,通过对变量组 Random 中各个变量的值比大小,我们把所有实验参加者的识别号码随机排序后赋予变量组 Position。最后,根据变量组 Position 中各个变量的值对实验参加者进行分组,如表9—5所示:

表 9—5　　根据变量组 Position 中各个变量的值对实验参加者进行的分组

	第1组	第2组	第3组	第4组
甲	Arrangement(k,1,1) =Position(1)	Arrangement(k,2,1) =Position(3)	Arrangement(k,3,1) =Position(5)	Arrangement(k,4,1) =Position(7)
乙	Arrangement(k,1,2) =Position(2)	Arrangement(k,2,2) =Position(4)	Arrangement(k,3,2) =Position(6)	Arrangement(k,4,2) =Position(8)

2. 事前配对

另一种实验中常见的配对方法是事先将配对方案存入一个数据文件,运行实验时再从数据文件中读取配对方案。我们先删除所有随机配对的指令,然后在代码窗口的 Form_Load 事件内加入新指令(单引号后的文字是程序文档):

```
Private Sub Form_Load()
    Dim i As Integer, j As Integer
    Period = 0
    frmMonitor.Top = (Screen.Height - frmMonitor.Height) / 2
    frmMonitor.Left = (Screen.Width - frmMonitor.Width) / 2
    Open "D:\Trust_Program\result1.txt" For Output As #1
    Write #1, "Period", "ID", "Group", "Role", "FChoice", _
    "SChoice", "FPayoff", "SPayoff", "Total Payoff", "Summary", "Info"
    Close #1
    Open "D:\Trust_Program\matching8.txt" For Input As #2
    For i = 1 To 14           'period
        For j = 1 To 2        'role
            Input #2, Arrangement(i,1,j), Arrangement(i,2,j), _
            Arrangement(i,3,j), Arrangement(i,4,j)
        Next j
    Next i
    Close #2
    NQmonitor.OpenQueues
End Sub
```

在这里,我们从文档 matching 8.txt 中读取记录,为变量组 Arrangement 赋值。要注意的是,matching 8.txt 中的数据记录必须与上面新加入的 Input 语句中的变量列表相一致。

(三)使实验参加者进入实验状态

实验参加者是否进入实验状态,通常要由研究人员来控制。在阅读实验说明的阶段,实验参加者无法提交任何决策。在所有人都完成了实验说明的阅读并理解了实验规则以后,研究人员通过服务器程序向实验参加者程序发送信号,允许各实验参加者进入第 1 轮的实验。在程序中,研究人员使实验参加者进入实验状态是通过点击命令按键 cmdSubUp 实现的。双击 cmdSubUp 按键,在 cmdSubUp_Click 事件内加入语句,如下所示:

```
Private Sub cmdSubUp_Click()
    Dim i As Integer
    StartPeriod
    For i = 1 To 8
        NQmonitor.SendMessage 0,"SubEnabled",i
    Next i
    cmdSubUp.Enabled = False
End Sub
```

服务器程序运行过程中,研究人员点击 cmdSubUp 以后,子程序 StartPeriod 将被调用(后面我们将详细介绍这一子程序),新的轮次将开始。服务器要向所有实验参加者发送类型为"SubEnabled"的信息,接收到"SubEnabled"类型的信息后实验参加者将进入实验状态。最后,cmdSubUp 的 Enabled 属性值被赋为"False",以避免反复点击 cmdSubUp,造成程序运行错误。

(四)轮次的开始

我们用子程序 StartPeriod 描述新的轮次开始时服务器要完成的工作。打开代码窗口并加入以下内容:

```
Private Sub StartPeriod()
    Dim i As Integer,j As Integer
    Dim Trustee As Integer
    Period = Period + 1
    For i = 1 To 8
        SumUse(i) = 0
        InfoUse(i) = 0
    Next i
    CountSChoices = 0
End Sub
```

i,j,Trustee 是子程序 StartPeriod 要用到的整型变量,其中,Trustee 用来表示各组中被信任者的识别号码。新轮次一开始,我们要把当前的轮次更新(加一期),还要把 SumUse,InfoUse,CountSChoice 等变量组和变量清零。新轮次开始时服务器要向所有实验参加者发送本轮的配对信息,还要向各组中的甲(信任者)发送与其配对的乙(被信任者)以往作为乙时的决策记录(即被信任者的诚信度信誉记录)。

1. 发送配对信息

在语句"CountSChoice = 0"后面加入以下各行语句:

分配各个实验参加者的角色
```
For i = 1 To 4              'group
    For j = 1 To 2          'role
        NQmonitor.SendMessage j,"NewPeriod",_
            Arrangement(Period,i,j)
    Next j
Next i
```
向各个实验参加者发送类型为"NewPeriod"的信息,信息的内容即实验参加者的角色,"1"为甲,"2"为乙。

2. 向各组中的甲(信任者)发送乙的信誉记录

在子程序 StartPeriod 内最新加入的语句后面继续加入以下各行语句:
'向各组中的甲发送乙的信誉记录
```
For i = 1 To 4
    Trustee = Arrangement(Period,i,2)
    For j = 1 To Period - 1
        If Choice(j,Trustee) = "C" Or Choice(j,Trustee) = "D" Then
            NQmonitor.SendMessage Choice(j,Trustee) & j,_
                "RepInfo",Arrangement(Period,i,1)
        End If
    Next j
Next i
```
Trustee 为各组中乙的识别号码。当 Trustee 在以往的各轮中有机会在"C"和"D"之间进行选择时,服务器要把信息发送给当前与 Trustee 配对的甲:信息的类型为"RepInfo",信息的内容既包括 Trustee 的决策(C 或 D),也包括该决策的轮次。

至此,子程序 StartPeriod 就完成了。

(五)轮次的结果

我们用子程序 StopPeriod 描述轮次结束时服务器要完成的工作。各轮结束时,服务器要向各个实验参加者发送本轮的结果。在服务器的屏幕上,研究人员也需要看到本轮发生的情况,此外,还要将本轮的实验结果记录到数据文件中。最后,服务器要判定当前是否已经到了最后一轮,从而决定是否进行下一轮的实验。

1. 向各实验参加者发送实验结果

打开代码窗口并加入以下内容:
```
Private Sub StopPeriod()
```

```
Dim i As Integer, j As Integer
Dim Partner As Integer
For i = 1 To 4          '向所有实验参加者发送与其同组的参加者的决策
    For j = 1 To 2
        Partner = Arrangement(Period, i, 3 - j)
        NQmonitor.SendMessage Choice(Period, Partner), _
        "EndPeriod", Arrangement(Period, i, j)
    Next j
Next i
End Sub
```

整型变量 Partner 用于记录与某实验参加者同组的参加者的识别号码。在各轮结束时,各实验参加者需要知道与其同组的参加者所做出的决策。服务器向各实验参加者发送类型为"EndPeriod"的信息,信息的内容是与接受该条信息的实验参加者同组的参加者在该轮次所做出的决策。

2. 在服务器屏幕上显示本轮的实验结果

在子程序 StopPeriod 内继续加入以下各行语句:

```
'研究人员的屏幕信息
    lblPeriod.Caption = Period
    For i = 1 To 4
        For j = 1 To 2
            Group(Arrangement(Period, i, j)) = i
            lblGroup(Arrangement(Period, i, j)).Caption = i
            Role(Arrangement(Period, i, j)) = j
            lblRole(Arrangement(Period, i, j)).Caption = j
        Next j
    Next i
    For i = 1 To 8
        lblFChoice(i).Caption = FChoice(i)
        lblSChoice(i).Caption = SChoice(i)
        lblFPayoff(i).Caption = FPayoff(i)
        lblSPayoff(i).Caption = SPayoff(i)
        lblTPayoff(i).Caption = TPayoff(i)
    Next i
```

3. 将实验结果发送到数据文件

在子程序 StopPeriod 内继续加入以下各行语句：

'将实验结果发送至数据文件

```
Open "D:\Trust_Program\result1.txt" For Append As #3
For i = 1 To 8
    Write #3,Period,i,Group(i),Role(i),FChoice(i),SChoice(i),_
    FPayoff(i),SPayoff(i),TPayoff(i),SumUse(i),InfoUse(i)
Next i
Close #3
```

以附加模式打开已创建的数据文件 result1.txt，向该文件发送本轮中所有实验参加者的决策和所得。

4. 判定是否进入下一轮

在子程序 StopPeriod 内继续加入以下各行语句：

'判定实验是否进入下一轮

```
If Period < 14 Then
    StartPeriod
End If
```

至此，子程序 StopPeriod 就完成了。

（六）对新到信息的处理

在各轮进行过程中，服务器程序的主要任务就是针对实验参加者发来的各种信息进行甄别处理。双击窗体上的控件 NQmonitor，NQmonitor_MessageArrived 事件将在代码窗口中显现。定义局部变量 i,j,k,Partner 和 strContent：

```
Private Sub NQmonitor_MessageArrived(Message As Variant,MessageType As String,Subject As Integer)
    Dim i As Integer,j As Integer,k As Integer,Partner As Integer
    Dim strContent As String
End Sub
```

其中，Partner 用于记录与发送信息的实验参加者同组的参加者的识别号码，而 strContent 所记录的是新发来的信息内容。

1. 实验参加者与服务器相连

在 NQmonitor_MessageArrived 事件内，局部变量定义语句的后面加入以下选择结构：

```
If MessageType = "SubID" Then
```

```
        lblID(Subject).Caption = Subject
        lblIDArrived.Caption = Subject
        Exit Sub
    End If
```

如果某个实验参加者向服务器发来了"SubID"类型的信息,就意味着该实验参加者已经与服务器成功连接。将服务器上的图标 lblIDArrived 和 lblID(Subject)所显示的内容更新为该实验参加者的识别号码 Subject,在实验过程中,必须在研究人员从服务器屏幕上观察到所有实验参加者都已经与服务器相连之后,研究人员才能使实验参加者进入实验状态。

2. 处理甲(信任者)所发送的信息

在 NQmonitor_MessageArrived 事件内继续加入以下选择结构:

```
If MessageType = "FChoice" Then
    strContent = Message
    Choice(Period, Subject) = strContent
    For i = 1 To 4
        If Arrangement(Period, i, 1) = Subject Then
            Partner = Arrangement(Period, i, 2)
        End If
    Next i
    FChoice(Subject) = strContent
    FChoice(Partner) = strContent
    If strContent = "A" Then
        Choice(Period, Partner) = "O"
        SChoice(Subject) = "O"
        SChoice(Partner) = "O"
        FPayoff(Subject) = 35
        FPayoff(Partner) = 35
        SPayoff(Subject) = 0
        SPayoff(Partner) = 0
        TPayoff(Subject) = TPayoff(Subject) + FPayoff(Subject)
        TPayoff(Partner) = TPayoff(Partner) + SPayoff(Partner)
        CountSChoices = CountSChoices + 1
    End If
```

```
        NQmonitor.SendMessage strContent,"FChoice",Partner
        If CountSChoices = 4 Then
            StopPeriod
        End If
        Exit Sub
    End If
```

类型为"FChoice"的信息必定是从角色为甲（信任者）的实验参加者发送来的，我们会在实验参加者程序 Rep_Subject 中详细介绍该信息的发送过程。发来的信息内容即甲的决策，或为"A"或为"B"。我们要把甲的决策记入甲的变量 FChoice 和同组乙的变量 FChoice 中。如果甲选择了"A"，则这一组实验参加者在本轮的决策结束：第一，我们要计算该组甲、乙的所得，同时把甲、乙的变量 SChoice 都记为"O"；第二，变量 CountSChoice 增加1，表示又有一组完成了决策。随后，将甲的决策发送给同组的乙。如果 CountSChoice = 4（即4组都完成了决策），则本轮结束，调用子程序 StopPeriod。

3. 处理乙（被信任者）所发送的信息

在 NQmonitor_MessageArrived 事件内继续加入以下选择结构：

```
If MessageType = "SChoice" Then
    strContent = Message
    Choice(Period,Subject) = strContent
    For i = 1 To 4
        If Arrangement(Period,i,2) = Subject Then
            Partner = Arrangement(Period,i,1)
        End If
    Next i
    SChoice(Subject) = strContent
    SChoice(Partner) = strContent
    If strContent = "C" Then
        FPayoff(Subject) = 0
        FPayoff(Partner) = 0
        SPayoff(Subject) = 100
        SPayoff(Partner) = 100
    Else
        FPayoff(Subject) = 45
```

```
                FPayoff(Partner) = 45
                SPayoff(Subject) = 55
                SPayoff(Partner) = 55
            End If
            TPayoff(Subject) = TPayoff(Subject) + SPayoff(Subject)
            TPayoff(Partner) = TPayoff(Partner) + FPayoff(Partner)
            CountSChoices = CountSChoices + 1
            If CountSChoices = 4 Then
                StopPeriod
            End If
            Exit Sub
        End If
```

类型为"SChoice"的信息必定是从角色为乙（被信任者）的实验参加者发送来的，其内容或为"C"或为"D"。在程序 Rep_Subject 中，我们会介绍信息的发送过程。我们要把乙的决策记录到乙本人的变量 SChoice 和同组甲的变量 SChoice 中。根据乙的决策"C"和"D"两种情况，计算该组甲、乙的所得。变量 CountSChoice 增加 1，表示又有一组完成了决策。如果 CountSChoice = 4（即 4 组都完成了决策），则本轮结束，调用子程序 StopPeriod。

4. 判定甲是否已查阅乙的信誉记录

在 NQmonitor_MessageArrived 事件内继续加入以下两个选择结构：

```
If MessageType = "SumUse" Then
    SumUse(Subject) = 1
    Exit Sub
End If
If MessageType = "InfoUse" Then
    InfoUse(Subject) = 1
    Exit Sub
End If
```

类型为"SumUse"的信息必定是从角色为甲（信任者）的实验参加者发送来的，该信息的到达意味着发送信息的实验参加者已经查阅了与其配对的乙的汇总信誉记录（即点击了"汇总信息"按键）。类型为"InfoUse"的信息也是甲发来的，该信息的到达意味着发送信息的实验参加者已经查阅了与其配对的乙的详细信誉记录（即点击了"详细信息"按键）。

至此，NQmonitor_MessageArrived 事件的编程就完成了，程序 Rep_Monitor 也全部完成。将 Rep_Monitor 编译连接成可执行文件 Rep_Monitor.exe，存放在恰当的目录下。

二、实验参加者程序 Rep_Subject

（一）对变量和变量组进行定义

在代码窗口的通用声明（General Declaration）区域录入以下语句：

Option Explicit
Dim Period As Integer
Dim Role As String,FChoice As String,SChoice As String
Dim OwnPayoff As Integer,PartnerPayoff As Integer,TPayoff As Integer
Dim NumTrustee As Integer,NumReturn As Integer

整型变量 Period 记录当前所在的轮次，字符串变量 Role 记录实验参加者的角色，FChoice 为该实验参加者所在组的甲（信任者）的决策，SChoice 为同组的乙（被信任者）的决策。OwnPayoff 为本轮实验参加者的所得，PartnerPayoff 为与该实验参加者同组的参加者的本轮所得，TPayoff 为实验参加者的累积所得。NumTrustee 记录的是当实验参加者作为甲时，与其配对的乙以前有机会在 C 和 D 之间做出选择的次数，NumReturn 记录的是其中选 D 的次数。

（二）窗体的载入

在窗体载入事件内加入语句，如下所示：

Private Sub Form_Load()
  txtHistory.Text = "轮次 你的角色 甲的决策 乙的决策 " _
  & "你的所得 对方所得 你的累积所得" & _
  " ——————————————————" & vbCrLf

  Period = 0
  TPayoff = 0

  frmTrust.Top = （Screen.Height － frmTrust.Height）/ 2
  frmTrust.Left = （Screen.Width － frmTrust.Width）/ 2

  txtHistory.Locked = True
  txtInfo.Locked = True

```
    cmdA.Enabled = False
    cmdB.Enabled = False
    cmdSum.Enabled = False
    cmdInfo.Enabled = False
    
    lblRound.Visible = False
    lblRole.Visible = False
    lblHistory.Visible = False
    lblYourChoice.Visible = False
    
    cmdA.Visible = False
    cmdB.Visible = False
    lblFChoice.Visible = False
    txtHistory.Visible = False
    lblInfo.Visible = False
    cmdSum.Visible = False
    cmdInfo.Visible = False
    lblSummary.Visible = False
    txtInfo.Visible = False
    
    If (Len(Command) = 0) Then
        Dim ip As String
        ip = InputBox("Monitor","Monitor","10.1.1.1")
        NQsubject.mqserver = ip & ":2955"
    Else
        NQsubject.mqserver = Command & ":2955"
    End If
End Sub
```

首先进行初始化工作,为文本框 txtHistory 加入文字表头,将当前轮次和实验参加者的累积所得定为 0,并将窗体调整到屏幕的中央。在窗体载入时,所有的命令按键以及所有与实验参加者的决策相关的图标和文本框都被定为不可视、无效状态。只有在实验参加者接收到服务器发来的进入实验状态的信息以后,这些对象才会生效。

窗体载入时还会弹出用于录入服务器 IP 地址的对话框，允许研究人员在运行实验时从屏幕输入服务器的 IP 地址并将该 IP 地址赋予 NQsubject.mqserver。这样做的好处是增加程序运行的灵活性。

（三）将实验参加者与服务器相连

双击窗体上的命令按键 cmdOK，在代码窗口的 cmdOK_Click 事件内加入语句，如下所示：

```
Private Sub cmdOK_Click()
    cmdOK.Enabled = False
    NQsubject.SubjectNumber = CInt(txtID.Text)
    NQsubject.ConnectQueues
    NQsubject.SendMessage 0,"SubID"
    txtID.Enabled = False
    txtID.Visible = False
    cmdOK.Visible = False
End Sub
```

实验开始以前，研究人员在文本框 txtID 内录入实验参加者的识别号码，并点击命令按键 cmdOK，使该实验参加者程序与服务器相连。完成相连后，该实验参加者程序向服务器发送类型为"SubID"的信息，该信息的内容为空（即服务器不需要针对该类信息的内容进行任何操作）。研究人员点击 cmdOK 后，cmdOK 和 txtID 都会变为失效、不可视的状态，以避免由实验参加者乱点击造成的实验运行失误。

（四）实验参加者进行决策

实验参加者进行决策是通过点击命令按键 cmdA 和 cmdB 进行的。当实验参加者是甲时，cmdA 和 cmdB 上将分别显示"A"和"B"；当实验参加者为乙时，cmdA 和 cmdB 上将分别显示"C"和"D"。

双击 cmdA，在代码窗口的 cmdA_Click 事件内加入语句，如下所示：

```
Private Sub cmdA_Click()

    cmdA.Enabled = False
    cmdB.Enabled = False
    
    
    If cmdA.Caption = "A" Then
        cmdSum.Enabled = False
        cmdInfo.Enabled = False
```

```
            NQsubject.SendMessage "A","FChoice"
            FChoice = "A"
            SChoice = "--"
            OwnPayoff = 35
            PartnerPayoff = 0
        Else
            NQsubject.SendMessage "C","SChoice"
            FChoice = "B"
            SChoice = "C"
            OwnPayoff = 100
            PartnerPayoff = 0
        End If
        TPayoff = TPayoff + OwnPayoff
End Sub
```

程序运行中,当实验参加者点击 cmdA 后,cmdA 和 cmdB 都会失效,以免实验参加者重复提交决策。

如果 cmdA 上显示的是"A",那么点击 cmdA 意味着甲选择了 A,在本轮中,本组的决策结束。甲点击 cmdA 后,cmdSum 和 cmdInfo 将失效,即甲(信任者)提交决策后将在本轮内丧失获得乙(被信任者)的信誉记录的机会。甲要向服务器发送类型为"FChoice"的信息,信息的内容就是甲的选择"A"。

如果 cmdA 上显示的是"C",那么点击 cmdA 意味着乙选择了 C,本轮中本组的决策也结束了。乙要向服务器发送类型为"SChoice"的信息,信息的内容就是乙的选择"C"。

针对不同情况计算该实验参加者所得和与其配对的实验参加者的所得,并把该实验参加者本轮的所得加入累积所得中去。

双击 cmdB,在代码窗口的 cmdB_Click 事件内加入语句,如下所示:

```
Private Sub cmdB_Click()
    cmdA.Enabled = False
    cmdB.Enabled = False
    If cmdB.Caption = "B" Then
        cmdSum.Enabled = False
        cmdInfo.Enabled = False
        NQsubject.SendMessage "B","FChoice"
```

```
    Else
        NQsubject.SendMessage "D","SChoice"
        FChoice = "B"
        SChoice = "D"
        OwnPayoff = 55
        PartnerPayoff = 45
        TPayoff = TPayoff + OwnPayoff
    End If
End Sub
```

类似地，程序运行中，当实验参加者点击 cmdB 后，cmdA 和 cmdB 都会失效，以免实验参加者重复提交决策。

如果 cmdB 上显示的是"B"，那么点击 cmdB 意味着甲选择了 B，与该实验参加者配对的乙将在 C 和 D 之间进行选择。甲点击 cmdB 后，cmdSum 和 cmdInfo 也将失效。甲要向服务器发送类型为"FChoice"的信息，信息的内容就是甲的选择"B"。

如果 cmdA 上显示的是"D"，那么点击 cmdB 意味着乙选择了 D，本轮中本组的决策就结束了。乙要向服务器发送类型为"SChoice"的信息，信息的内容就是乙的选择"D"。随后计算该实验参加者所得和与其配对的实验参加者的所得，并把该实验参加者本轮的所得加入累积所得中去。

（五）甲（信任者）决策前参考乙的信誉记录

在提交决策以前，甲能通过点击"汇总信息"按键观察到与其配对的乙以前一共选 C 几次，选 D 几次。双击控件 cmdSum，在代码窗口的 cmdSum_Click 事件内加入语句，如下所示：

```
Private Sub cmdSum_Click()
    cmdSum.Enabled = False
    lblSummary.Visible = True
    NQsubject.SendMessage 0,"SumUse"
End Sub
```

甲点击"汇总信息"后，该按键会失效，以便于研究人员统计各组中的甲参考汇总信息的情况。甲点击"汇总信息"按键后该实验参加者程序要向服务器发送类型为"SumUse"的信息，以记录"甲参考了汇总信息"这一事件的发生。

甲还能通过点击"详细信息"按键观察到与其配对的乙在过去有机会在 C 和 D 之间选择的每一轮中的决策。双击控件 cmdInfo，在代码窗口的 cmdInfo_Click 事件内加入语句，如下所示：

```
Private Sub cmdInfo_Click()
    cmdInfo.Enabled = False
    txtInfo.Visible = True
    NQsubject.SendMessage 0,"InfoUse"
End Sub
```

这几行语句的作用与 cmdSum_Click 事件内语句的作用类似,就不详述了。

(六)对新到信息的处理

双击窗体上的控件 NQsubject,NQsubject_MessageArrived 事件将在代码窗口中显现。定义局部变量 i,j 和 strContent:

```
Private Sub NQsubject_MessageArrived(Message As Variant,MessageType As String)
    Dim i As Integer,j As Integer
    Dim strContent As String
End Sub
```

1. 实验参加者进入实验状态

在 NQsubject_MessageArrived 事件内,局部变量定义语句的后面加入以下选择结构:

```
If MessageType = "SubEnabled" Then
    lblRound.Visible = True
    lblRole.Visible = True
    lblHistory.Visible = True
    txtHistory.Visible = True
    If Role = "甲" Then
        cmdA.Enabled = True
        cmdB.Enabled = True
        lblYourChoice.Caption = "你的决策是:"
        lblYourChoice.Visible = True
        cmdA.Visible = True
        cmdB.Visible = True
        lblInfo.Visible = True
        cmdSum.Visible = True
        cmdInfo.Visible = True
    End If
    Exit Sub
```

End If

接收到"SubEnabled"类型的信息意味着实验参加者进入实验状态，开始第 1 轮的决策。这时，轮次、角色和历史记录信息将在屏幕上显现。如果实验参加者是甲，与甲的决策有关的命令按键也会在屏幕上出现。

2. 接收信誉记录信息

在 NQsubject_MessageArrived 事件内继续加入以下选择结构：

```
If MessageType = "RepInfo" Then
    NumTrustee = NumTrustee + 1
    strContent = Message
    j = CInt(Mid(strContent,2))
    If Left(strContent,1) = "C" Then
        If txtInfo.Text = "无相关信息" Then
            txtInfo.Text = "第 " & j & " 轮:选择 C" & vbCrLf
        Else
            txtInfo.Text = txtInfo.Text & "第 " & j & " 轮:选择 C" _
            & vbCrLf
        End If
    Else
        If txtInfo.Text = "无相关信息" Then
            txtInfo.Text = "第 " & j & " 轮:选择 D" & vbCrLf
        Else
            txtInfo.Text = txtInfo.Text & "第 " & j & " 轮:选择 D" _
            & vbCrLf
        End If
        NumReturn = NumReturn + 1
    End If
    i = NumTrustee - NumReturn
    lblSummary.Caption = "与你配对的乙在过去共 " & i & "次选 C " _
    & NumReturn & "次选 D"
        Exit Sub
End If
```

当角色为甲(信任者)的实验参加者接收到"RepInfo"类型的信息后，与其配对的乙的信誉记录将更新。信息的内容包括乙过去的某次决策(C 或 D)和决策的轮次。

显示汇总信息的 lblSummary 和显示详细信息的 txtInfo 将根据信息的内容进行相应的更新。

3. 新轮次的开始

在 NQsubject_MessageArrived 事件内继续加入以下选择结构：

```
If MessageType = "NewPeriod" Then
    Period = Period + 1
    lblRound.Caption = "第" & Period & "轮"
    lblSummary.Caption = "无相关信息"
    txtInfo.Text = "无相关信息"
    lblSummary.Visible = False
    txtInfo.Visible = False
    lblIFChoice.Visible = False
    NumTrustee = 0
    NumReturn = 0
    strContent = Message
    If CInt(strContent) = 1 Then
        Role = "甲"
        cmdA.Caption = "A"
        cmdB.Caption = "B"
        lblRole.Caption = "你在本轮为甲"
    Else
        Role = "乙"
        cmdA.Caption = "C"
        cmdB.Caption = "D"
        lblRole.Caption = "你在本轮为乙"
    End If
    If Period > 1 Then
        If Role = "甲" Then
            lblYourChoice.Caption = "你的决策是："
            lblYourChoice.Visible = True
            cmdA.Visible = True
            cmdB.Visible = True
            lblInfo.Visible = True
```

```
                cmdSum.Visible = True
                cmdInfo.Visible = True
                cmdA.Enabled = True
                cmdB.Enabled = True
                cmdSum.Enabled = True
                cmdInfo.Enabled = True
            Else
                cmdA.Enabled = False
                cmdB.Enabled = False
                cmdSum.Enabled = False
                cmdInfo.Enabled = False
                lblYourChoice.Visible = False
                cmdA.Visible = False
                cmdB.Visible = False
                lblInfo.Visible = False
                cmdSum.Visible = False
                cmdInfo.Visible = False
            End If
        End If
        Exit Sub
End If
```

"NewPeriod"类型的信息的到达,意味着实验进入了下一轮。将轮次进行更新以后,首先要对窗体上与决策相关的图标和文本框重新进行设定。随后,根据信息的内容确定收到该信息的实验参加者的角色。如果角色为甲,则 cmdA 和 cmdB 上分别显示"A"和"B";反之,则显示"C"和"D"。实验的第 1 轮,究竟窗体上的哪些对象可视、哪些对象有效,是由窗体载入事件和类型为"SubEnabled"的信息共同决定的。从第 2 轮起,"NewPeriod"类型的信息到达后还要确定哪些对象会显示给甲、哪些对象会显示给乙。

4. 乙(被信任者)的决策

在 NQsubject_MessageArrived 事件内继续加入以下选择结构:

```
If MessageType = "FChoice" Then
    strContent = Message
    If strContent = "A" Then
```

```
            lblFChoice.Visible = True
            FChoice = "A"
            SChoice = "--"
            OwnPayoff = 0
            PartnerPayoff = 35
            TPayoff = TPayoff + OwnPayoff
        Else
            lblYourChoice.Caption = "甲已选择 B,你的决策是:"
            lblYourChoice.Visible = True
            cmdA.Visible = True
            cmdB.Visible = True
            cmdA.Enabled = True
            cmdB.Enabled = True
        End If
        Exit Sub
End If
```

从服务器接收到"FChoice"类型信息的实验参加者是各组中的乙（被信任者）。如果发来的信息显示与该实验参加者同组的甲选择了 A,则本轮结束并计算本轮的结果。如果同组的甲选择了 B,则 cmdA 和 cmdB 会生效并在屏幕上显现:现在轮到乙进行选择。

5. 轮次的结束

在 NQsubject_MessageArrived 事件内继续加入以下选择结构：

```
If MessageType = "EndPeriod" Then
    strContent = Message
    If strContent = "C" Then
        FChoice = "B"
        SChoice = "C"
        OwnPayoff = 0
        PartnerPayoff = 100
        TPayoff = TPayoff + OwnPayoff
    End If
    If strContent = "D" Then
        FChoice = "B"
```

```
            SChoice = "D "
            OwnPayoff = 45
            PartnerPayoff = 55
            TPayoff = TPayoff + OwnPayoff
        End If
        txtHistory.Text = txtHistory.Text & Period & "      " & _
            Role & "         " & FChoice & "           " & SChoice & _
            "         " & OwnPayoff & vbTab & PartnerPayoff & vbTab _
            & vbTab & TPayoff & vbCrLf
        Exit Sub
    End If
```

"EndPeriod"类型信息的到达意味着一个轮次的结束。信息的内容是同组的实验参加者的选择。如果信息的内容是"C"或"D",则我们需要计算本轮的结果(其他情况下的结果已经得到计算)。最后,将本轮的结果附加到文本框 txtHistory 的文本中去。

至此,我们完成了对所有类型的信息的处理,程序 Rep_Subject 也全部完成了。将 Rep_Subject 编译连接成可执行文件 Rep_Subject.exe,存放在恰当的目录下。

三、程序 Rep_Monitor 和 Rep_Subject 的运行

研究人员首先在服务器上运行 Rep_Monitor.exe,然后再在实验室内 8 台不同的计算机上运行 Rep_Subject.exe。研究人员从 Rep_Subject 的对话框中输入服务器的 IP 地址,在各个 Rep_Subject 的 txtID 文本框中分别输入 1 至 8(即 8 个实验参加者的识别号码),再点击"OK"确定。等实验参加者全部进入实验室并完成了实验说明的阅读后,研究人员点击服务器程序 Rep_Monitor 上的"Enable Subjects",开始第 1 轮的实验。

练习题

要求:

根据题目的描述,(1)写出实验说明,(2)编制实验程序,(3)针对研究假设提出分析处理实验数据的方法。

实验说明包括实验概述和对实验过程的详细描述。实验的激励机制以及实验参加者对实验规则的理解都是通过阅读实验说明实现的。实验说明的基本适用对象是各个不同专业的本科生。实验程序既可以用 VB 编写,也可以用 z-Tree 编写。在实验程序中,你需要将实验结果展示给实验参加者。如果你用 VB 编写程序,注意不要忘记创建记录实验数据的文件。分析假想数据、构造检验假设的统计量时,需要说明你为何要采用该统计量,以及实验中将产生的独立观察值的单位和

个数。

根据研究假设自行决定实验场次数量、每个实验场次中的参加者数量、实验运行的轮数以及实验参加者的配对方式等实验变量。

1. 委托人/代理人问题(Gift Exchange Game)

基本描述:厂商在合同中写出将发放给员工的工资 w 以及期望员工所达到的努力水平 E。其中,w 是 1 到 100 之间的整数,而 E 是 1 到 10 之间的整数。员工在观察到 w 和 E 以后,先后做出两个决策即员工决定是否接受厂商的合同。如果员工不接受厂商的合同,则员工得到回报 5,厂商得到回报 0,博弈结束;如果员工决定接受厂商的合同,则员工需要继续决定其真实的努力水平 e,e 不必与 E 相同,而 e 也是从 1 到 10 之间的整数。在员工接受合同的情况下,厂商的回报为 $10e-w$,而员工的回报为 $w-c(e)$。其中,$c(e)$ 由表 1 决定:

表 1　　　　　　　　　　努力水平的成本函数

e	1	2	3	4	5	6	7	8	9	10
$c(e)$	0	1	2	4	6	8	10	12	15	18

研究假设:根据理论预测,如果厂商和员工的偏好都是自利的,则市场达到均衡时厂商付出工资 $w=5$,员工的努力水平 $e=1$。判定该预测是否被实验数据所支持。

注意:在实验说明中使用中性词语。

2. 公共品提供问题(Public Good Game)

基本描述:两个实验参加者为一组,他们各自有 10 元的禀赋。他们需要决定是否将这 10 元的部分或全部投入到公共账户(剩余部分将被自动存入他们各自的私有账户)。每个实验参与者的所得是其私有账户的余额加上其所在组的公共账户总额的 3/4。

研究假设:如果实验参加者的偏好是自利的,理论预测实验参加者会将全部禀赋(10 元)投入到私有账户。判定该预测是否被实验数据所支持。而最有效的市场结果是所有参加者将全部禀赋(10 元)都投入到公共账户。如何运用实验数据判定最有效的市场结果和理论预测结果哪一个更有可能出现?

3. 公共资源问题(Common Pool Resource)

基本描述:1 和 2 两名渔夫分别选择捕捞所付出的努力水平 x_i,$i=1,2$。两名渔夫同时进行决策,即每个渔夫在选择捕捞的努力水平时看不到另一个渔夫的决策。令 $X=x_1+x_2$,则两名渔夫的捕捞回报分别为 $\pi_i=(13-X)x_i-x_i$,$i=1,2$。

研究假设:该博弈的纳什均衡解为两名渔夫的捕捞水平各自为 4。判定该预测是否被实验数据所支持。该博弈中最有效率的结果是两名渔夫的捕捞水平各自为 3。如何运用实验数据判定最有效率的结果和理论预测结果,哪一个更有可能出现?

4. 最后通牒博弈(Ultimatum Game)

基本描述:提议者与回应者两个人进行的博弈。现有 10 元供分配。提议者提出分配方案{x,$10-x$},其中,x 元归自己,$10-x$ 元归回应者,x 为整数。在观察到提议者的分配方案后,回应者决定是否接受该方案。如果回应者选择接受,则按照提议者的方案进行分配;如果回应者拒绝,则提议者与回应者的报酬皆为 0。

研究假设：如果实验参加者的偏好是自利的，理论预测两种可能的结果：提议者提出方案{9,1}，回应者接受；提议者提出{10,0}，回应者接受。判定该预测是否被实验数据所支持。如何运用实验数据判定这两种结果哪一个更有可能出现？

5. 信任博弈(Trust Game)

基本描述：信任者和被信任者各有初始禀赋 10 元。信任者决定将自己的禀赋的部分或全部交出，交出的部分将被扩大 3 倍后交付被信任者。具体而言，信任者选择交出 $x(0 \leqslant x \leqslant 10)$ 元后，剩余 $10-x$ 元，而被信任者得到 $10+3x$ 元。随后，被信任者根据所得到的金额决定是否回报信任者。如果被信任者决定回报信任者 $y(0 \leqslant y \leqslant 10+3x)$ 元，则信任者的最终所得为 $10-x+y$ 元，被信任者的最终所得为 $10+3x-y$ 元。

研究假设：如果实验参加者的偏好是自利的，理论预测信任者和被信任者分别持有各自的 10 元（既无信任也无回报）是唯一的结果。如何运用实验数据判定这一研究假设是否被支持？

6. 囚徒困境(Prisoner's Dilemma)

基本描述：博弈的赢得矩阵为

		局中人 2 左边	局中人 2 右边
局中人 1	上	0.80, 0.80	0.00, 1.00
	下	1.00, 0.00	0.30, 0.30

图 1　博弈矩阵

研究假设：该博弈的纳什均衡解为(下,右边)。运用实验数据判定这一研究假设是否被支持。

7. 古尔诺寡头垄断(Cournot Oligopoly)

基本描述：现有 1 和 2 两个厂商，其边际成本皆为 2。两个厂商同时选择其产量 $q_i, i=1,2$（即各厂商进行决策时看不到另一个厂商的决策）。市场需求为 $P=14-Q$，其中 $Q=q_1+q_2$。

研究假设：该博弈的纳什均衡解为 $q_1=q_2=4$。运用实验数据判定这一研究假设是否被支持。

8. 斯塔克尔伯格寡头垄断(Stackelberg Oligopoly)

基本描述：现有 1 和 2 两个厂商，其边际成本皆为 2。两个厂商先后作出决定。厂商 1 先选择其产量 q_1，厂商 2 在观察到 q_1 以后再选择其产量 q_2。市场需求为 $P=14-Q$，其中 $Q=q_1+q_2$。

研究假设：该博弈的子博弈完美均衡解(Subgame Perfect Equilibrium)为 $q_1=6, q_2=3$。运用实验数据判定这一研究假设是否被支持。

9. 贝特兰寡头垄断(Bertrand Oligopoly)

基本描述：现有 1 和 2 两个厂商，其边际成本皆为 2。两个厂商同时选择其价格 $p_i, i=1,2$（即各厂商进行决策时看不到另一个厂商的决策）。如果两个厂商所选择的价格不同，则价格低的厂商独占市场；如果两个厂商的价格相同，则这两个厂商平分市场。市场需求为 $P=14-Q$。

研究假设：该博弈的纳什均衡解为两个厂商都采用边际成本定价。运用实验数据判定这一研究假设是否被支持。

10. 第一价格私有价值拍卖(Private Value First Price Auction)

基本描述:两个竞拍者对标的物的价值服从相互独立的[0,10]区间上的均匀分布。竞拍者各自向拍卖组织者提交竞价,出价高者得到标的物并支付其竞价。得到标的物的竞拍者的所得是其价值与其竞价之差,而出价低者所得为零。

研究假设:该博弈的纳什均衡解为竞拍者的出价是其价值的一半。运用实验数据判定这一研究假设是否被支持。

11. 荷式私有价值拍卖(Private Value Dutch Auction)

基本描述:两个竞拍者对标的物的价值服从相互独立的[0,10]区间上的均匀分布。价格从10向下降,每秒钟降低0.1元。先确认接受当前价格的竞拍者得到标的物并支付该价格。得到标的物的竞拍者的所得是其价值与其支付价格之差,而另一竞拍者所得为零。

研究假设:该博弈的纳什均衡解为竞拍者所接受的价格是其价值的一半。运用实验数据判定这一研究假设是否被支持。

12. 信号博弈(Signaling Game)

基本描述:局中人1有两种可能的类型L和H。1为L的可能性是1/3,1为H的可能性是2/3。1知道自己的类型,而局中人2只能观察到L和H的分布概率。局中人1有A和B两种可能的行动,在观察到1的行动之后,局中人2在C和D之间进行选择。1和2的赢得见图2:

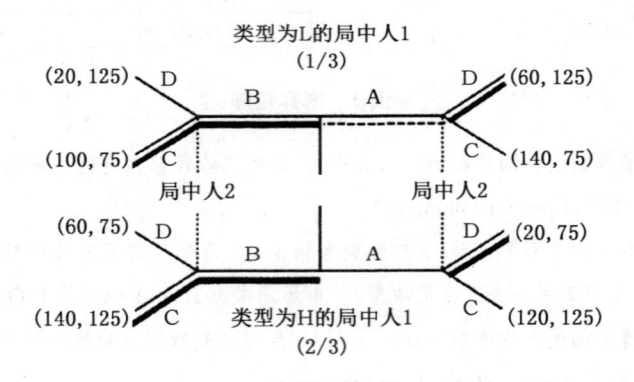

图 2 博弈树

研究假设:理论预测该博弈的均衡为1,选择B,而2在1选A的情况下选择D,在1选B的情况下选择C。运用实验数据判定这一研究假设是否被支持。

参考文献

1. Bolton,G. ,E. Katok,A. Ockenfels(2004). "How Effective are Electronic Reputation Mechanisms? An Experimental Investigation", *Management Science*,50:1587—1602.

2. Charness,G. ,N. Du,C-L. Yang(2011). "Trust and Trustworthiness Reputations in an Investment Game", *Games and Economic Behavior*,72:361—375.

下篇:实验实施实例

进入 21 世纪以来,市场机制设计的理论研究出现了新的动向与热点:市场设计大踏步地走向应用,行为机制设计也开始走入研究视野。市场设计的主要目标是针对特定的经济环境,主动设计市场机制,以提高市场参与者的福祉和资源配置效率。而行为机制设计将行为经济学中已验证有效的心理约束机制引入市场设计,从而提高交易的信任度和诚信度,提高市场交易效率。与之相对应,实验经济学的研究也紧跟理论的步伐,进行市场设计与行为机制设计的实证检验。

本书下篇"实验实施实例"的核心是探究如何运用当代行为与实验经济学的理论方法,基于中国国情进行"行为机制设计",具体而言,就是科学地考察传统规范所形成的心理约束,在何种条件下能作为"非正式制度"、在当下的经济运行中成为"正式制度"的有效补充。本书下篇提供了作者以往的两个"行为机制设计"实例,采用行为与实验经济学的研究方法,考察特定的社会心理约束在特定的经济环境下所发挥的作用。作者期望这些实例能为现代市场制度下基于中国情境的行为机制设计,特别是推动后续的系统性研究带来启发;更进一步说,在提炼总结社会规范在我国资源配置中如何发挥作用的过程中,希望这些实例能成为众多支撑点之一。

本书下篇提供"实验实施实例"的另一个出发点是将前面各个章节所介绍的提出研究问题和理论假说、实验设计、通过实验数据对理论假说进行假设检验等各个环节完整地贯穿起来,以帮助读者得到对实验设计的全部过程的感性认识,从而自主地把实验设计的方法和工具运用到研究中去。如果我们提出了一个研究计划,则该研究计划是否适宜运用实验的手段来实现?如果适宜采用实验手段,那么前面章节中所介绍的哪些工具是需要的?这些问题在很多情况下不存在唯一正确的答案。到底应当怎样做实验,需要读者不断通过实践去摸索体会。

与上篇"实验设计方法"相呼应,下篇所提供的劳动力市场行为机制设计实例为实验室实验,而资本市场行为机制设计实例为自然实地实验。

第十章 现代市场制度下的行为机制设计

21世纪实验经济学研究的新动向是研究领域呈现跨学科发展，心理学、生物学等学科的新成果开始进入微观机制设计的研究视野，如行为机制设计是心理学与市场机制设计相结合而出现的新领域。行为经济学（Behavioral Economics）是将心理学的研究成果引入经济分析的经济学新分支，而实验经济学（Experimental Economics）是行为经济学模型的主要实证手段。

从实验经济学的发展趋势看，在20世纪90年代之前，行为经济学家关注如何识别心理约束在市场活动中的作用，而传统实验经济学家关注如何运用实验手段实现市场设计（成功实例包括拍卖机制设计、择校机制设计、器官移植的匹配等），两者看似并无交集。但进入21世纪后，如何将行为经济学中已得到验证的心理约束机制引入市场设计，从而提高交易的信任度和诚信度与市场交易效率并实现潜在市场剩余，已经成为当下研究的热点。

本章的第一节介绍市场机制设计，第二节进一步介绍机制设计的特殊类别——行为机制设计，第三节简单介绍运用实验方法进行行为机制设计的实例（实例的详细内容将在后续章节展开），第四节结合我国国情进行小结。

第一节 市场机制设计

在人类社会发展的早期阶段，由于受到生产力水平的限制，具有强制约束力的正式制度执行成本过高，难以到达基层，在基层往往需要社会规范与伦理道德作为正式制度的补充。比如，在我国古代"皇权不下乡""君臣父子"的伦理约束与宗族的亲缘约束成为基层社会稳定的主要基石；又比如，古代海洋文明的贸易活动缺乏有效监管，古希腊城邦的公民教育，特别是对独立意志行为人的责任教育、"契约精神"的道德约束应运而生。

在现代社会，随着生产力水平的不断提高，正式制度大步走向基层。近几十年来，信息技术水平飞速发展，"大数据"时代获取信息的成本急剧下降，促使新的、更有效的制度安排不断涌现。从经济运行的角度来看,市场交易机制的覆盖面在不断增大、市场的边界在不断扩张。生产要素与商品服务的交易从"线下"走向"线上",比如,传统的线下拍卖由拍卖师人工组织,所有竞拍者汇集在同一地点;而当下的线上拍卖可以通过网络汇集全世界的竞拍者。在竞拍中出现的淘宝、易贝等网络交易平台上的"拍卖一口价",是传统标价市场和拍卖市场的混合体;易贝上出现了"软件代理",即竞拍者可以将自己的竞价策略交给交易平台所提供的软件执行,以避免意外失误。信息技术进步所带来的重要变化是,过去依赖人力组织所不能实现的市场机制在今天的互联网和电子商务时代随处可见。

技术进步给机制设计带来的便利促使经济学研究出现了一个新的热门分支——"市场设计"。市场设计的主要目标是针对特定的经济环境,主动设计市场机制,以提高市场参与者的福祉和资源配置效率。市场设计的主要代表人物阿尔文·罗思(Alvin Roth)和罗伊德·沙普利(Lloyd Shapley)于2012年分享了诺贝尔经济学奖。市场设计理论自形成以来,在众多现实问题中得到了大量应用,如本书第一章所介绍的弗农·史密斯等人在双向拍卖市场基础上设计的"智能市场",如拍卖机制设计领域和匹配机制设计领域的诸多应用。

实验经济学是20世纪60年代伴随着市场机制设计一同发展起来的经济学新兴领域。理论上能够实现预期配置方案的市场机制,在实践中能否取得成功?经济实验是市场设计最直接、最强有力的工具。如本书之前关于实验设计方法的章节中所讲述的,经济实验的本质是对经济系统进行控制,对经济系统中市场参与者(即实验参加者)的行为进行观察,从而回答市场设计的基本问题。

进入21世纪,传统的市场设计理论经实验检验后,开始大规模地进入应用范畴,比如,西方许多国家的中央银行经常采用拍卖的方式销售政府债券,内务部也定期拍卖石油开采权。以美国为例,经济学家所设计的各种拍卖机制在得到实验验证之后,被广泛应用于通信频谱拍卖、公交线路运营权拍卖、汽车牌照拍卖以及网络拍卖中,取得了前所未有的效益,为美国财政部带来了巨量收入。欧洲各国也相继采用类似的拍卖机制。在中国,有学者开始运用实验方法研究拍卖机制的现实应用。比如,卡兹比(Cadsby)、杜宁华、王汝渠、张军(2016)的实验研究表明,如果在共有价值拍卖中允许得到赝品的中标者退货,那么拍卖的预期成交价将会提高,而拍卖标的物的商家将从拍卖中得到更高的预期收入。

匹配机制设计是市场设计的一个新动向,其成果被广泛应用于学生择校系统及人体器官捐献分配系统等。在许多匹配问题上,价格机制通常并不起主导作用,甚至在许多情况下没有转移支付。比如,在大学入学问题中,并不是谁出价高谁就可以得到入学名额,与此同时,大学也不是通过学费的高低来调节需求(学生申请)。在某些职业的就业匹配中,用人单位并不是完全依靠工资水平来挑选员工,单位寻找的是具有某种职业技能而不是工资要价低的员工。在非价格机制运作中,匹配成为一种重要的机制和工具。因此,人们需要研究在非价格机制下参与人之间如何通过匹配来实现资源的有效配置,以及参与人之间互动的激励性问题。

匹配机制设计有着非常广泛的应用,很多经济学家用经济学实验检验匹配机制的有效性,并应用到具体的市场实践中。比如,获得诺贝尔经济学奖的实验经济学家阿尔文·罗思参与了美国国家住院医生匹配项目(National Resident Matching Program)的设计(Roth,1984)。阿尔文·罗思和合作者参与了波士顿公立学校入学匹配设计(Roth,1985)及新英格兰肾脏交换机制的设计(Roth 等人,2004)等。这些项目的成功设计充分展现了实验市场设计对于解决现实问题的巨大潜力。在中国,有一批青年学者通过经济学实验研究中国高校的入学匹配问题。比如,连纬虹、郑捷、钟笑寒(2016)在多种择校机制下对比高考前填志愿和考后填志愿对录取公正性的影响,丁婷婷运用实验研究信息传播对择校机制的影响(与 Andrew Schotter 合作,2017),陈岩、江明等人(2020)运用实验和其他实证方法研究中国高考招生制度改革等。

第二节 行为机制设计简述

第一部分我们讨论了正式制度与市场边界的扩张,以及在此背景下实验市场设计在应用范畴所取得的成果。那么随之而来的问题是,在现代市场制度高度发展的前提下,传统的社会道德规范约束是否仍然会在经济运行中发挥积极的作用?法律法规、交易规则、市场机制等正式制度的"硬约束"与传统社会伦理规范等非正式制度的"软约束"之间的相互关系又是怎样的?是不是传统的非正式制度的软约束以后就会逐渐退出历史舞台?

对这些问题的扼要回答是,一方面,实证研究发现市场边界的扩张、物质激励的泛用会削弱社会规范对市场参与者的约束。比如,有偿献血会使献血者觉得自己是为了物质报酬献血、降低其社会责任感与荣誉感,未必能增加有效医疗血液供给;幼儿园向迟到的家长索取罚金会减少家长对幼儿园老师的愧疚感,未必能起到督促家长按时接孩子的作用(Gneezy,2003)。另一方面,在当代的经济运行中,正式制度难以触及之处仍然比比皆是。例如,在小额信贷关系中,出借人与借款人虽然受到合约的约束,但由于监管成本远高于合约所涉及的金额,造成合约无法依照法律强制执行,合约的实际执行过程只能取决于订约双方的信任度与诚信度等。这些问题均超越了交易规则所约定的边界,涉及与社会道德的心理约束相关的跨领域研究。

行为经济学是将心理学的研究成果引入经济分析的经济学分支。最早从事行为经济学研究的是罗宾·道斯(Robin Dawes)、丹·卡尼曼(Dan Kahneman)、悉尼·西格尔(Sydney Siegel)等心理学家,而不是经济学家。心理学家关注的重心是心理活动对人的行为的约束。从20世纪50年代起,心理学家们开始关注心理约束对经济活动参与者的行为的影响。这些影响客观存在,又是被传统经济学研究所忽视的。行为经济学的第一代学者的主要贡献是指出了能用心理学解释却无法用传统经济学解释的经济活动中的"异常现象"(如"参照收入水平"会影响劳动供给意愿,经济衰退中仍存在工资刚性等)。从20世纪90年代至21世纪初,第二代行为经济学家针对上述各种心理现象,开始放宽传统经济学理论中关于经济活动参与者的行为假设,建立一般性的理论模型,系统化、规范化地刻画描述特定心理约束对经济运行的影响。第二代行为经济学家的代表人物包括马特·拉宾(Matt Rabin)、文森特·克劳福德(Vincent Crawford)等,研究成果包括level-k学习模型(Crawford, Costa-Gomes, 2006),以负罪厌恶为基础的守约模型(Charness and Dufwenberg, 2006)等。而最近几年第三代行为经济学的研究人员开始将第二代的研究成果运用到应用领域中去,而行为机制设计就是其中的热点:将行为经济学中已验证有效的心理约束机制引入市场设计,从而提高交易的信任度和诚信度与市场交易效率。

经济实验作为市场设计的重要工具,从所需要回答的问题出发,研究人员可以针对实施新市场机制最有可能出现风险的各种情形设计实验环境,有的放矢地进行实验,以避免机制设计失误所造成的社会损失。20世纪90年代之前,实验经济学的开拓者弗农·史密斯、查尔斯·普洛特(Charles Plott)等人的研究重心是运用实验这一实证方法进行传统的"正式制度"设计(如拍卖机制设计、择校机制设计、器官移植的匹配等),而近年来实验经济学发展的新动向是将行为经济学中所探讨的心理约束纳入实验考察对象,运用实验参与"非正式制度"的设计。本书所讨论的与我国经济实践相结合的研究实例,都是运用经济实验所进行的行为机制设计,属于"非正式制度"范畴。第三部分我们简要介绍两个行为合约设计的实例,其详细内容将在第十一章和第十二章中展开。

第三节 行为机制设计实例简介

不完整合约是现实生活市场交易中普遍存在的现象,其表现有两个方面:其一是对于交易中的某些细节无法通过合约进行表述;其二是即便在合约中对交易细节进行了约定,而实际执行过程中也很难约束监督。例如,在电子商务中,由于在线交易的双方相互匿名,而买家付款与卖家发货并不同步,这为卖家不按照合约发货的欺诈行为提供了可乘之机。不完整合约现象的存在造成市场交易效率低下、潜在的市场剩余不能得以实现。基于不完整合约现象的普遍性和重要性,对该问题的研究是近二三十年来经济学文献中的热点。

以市场参与者的自利偏好为出发点、以物质激励为基础的传统合约设计往往需要在合约中提供详细的交易细节,同时忽视合约的法律监管成本。因此,传统的合约设计方案在现实市场交易的实施过程中遇到了很大的困难。近年来,行为经济学的研究成果逐渐走入市场设计特别是合约设计的视野。出于合约的法律监管难度,将心理约束机制引入合约,从而提高交易双方的信任度和诚信度与市场交易效率并实现潜在市场剩余的"行为合约设计",作为行为机制设计下的一类特殊问题,越来越受到重视。

劳动力市场中的合约设计问题以雇主与雇员之间的委托代理关系最为典型。雇主雇用雇员进行生产,但很难监督雇员在生产过程中的努力程度,从而出现雇员有偷懒的可能。怎样协调新时期的劳资关系,为劳动者提供更有效的激励,是我国在当前转型阶段出现的新问题。文献中,查尼斯和杜夫温伯格(Charness and Dufwenberg, 2006)发现,虽然口头承诺在很多情况下不具有法律约束力,但"违背承诺"这一事件本身会给承诺人带来心理负担,因此口头承诺也会约束经济活动参与者的行动。查尼斯(Charness)、杜宁华、杨春雷和姚澜(2013)将这一行为经济学上的发现运用到劳动合约设计中去,他们的实验表明,在雇主与雇员的合约中,雇员对绩效的口头承诺对雇员的实际努力水平具有约束力,而雇主对雇员绩效的口头期待对雇员的努力水平不具有约束力。最优合约设计的历史文献表明,合约的剩余索取权应交付给创造价值的一方,以实现社会效率(Hart and Moore, 1990);而查尼斯(Charness)、杜宁华、杨春雷和姚澜(2013)的贡献在于,口头承诺等非物质的心理约束机制同样要作用于合约中创造价值的一方,才能实现社会剩余。关于本实例的详细讨论,见本书第十一章。

行为合约设计在中国的现实应用不仅有劳动合约设计,还包括电子商务(卡兹比、杜宁华、宋菲、姚澜,2015),小微信贷(杜宁华、李玲芳、陆天、卢向华,2020)等诸多方面。资本市场中的"小微信贷"也是合约设计问题中的一种。小型企业和个人在获取正规金融服务的过程中往往受到各种限制,从而只能依赖向亲友借款、高利贷等非正规渠道的融资手段。在此背景下,过去10年我国P2P(Peer to Peer,即点对点)网贷获得了迅猛发展。P2P网贷平台具有出借人投资门槛低、收益率高、借款人易于获得放款等优势。但与此同时,由于P2P网贷平台上项目众多、履约的监管难度大、借款人"卷款跑路"、出借人投资难以追回的情况屡见不鲜,部分P2P网贷平台被迫倒闭。杜宁华等人(2020)在一个P2P学生贷的平台上进行了自然实地实验。他们将该平台在2016年的某月获得放款的所有借款人随机分成三组,分别向这三组借款人发送不同的催款信息:第一组借款人得到中性的还款日期提醒;第二组借款人收到的信息,在中性提醒信息的基础上强调出借人对按时按量还款的正向期待;而第三组借款人收到的信息,在中性提醒信息基础上强调了一旦借款人违约,其将会承担的后果。研究结果表明,与中性提醒信息相比,"正向期待"信息对还款促进作用显著,而且持续长久。"负面后果"信息只在短期内对还款有促进作用,其长期效果不明显。这一发现不仅对小额信贷还款率的提升具有指导意义,而且对产品市场和其他要素市场的行为合约设计也具有一定的启发。关于本实例的详细讨论,见本书第十二章。

第四节 小 结

市场设计在经济体制的研究中正在发挥越来越重要的作用。经济体制改革的核心问题是理清政府、市场、社会三者之间的相互关系,而如何依据国情选择市场机制,是协调三者关系、发挥市场在资源配置中的重要作用的关键环节。作为连接政府政策和社会需求的纽带和桥梁,恰当的机制设计是对国情(环境和需求)认知能力的集中体现。

当前中国改革已进入深水区和关键期,其走向牵动着世界格局和中国的现代化与长治久安。党的十九大做出了全面深化改革的战略部署,其总目标是完善和发展中国特色社会主义制度,推进国家治理体系和治理能力现代化。经济体制改革是全面深化改革的重点,核心问题是处理好政府与市场的关系、政府与社会的关系。如何让中国的市场机制更加有效运作、让政府定位更加合理、解决好市场失灵问题、达到更高的民众福祉、避免政府和市场制度之间的内在冲突及其潜在的激励扭曲,是深化改革和现代国家治理体系建立过程中的一个重大挑战,而这就需要深化对市场机制设计原理的理解和加强对市场机制设计运用的研究,以此为中国现实急需解决的问题服务。

一、市场机制设计的地位和作用

理顺政府、市场、社会三者的相互关系,使其三位一体、协调运行是经济体制改革的要点。由于在三者的关系中,政府和社会在经济运行中表述的是主体的行为,而市场作为各方参与交换的多种系统、机构、程序、法律强化和基础设施之一,是连接政府与社会的运行舞台。在这个舞台上,市场机制是经济体系中各种要素之间有机联系和相互作用及其对资源配置的调节功能,是价值规律调节商品生产和流通的主要形式。因此,市场机制既是连接政府组织和社会主体的枢纽,又是导向和约束政府的政策法规和社会需求的起始点。从这个意义上看,"市场机制设计"是经济体制选择的本质所在，是深化改革所必须面对的重大问题。

二、行为机制设计的重大突破

一方面，"行为机制设计"是机制设计。传统经济学的一大局限是在给定市场下讨论市场参与者之间的互动以及互动的均衡和福利结果。机制设计将此问题倒过来，其核心问题是：在个体自利性（无论企业还是个人层面的个体）和信息不对称这两个最大的客观现实条件下，如何设计一个激励相容机制，使得个体主观上追求自身利益的过程在客观上也可达到集体或社会既定的目标。在机制设计的过程中，要科学地更好地发挥政府在弥补市场失灵方面的作用，解决具有外部性的公共资源配置中的信息和激励问题，例如，政府层面的物资采购、土地拍卖、政府资源配置（政府项目、物品如公租房、干部岗位匹配）等，社会层面的高校与中小学招生、器官移植交换等，企业层面的小微信贷、劳动合约等。这些重要的资源配置问题迫切需要理清和界定政府与市场的治理边界，同时解决好政府如何更有效地制定公共政策，从而弥补市场失灵的问题。

另一方面，"行为机制设计"与一般机制设计又有所区别，它探讨的核心并不是法律法规、在监管下能被严格执行的规则与约定等"硬约束"，而是道德伦理、社会规范等影响心理的"软约束"，通过这些"软约束"影响经济活动参与者的行为，从而实现集体或社会既定的目标。在回答政府与市场、社会关系的基础上，"行为机制设计"能进一步回答现代市场制度与传统社会道德规范之间的关系。

面对人类经济活动这一复杂的行为对象，行为机制设计第一次超越了传统交易规则所约定的边界，将利益规范的"硬约束"与伦理规范的心理"软约束"有机地连接在一起，使二者在一定条件下成为"和谐共存"的体系，这是近代市场设计在经济学领域的重大突破，它应该得到我国政府和越来越多的研究人员关注。

三、经济实验——研究国情的理论和方法

由于行为机制设计的有效性建立在中国国情的基础之上，能否识别、提炼出个体利益与集体或社会目标相协同的特定条件，建立相应的激励机制，取决于对所依存的中国的具体环境、特定需求以及道德认同感的深刻理解。需要强调的是，在复杂的、多样化的经济活动中识别个性化的中国情境的难度很大，没有普遍适用的理论和方法。为了寻找与行为机制设计相契合的研究国情的理论工具，建立在现代经济理论和技术基础上的实验经济学方法受到了特殊的关注。

行为机制的设计和经济实验方法在考察中国情境的心理约束何种条件下能作为"非正式制度"、在当下的经济运行中成为"正式制度"的有效补充，与"正式制度"相协调、相渗透等方面，具有不可低估的理论和实践意义。

参考文献

1. Baumeister, R. F., Stillwell, A. M., Heatherton, T. F. (1994). "Guilt: An Interpersonal Approach", *Psychological Bulletin*, 115(2):243—267.

2. Cadsby, C., N. Du, F. Song, L. Yao(2015). "Promise keeping, Relational Closeness, and Identifiability: an Experimental Investigation in China", *Journal of Behavioral and Experimental Economics*, 57:120—133.

3. Cadsby, C., N. Du, R. Wang, J. Zhang(2016). "Goodwill Can Hurt: a Theoretical and Experimental Investigation of Return Policies in Auctions", *Games and Economic Behavior*, 99:224—238.

4. Charness, G., N. Du, C-L. Yang(2011). "Trust and Trustworthiness Reputations in an Investment Game", *Games and Economic Behavior*, 72:361—375.

5. Charness, G., N. Du, C-L. Yang, L. Yao(2013). "Promises in Contract Design", *European Economic Review*, 64:194—208.

6. Charness, G., Martin Dufwenberg(2006). "Promises and Partnership", *Econometrica*, 74:1579—1601.

7. Chen, Y., M. Jiang, O. Kesten(2020). "An Empirical Evaluation of Chinese College Admissions Reforms through a Natural Experiment", *The Proceedings of the National Academy of Sciences*, 117(50):31696—31705.

8. Costa-Gomes, M., V. Crawford(2006). "Cognition and Behavior in Two-Person Guessing Games: an Experimental Study", *American Economic Review*, 96(5):1737—1768.

9. Ding, T., A. Schotter(2017). "Matching and Chatting: an Experimental Study of the Impact of Network Communication on School-Matching Mechanisms", *Games and Economic Behavior*, 103:94—115.

10. Du, N., L. Li, T. Lu, X. Lu(2020). "Pro-Social Compliance in P2P Lending: a Natural Field Experiment", *Management Science*, 66:315—333.

11. Du, N., Q. Shahriar(2018). "Cheap Talk Evaluations in Contract Design", *Journal of Behavioral and Experimental Economics*, 77:78—87.

12. Dufwenberg, M. and G. Kirchsteiger(2004). "a Theory of Sequential Reciprocity", *Games and Economic Behavior*, 47:268—298.

13. Gneezy, U. (2003). "W effect of incentives", Working Paper.

14. Hart, O. and J. Moore(1990). "Property Rights and the Nature of the Firm", *Journal of Political Economy*, 98:1119—1158.

15. Lien, J., J. Zheng, X. Zhong(2016). "Ex-ante fairness in the Boston and serial dictatorship mechanisms under pre—exam and post-exam preference submission", *Games and Economic Behavior*, 101:98—120.

16. Roth, A. (1984). "The Evolution of the Labor Market for Medical Interns and Residents: a Case Study in Game Theory", *Journal of Political Economy*, 92:991—1016.

17. Roth, A. (1985). "The College Admissions Problem is not Equivalent to the Marriage Problem", *Journal of Economic Theory*, 36: 277—288.

18. Roth, A., T. Sönmez, M. Ünver, (2004). "Kidney exchange", *Quarterly Journal of Economics*, 119: 457—488.

19. 杜宁华:《经济学实验的内部有效性和外部有效性——与朱富强先生商榷》,《学术月刊》, 2017, 49: 80—87。

20. 杜宁华、李玲芳、陆天、卢向华:《如何陈述催款信息才能更好地提高还款率?——基于小额网贷平台的自然实地实验研究》,工作论文,2020。

21. 习近平:《决胜全面建成小康社会 夺取新时代中国特色社会主义伟大胜利——在中国共产党第十九次全国代表大会上的报告》,2017。

第十一章　劳动力市场中的行为机制设计：合约设计中的承诺

劳动力市场中的行为机制设计问题以雇主与雇员之间的委托代理关系最为典型。雇主雇用雇员进行生产，但很难监督并强制要求雇员达到特定的努力程度，从而让雇员有偷懒、上班摸鱼的可能。怎样协调新时期的劳资关系，设计恰当的行为机制，为劳动者提供更有效的激励，是我国改革开放以来出现的新问题。

本章内容源于加里·查尼斯、杜宁华、杨春雷和姚澜合作进行的实验室实验研究[①]，他们将口头承诺运用到劳动合约设计中去。本项研究的合作者以姓名字母排序，所有合作者贡献等同。本书作者已征得全部合作者同意，将此项研究作为行为机制设计的实例。

第一节　研究动机介绍

即使一个群体的所有成员都会从相互合作中受益，群体中的个人也可能从私利出发，采取不利于合作的行动。因此，如何通过解决个体利益与群体利益的冲突来促进合作、获得社会收益，成为经济学研究的一个重要课题。人们在自然市场中的经验和以往的经济学文献都表明，基于社会偏好的亲社会行为对经济绩效至关重要(Arrow,1972)。然而，社会偏好本身并不总是足以诱发社会合作结果。正如卡默勒和费尔(Camerer and Fehr,2006)所指出的，市场活动参与者是否完全以自我物质利益为出发点进行决策，很大程度上取决于界定交易规则和交易流程的制度。

不完整合约是一般经济环境下的合作问题的一种特殊表现。不完整合约是指两方面：一是合约中总有未尽事宜、订约双方没有考虑到的情况；更重要的一方面，是指

---

① Gary Charness, Ninghua Du, Chun-Lei Yang, Lan Yao, 2013, "Promises in Contract Design", European Economic Review, 64:194—208.

即便在合约中有所约定,但监管成本和执行成本使得条约的实施变得困难。合约不完整意味着交易双方中拥有剩余索取权的一方具有偏离缺乏约束力的合约条款的能力,以损害另一方当事人的利益为代价在更大程度上获取自身利益。在经济生活中不完整合约有重要的现实意义。生活中买方具有剩余索取权的实例包括:某些国家食客在餐厅用餐完毕以后再决定向服务员支付多少小费,雇主在得到公司员工的服务以后再考虑员工未来晋升或加薪的可能性;卖方具有剩余索取权的例子包括医生提供的医疗服务、律师或财务规划师所提供的服务,以及某些类型的汽车修理服务。在所有这些服务中向客户收取的费用通常是预先决定的,而服务质量的高低取决于服务提供方收费后所付出的努力。

已有文献研究了亲社会行为在不完整合约中的作用。陈永民(Chen,2000)研究了合约执行成本过高时人们的守约行为。当约束交易双方无法偏离条款的完全合约的执行成本过高时,部分依赖于人们自觉遵守协议的不完整合约可能是最优的订约方案。继格罗斯曼和哈特(Grossman and Hart,1986)以及哈特和摩尔(Hart and Moore,1990)之后,陈永民(2000)的研究进一步证实,不完整合约里缺乏执行约束力的条款的剩余索取权,应交付给直接创造社会盈余的交易方。

文献中的沟通交流实验表明,当一个人说到没做到时,他(她)可能会有一种自我强加的道德负担,而道德负担背后的驱动力有多种可能。例如,在内疚厌恶模型中,人们关心别人对他们的期望,如果他们的行为没有达到期望,就会感到内疚。在内疚厌恶模型中,沟通可能会通过影响对于对方预期的判断来影响动机和行为。查尼斯和杜夫温伯格(Charness and Dufwenberg,2006)通过实验研究了沟通对信任、合作与隐藏行为(Hidden Action,道德风险的一种)的影响。实验证据与内疚厌恶理论中"人们采取行动,努力不辜负他人期望以避免内疚"的判断是一致的。在查尼斯和杜夫温伯格(Charness and Dufwenberg,2006)的序贯博弈实验中,从自利偏好出发,理论预测博弈中将不会达成局中人联合采取合作行动并达到帕累托最优的结果。事实上,在没有事前沟通交流的情况下,有20%的实验参加者基于其社会偏好实现了合作。特别地,当博弈中的第二行动者可以发送无成本、无强制约束力的信息时,她(他)可能会承诺合作。如果博弈中的第一行动者相信第二行动者会信守承诺、第二行动者也确实会信守承诺的话,博弈中双方的合作与帕累托最优结果将会达成。实验发现,第二行动者如果通过格式内容自由的信息向第一行动者做出了承诺,博弈中双方联合合作的比率将上升到67%。"说到没做到"所产生的另一种可能的道德负担是谎言本身造成的成本。范伯格(Vanberg,2008)的实验提供了另一个做出无强制约束力的承诺的实验参加者恪守承诺的实例,但实验中"承诺"所造成的影响不能用对于对方预期的判断所发生的变化来解释,这表明人们对遵守承诺本身有偏好。查尼斯和杜夫温伯格(Charness and Dufwenberg, 2006)以及范伯格(2008)的实验都采用了非格式化的、内容无限制的沟通交流机制。查尼斯和杜夫温伯格(Charness and Dufwenberg, 2010)的后续研究发现,简单的格式化承诺几乎没有增加信任的效果。

哈特和摩尔(Hart and Moore, 1990)的不完整合约理论指出,在合资企业所有权的最优归属方案中,应将剩余索取权让渡给订约双方中"关系特定资产"(relationship specific asset)最多即最能在双边关系中创造价值的一方。基于哈特和摩尔(1990)的基本观点以及上述沟通交流实验文献,我们进一步推测,类似地,在最优的订约流程中,也应当让提供服务(产品)的主体在合约中提出并承诺与服务(产品)质量有关的条款。从一般意义上理解,最优订约流程中,拥有打破合约中不具有执行约束力的承诺(条款)的能力的一方必须是提出合约中承诺的一方,从而使其承担做出承诺所造成的心理约束与道德负担。人们是否遵守约定,与他们是否是约定的提议者息息相关。与以往不完整合约理论文献中所研究的合约条款本身的剩余权利不同,本项研究所关注的是书写合同并规定条款内容的剩余权利的归属。

为了考察所建议的合约设计是否有效,我们在实验室中设定了双边礼物互换博弈:企业(雇主)和员工(雇员)之间的劳动合约是不完整的,企业无法强制要求员工达到特定的努力程度。企业向员工支付工资后,员工可以选择低于协议的努力程度,以公司的利润损失为代价提高自己的福利。在礼物互换博弈中,产出取决于员工的努力程度,员工是社会盈余的创造者。根据上述最优订约流程的基本原则,员工应在合约中提出期望达到的努力程度。

在我们的实验里,我们通过两个实验因子的变化来研究订约流程是否引发了守信行为:(1)由谁(企业或员工)提出合约,(2)提出的合约中是否包含关于员工努力程度的非强制性规定。我们的主要发现是,当合约由员工提出,且合约中包括员工本人所承诺的努力程度时,员工所选择的实际努力程度在所有四种实验设置中是最高的,其他三种实验设置下的结果几乎没有区别。这一实验发现是对哈特和摩尔(1990)所提出的最优所有权概念的进一步拓展。

本章的后续内容结构如下:第二节进一步讨论了相关实验文献,第三节介绍了实验设计的细节,实验结果见第四节,总结性评注见第五节。

第二节 相关文献

本项研究在实验室内通过实验实施礼物互换博弈。在礼物互换博弈的背景下,企业可以通过提供高工资来向员工送出"礼物",而员工可以通过更高努力程度的工作来回报企业对等的"礼物"。在第一篇报告礼物互换博弈实证结果的论文中,费尔、柯克施泰格和里德尔(Fehr、Kirchsteiger and Riedl,1993)发现,实验中的工资和努力程度都远远超过了以单纯利己为出发点的理论预测,并且努力和工资之间存在非常强的正相关关系。因此,无论是通过努力渠道还是通过工资渠道,社会偏好似乎都在产生社会盈余方面发挥着重要作用。这些特征事实在随后相当多的礼物互换类的实验中被反复观察到(如 Abeler,Altmann,Kube and Wibral,2010;Bauernschuster,Duersch,Oechssler and Vadovic,2010;Brandts and Charness,2004;Charness,2004;Charness and Kuhn,2007;Duersch,Oechssler and Vadovic,2012;Fehr and Falk,1999;Fehr,Falk and Zehnder,2006;Fehr,Gaechter and Kirchsteiger,1997;Irlenbusch and Sliwka,2005;Maximiano,Sloof and Sonnemans,2007;Owens and Kagel,2010。关于礼物互换博弈的文献综述见 Charness and Kuhn,2011)。

文献表明,礼物互换博弈中的重复互动和声誉机制能够大幅度提高产出和社会盈余。布朗、福尔克和费尔(Brown,Falk and Fehr,2004)在多轮次的礼物互换博弈中通过提供固定的参与者识别号码,允许企业和员工之间重复互动。他们发现,企业和员工在长期双边关系中共享社会盈余,这种长期共享关系受到不续约威胁的约束。

费尔、克莱茵和施密特(Fehr,Klein and Schmidt,2007)比较了三类合同对员工的激励效果。"信任"合约中由企业提出工资水平(w)和期待员工达到的努力程度(e^*),但 e^* 对员工不具有实际的约束力。"激励"合约在"信任"合约的基础上,当员工选择的实际努力低于 e^* 时,以概率 p 向员工强制罚款 f。而"奖金"合约中,在企业观察到员工的实际努力不低于 e^* 以后,企业可以酌情从自己的所得中拿出一部分向员工发放奖金。实验结果表明,以员工所选择的实际努力程度为指标,"激励"合约优于"信任"合约,而"奖金"合约优于"激励"合约。费尔、克莱茵和施密特(2007)所采用的博弈赢得函数与本研究所采用的赢得函数接近,而本研究的实验设置 P_F 本质上就是费尔,克莱茵和施密特(2007)的"信任"合约设置。但本研究与费尔、克莱茵和施密特(2007)也存在根本性的不同:费尔、克莱茵和施密特(2007)关注的是企业在观察到员工的实际努力程度以后如何通过直接影响员工所得的"事后"措施来激励员工;而我们所关注的是如何通过改变合约的提案方及合约的内容等,员工在选择实际努力程度之前的"事前"措施来引导激励员工。

在之前的礼物互换实验中,查尼斯等人(2012)的合约设置与我们的最为接近。在他们的设计中,企业提出了期望的努力程度 e^*;企业有权决定工资,但在某些实验设置中,企业可以将工资决定权交给员工。他们的主要实验发现是,当企业将工资决定权交给员工时,企业和员工的所得都会增加。

本研究与查尼斯等人(2012)的不同之处有以下几个方面:首先,我们的研究问题与他们的不同,我们关注的是无强制约束力的承诺所造成的自我施加的道德负担如何约束员工,而查尼斯等人(2012)关注的是工资决定权对员工的激励作用。其次,查尼斯等人(2012)的设计具有独裁者博弈的特征,而我们的设计具有最后通牒博弈的特征:在查尼斯等人(2012)中,员工得到工资决定权后企业不能拒绝员工的提案;而我们的研究中,员工的提案可能被企业接受,也有可能会被拒绝。我们的赢得函数的结构也与查尼斯等人(2012)不同,在我们的实验中社会盈余完全由员工的努力程度决定,工资只影响企业和员工之间的财富分配;在查尼斯等人(2012)的实验中,工资会影响努力程度的边际产出,从而间接影响社会盈余。

最后,费尔、克里姆赫尔默和施密尔(Fehr, Kremhelmer and Schmidt, 2008)直接运用实验室实验检验了格罗斯曼和哈特(1986)以及哈特和莫尔(1990)的理论。在他们的实验中,企业和员工都能采取行动影响产出,同时企业和员工双方就企业的所有权归属进行谈判。虽然理论预测所有权完全归属一方时生产效率最高,但实验结果表明企业与员工共享所有权时产出最优。他们对这一实验结果的解释是,共同所有制能让双方都感到公平,从而促进合作,提高效率。

第三节　实验设计与理论预测

我们实验中所采用的博弈的基本结构如下:有一名雇主和一名雇员,他们中的一个是合约的提议者(Proposer),另一个是响应者(Responder)。

◆ 第1阶段:提议者提出合约,合约包含有约束力的工资报价 w,其中,w 是一个介于 0 和 100(包括 0 和 100)之间的整数。

◆ 第2阶段:在获知工资报价后,响应者决定是否接受合约。如果接受,则博弈进入下一阶段;若拒绝,则博弈结束。

◆ 第3阶段:雇员选择努力程度 e,其中,e 是 1 到 10 之间的整数(包括 1 和 10)。

如果响应者拒绝了合约,则雇主和雇员都能得到 35 元;如果响应者接受合约,则雇主的收入为 $35+10e-w$,而雇员的收入为 $35+w-c(e)$。函数 $c(e)$ 是付出努力所带来的成本,由表 11-1 给出:

表 11-1　　付出努力所带来的成本

努力程度	1	2	3	4	5	6	7	8	9	10
成本 $c(e)$	0	1	3	5	8	12	16	20	25	30
盈余 $10e-c(e)$	10	19	27	35	42	48	54	60	65	70

由于在接受合约后,雇主所得到的盈余是 $10e-w$,雇员的盈余是 $w-c(e)$,所以努力程度 e 所创造的总盈余(Aggregate Surplus)是 $10e-c(e)$。如表 11-1 所示,一旦响应者接受合约,产生的总盈余 $10e-c(e)$ 是员工实际努力 e 的非线性单调递增变换。

为避免实验中产生负收益,我们实施了有限责任限制,即当 $35+10e<w$ 时,雇主实际支付的工资为 $35+10e$,雇主所得为 0,雇员所得为 $35+(35+10e)-c(e)$。在有限责任限制下,雇员的自我利益最大化努力程度 e_s 会随着工资上升而上升:当 $w<46$ 时,e_s 为 1;当 $w=46$ 时,e_s 为 1 或 2;当 $46<w<57$ 时,e_s 为 2;当 $w=57$ 时,e_s 为 2 或 3;当 $57<w<67$ 时,e_s 为 3;当 $w=67$ 时,e_s 为 3 或 4;当 $67<w<78$ 时,e_s 为 4;当 $w=78$ 时,e_s 为 4 或 5;当 $78<w<89$ 时,e_s 为 5;当 $w=89$ 时,e_s 为 5 或 6;当 $89<w<99$ 时,e_s 为 6;当 $w=99$ 时,e_s 为 6 或 7;当 $w=100$ 时,e_s 为 7。不难看出,当合约中的工资不低于 47 时,有限责任限制意味着只关心自己所得的雇员也会选择高于 1 的努力程度。在我们的实验里一共有 96 份合约被响应者接受,其中只有 4 份合约的有限责任限制达到临界,即该限制下雇员选择了高于 1 的自我利益最大化努力程度 e_s。

实验中增加一个单位努力程度的边际效益固定为 10。从表 11-1 中可以看出,每单位努力的边际成本总是小于 10。因此,社会最优努力程度为 10。当 $w>30$,$e=10$ 时,雇主和雇员分享最大的社会总盈余。

在实验设计中,我们通过两个因子来研究承诺是如何在合约中起作用的:(1)谁是提议者;(2)提议的合约是否包含对员工努力程度的不具约束力的规定 e^*。因此,我们实施了以下四个博弈:

(1) P_F:雇主提出合约。合约包括 w 和 e^*。
(2) P_W:雇员提出合约。合约包括 w 和 e^*。
(3) F:雇主提出合约。合约只包括 w。
(4) W:雇员提出合约。合约只包括 w。

在纯粹的自利偏好下,当雇员提出合约时(W 和 P_W),子博弈完美纳什均衡(Subgame Perfect Nash Equilibrium,SPNE)预测 $w=9$ 或 $w=10$ 且 $e=1$,而在 F 和 P_F 中,雇主提出合约时,SPNE 预测 $w=1$ 或 $w=0$ 且 $e=1$。如果雇员所承诺的努力 e^* 对雇员实际努力 e 有所影响,那么我们在 P_W 中应观察到努力程度高于单纯自利偏好下 SPNE 的预测值。一种潜在的极端情况是,雇员违背承诺所带来的心理成本超过实验中最高可能所得时,雇员会恪守一切承诺。这种情况下,在 P_W 的 SPNE 中雇员会在合约中提出 $w=99$(若雇主在所得无差异时总是接受合约,则 $w=100$)和 $e^*=10$,雇主接受合约,最后雇员的实际努力程度 $e=10$。

我们实验设计中的一个重要特点是只有一个实验轮次。在多轮次的实验中,即便每个轮次都进行随机匿名匹配,也难以完全控制群体声誉效应(Healy,2007)与互惠效应(Brandts and Charness,2004)。单轮次实验的优点是实验控制严格,内部有效性强,数据分析简单,缺点是数据量少,无法观察决策的动态演化过程。

我们于 2012 年在上海财经大学实验经济学实验室进行了实验。实验参加者都是在公共课上征募的上海财经大学的本科生。所有参加者之前都没有任何礼物互换博弈实验的经验。实验一共有 12 场(232 名参加者):P_W 和 P_F 各 4 场(各 76 名参加者),W 和 F 各 2 场(各 40 名参加者)。我们采用了跨被试设计,即每名参加者只能参加一场实验。在每场实验中,一半的参加者是雇主,其余的是雇员。雇主和雇员一对一随机匿名匹配。实验采用 z-Tree 编程。实验说明及计算机屏幕所显示信息均为中文。实验说明见本章附录。

实验决策完成后,我们使用心理问卷 TOSCA-3(自我意识情感测试,Test of Self-conscious Affect-3,见 Tangney,Dearing,Wagner and Gramzow,2000)来测试参与者对内疚的态度。原 TOSCA-3 是一个基于情景的调查问卷,其目标是测度个人的羞耻感、内疚感、超脱感和外在化倾向。在 TOSCA-3 中,每个情景下有四个问题,每个问题分别测试一种感觉倾向。我们选择了 TOSCA-3 中的情景 5、6、9、11 和 13,其中,5、9 和 13 是消极情景,6 和 11 是积极情景。在我们的实验问卷中,在每个情景下,内疚感问题作为我们的主要关注点被选为问题 B,同时我们随机选择了其他感觉倾向问题中的一个作为问题 A。每个问题中供参加者选择的选项从 0 到 4,内疚感问题中"0"表示没有内疚感,"4"表示内疚感强烈。

实验参加者的平均所得为 22 元(参加者实验过程中所得以实验币计算,人民币 1 元=4 实验币),包括 5 元的出场费。

第四节 实验结果

本部分我们将介绍我们的主要实验发现。表 11-2 提供了实验中四个博弈的描述性统计量。

表 11-2　　　　　　　　　　　描述性统计量

全部	观察值	w	e^*	e	e_s	π_F	π_W
P_W	38	50 51 (17.58)	8 7.61 (2.27)	6 5.11 (3.59)	2 2.18 (1.27)	14.5 11.76 (21.10)	32 27.24 (18.02)

续表

全部	观察值	w	e^*	e	e_s	π_F	π_W
P_F	38	43 43.53 (21.04)	8 7.84 (2.05)	4.5 4.63 (3.16)	1 1.84 (1.15)	6.5 4.26 (23.24)	30 32 (18.50)
W	20	45 45.1 (15.69)		1 2.65 (3.12)	1 1.8 (1.11)	0 3 (16.60)	23 18.7 (17.44)
F	20	29 34.05 (22.47)		3 3.95 (2.96)	1 1.65 (1.09)	7 5.95 (18.49)	23 26.15 (17.25)

被接受	观察值	w	e^*	e	e_s	π_F	π_W
P_W	30	50 49.93 (16.00)	8 8.03 (1.61)	7 6.47 (2.71)	2 2.07 (1.20)	21 14.9 (22.79)	34.5 34.5 (12.45)
P_F	36	45 44.56 (21.11)	8 7.86 (2.10)	5 4.89 (3.04)	1 1.89 (1.17)	9 4.53 (23.88)	31.5 33.78 (17.32)
W	12	41.5 39.58 (14.16)		4 4.42 (2.87)	1 1.42 (0.67)	8.5 5 (21.56)	28.5 31.17 (10.09)
F	18	35 37.28 (21.24)		3.5 4.39 (2.79)	1 1.72 (1.13)	9.5 6.61 (19.42)	31 29.06 (15.60)

$e > e_s$	观察值	w	e^*	e	e_s	π_F	π_W
P_W	26	50 49.73 (16.61)	8 8 (1.67)	7 7.19 (2.08)	2 2.08 (1.20)	24.5 22.19 (13.67)	34 32.27 (11.41)
P_F	23	50 49.61 (17.40)	8 8.26 (1.63)	7 6.74 (2.05)	2 2 (1.24)	15 17.78 (15.30)	30 33.52 (13.60)
W	9	43 41.11 (13.57)		4 5.56 (2.35)	1 1.44 (0.73)	10 14.44 (13.16)	27 29.89 (7.17)
F	16	29 36.81 (22.46)		4 4.75 (2.74)	1 1.18 (1.40)	10 10.69 (17.37)	23 27.63 (15.87)

注:表中我们报告了工资 w、提议的努力程度 e^*、员工自身利益最大化努力程度 e_s、实际努力程度 e、雇主盈余 π_f 及雇员盈余 π_w 在各个博弈中的均值。在每个单元格中,数字从上到下分别表示中位数、平均值和标准误。盈余是以实验币计算的净盈余,已刨去初始资金 35 实验币。该表包括三个面板:所有合约、被接受的合约和员工所付出的努力 e 高于自身利益最大化水平 e_s 的合约。当考虑所有合约时,被拒绝合约的实际努力程度 e 按 0 计算。

主要实验处理效应的秩和检验见表11—3。

表11—3　　　　　　　　秩和检验的 p 值

<table>
<tr><td colspan="7" align="center">工　资</td></tr>
<tr><td></td><td colspan="3" align="center">提议的工资</td><td colspan="3" align="center">被接受的工资</td></tr>
<tr><td></td><td>P_F</td><td>W</td><td>F</td><td>P_F</td><td>W</td><td>F</td></tr>
<tr><td>P_W</td><td>0.106</td><td>0.178</td><td>0.008</td><td>0.316</td><td>0.060</td><td>0.046</td></tr>
<tr><td>P_F</td><td></td><td>0.902</td><td>0.110</td><td></td><td>0.358</td><td>0.206</td></tr>
<tr><td>W</td><td></td><td></td><td>0.080</td><td></td><td></td><td>0.580</td></tr>
<tr><td colspan="7" align="center">实际努力程度</td></tr>
<tr><td></td><td colspan="3" align="center">被接受合约中的努力程度</td><td colspan="3" align="center">被接受合约中,实际努力程度与自我利益最大化努力程度之差</td><td colspan="3" align="center">全部合约中的努力程度（被接受合约中取实际努力与自我利益最大化努力之差,合约被拒绝,则取0）</td></tr>
</table>

<table>
<tr><td></td><td>P_F</td><td>W</td><td>F</td><td>P_F</td><td>W</td><td>F</td><td>P_F</td><td>W</td><td>F</td></tr>
<tr><td>P_W</td><td>*0.018*</td><td>0.020</td><td>*0.016*</td><td>*0.015*</td><td>0.043</td><td>*0.012*</td><td>*0.013*</td><td>0.003</td><td>*0.016*</td></tr>
<tr><td>P_F</td><td></td><td>0.638</td><td>*0.319*</td><td></td><td>0.932</td><td>*0.423*</td><td></td><td>0.614</td><td>*0.465*</td></tr>
<tr><td>W</td><td></td><td></td><td>0.949</td><td></td><td></td><td>0.638</td><td></td><td></td><td>0.970</td></tr>
</table>

<table>
<tr><td colspan="8" align="center">所　得</td></tr>
<tr><td colspan="2"></td><td colspan="3" align="center">被接受合约中的盈余</td><td colspan="3" align="center">全部合约中的盈余</td></tr>
<tr><td colspan="2"></td><td>P_F</td><td>W</td><td>F</td><td>P_F</td><td>W</td><td>F</td></tr>
<tr><td rowspan="3">P_W</td><td>雇主</td><td>*0.090*</td><td>0.030</td><td>*0.232*</td><td>*0.021*</td><td>0.069</td><td>0.098</td></tr>
<tr><td>雇员</td><td>*0.228*</td><td>0.042</td><td>*0.928*</td><td>*0.292*</td><td>0.182</td><td>0.310</td></tr>
<tr><td>总盈余</td><td>*0.292*</td><td>0.008</td><td>*0.246*</td><td>*0.015*</td><td>0.021</td><td>0.016</td></tr>
<tr><td rowspan="3">P_F</td><td>雇主</td><td></td><td>0.465</td><td>*0.497*</td><td></td><td>0.991</td><td>*0.460*</td></tr>
<tr><td>雇员</td><td></td><td>0.014</td><td>*0.151*</td><td></td><td>0.677</td><td>*0.204*</td></tr>
<tr><td>总盈余</td><td></td><td>0.018</td><td>*0.252*</td><td></td><td>0.791</td><td>*0.339*</td></tr>
<tr><td rowspan="3">W</td><td>雇主</td><td></td><td></td><td>0.475</td><td></td><td></td><td>0.799</td></tr>
<tr><td>雇员</td><td></td><td></td><td>0.195</td><td></td><td></td><td>0.595</td></tr>
<tr><td>总盈余</td><td></td><td></td><td>0.113</td><td></td><td></td><td>0.932</td></tr>
</table>

注:表中斜体数字为单尾检验的 p 值,其余为双尾检验的 p 值。

表11—3所展示的是由实验设置差异所造成的主要实验处理效应(Treatment Effect)。以下,我们将分别就合约提案、执行结果、建议努力程度与实际努力程度的选择、内疚感评分等几方面进行更为详尽、具体的讨论。

一、合约提案

在 P_W 和 P_F 这两种实验设置中,合约既包括工资 w,也包括建议的努力程度 e^*,w 和 e^* 共同决定了合约所建议的雇员盈余 $w-c(e^*)$。合约所建议的总盈余由 e^* 决定,即 $10e^*-c(e^*)$。因此,合约所建议的雇员盈余占总盈余的份额为 $[w-c(e^*)]/[10e^*-c(e^*)]$。通过比较两种实验设置下的所有合约,$P\_W$ 所建议的雇员盈余高于 P_F,P_W 所建议的雇员盈余份额也高于 P_F。对于被接受的合约,P_W 和 P_F 中所建议的雇员盈余和盈余份额差别不大。相关秩和检验的详情见表 11—4。

表 11—4 合约所建议的雇员所得的描述统计与秩和检验

	所有合约			被接受的合约		
	均值(标准误)		秩和检验	均值(标准误)		秩和检验
	P_F	P_W	p 值	P_F	P_W	p 值
观察值	38	38	76	36	30	66
所得	23.263 (2.885)	31.553 (2.205)	0.0272	24.167 (2.972)	29.133 (1.969)	0.2208
份额	0.405 (0.045)	0.603 (0.060)	0.0051	0.421 (0.046)	0.485 (0.026)	0.0778

图 11—1 绘制了建议的努力程度 e^*(Proposed effort)与工资 w(Wage)的相关关系,图 11—2 绘制了建议的雇员盈余份额(Proposed worker's share of surplus)与工资(Wage)的相关关系。图 11—1 显示,w 和 e^* 之间正相关。图 11—2 表明,在 P_W 中,当雇员要求获得高于 100% 的盈余份额时,雇主的最终所得将低于 35 实验币的初始启动资金,从而雇主会拒绝这样的合约。对于被接受的合约,P_F 中建议的雇员盈余份额与 P_W 中的份额接近,这一观察结果与我们在表 11—4 中的发现一致。

当雇主提出合约时,合约的接受率较高。P_F 和 F 中合约的接受率分别为 0.947(38 个合约提案接受了 36 个)和 0.900(20 个合约提案接受了 18 个),而 P_W 和 W 中合约的接受率分别为 0.789(30/38) 和 0.600(12/20)。P_W 与 W 这两个实验设置相比,当雇员能在合约中提出建议的努力程度 e^* 时合约的接受率显著较高($p=0.062$,双样本双尾比例检验)。P_F 与 F 相比,雇主能否在合约中提出 e^* 未对合约的接受率造成显著影响($p=0.249$)。最后,P_W 的接受率显著低于 P_F($p=0.021$)。然而,如果我们排除了使雇主的最终所得低于初始 35 实验币启动资金的合约提案,那么实验设置 P_W 的接受率与 P_F 的接受率没有显著区别($p=0.319$)。

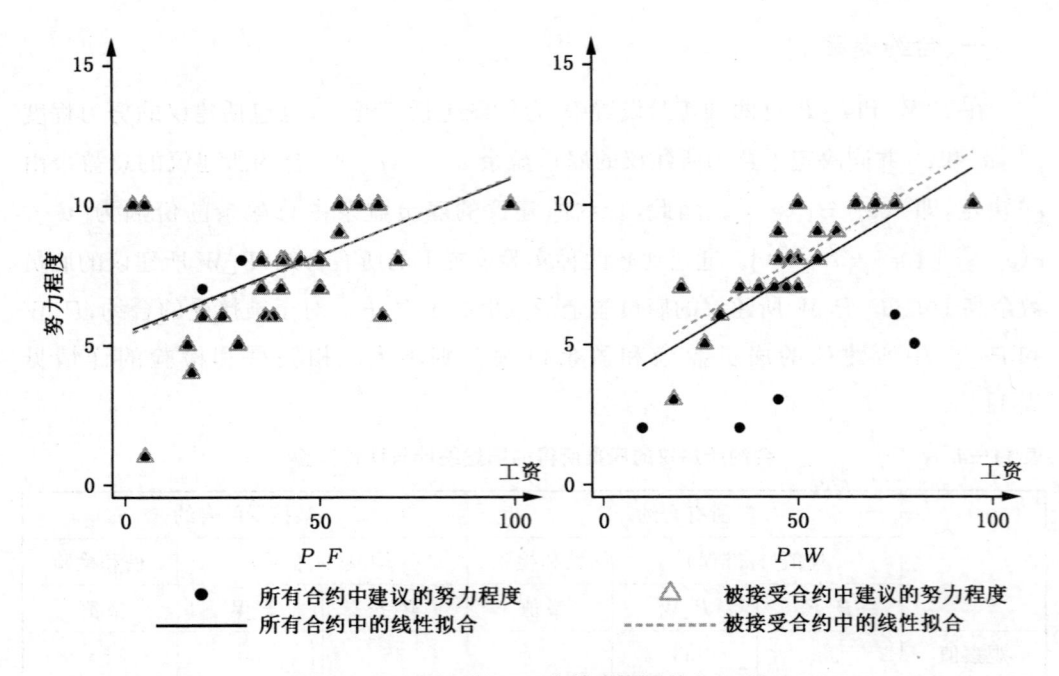

图 11-1　P_F 和 P_W 中的合同要约 (w, e^*)

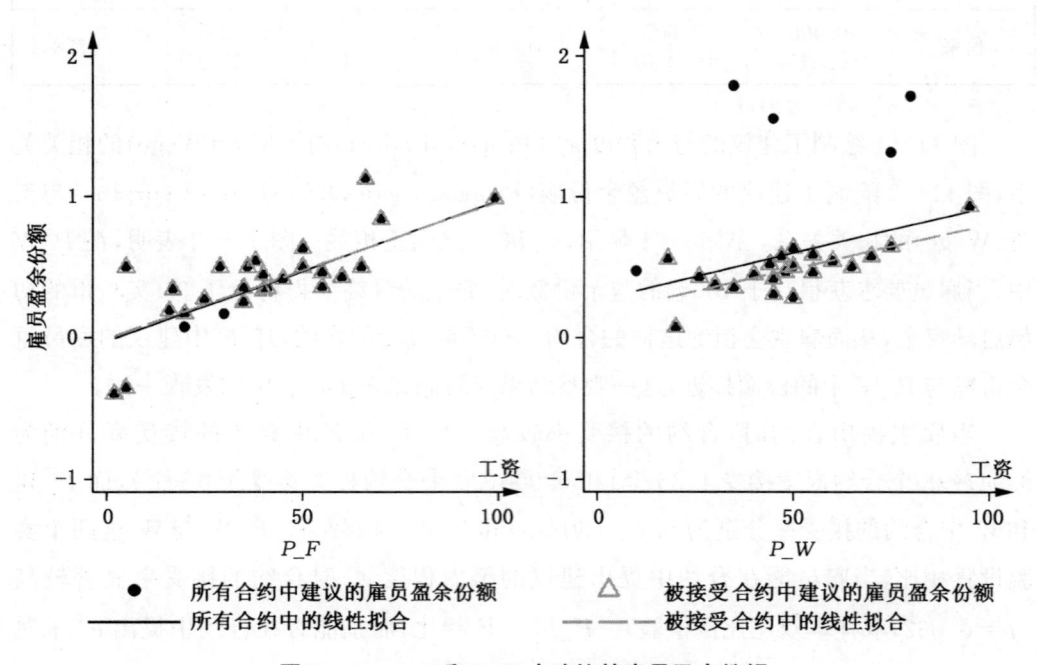

图 11-2　P_F 和 P_W 中建议的雇员盈余份额

二、执行结果:努力程度与盈余份额

根据我们的实验设置,雇员的实际努力选择决定了博弈中所实现的总盈余。被接受合约中的平均努力程度如图 11-3 所示。如前所述,我们设计的有限责任限制导致较高的工资下即使是完全自私的员工也会付出高于 1 的努力程度。因此,对自愿努力程度的准确度量应是实际努力选择 e 和自我利益最大化努力 e_s 之间的差,$e-e_s$ 也见图 11-3。

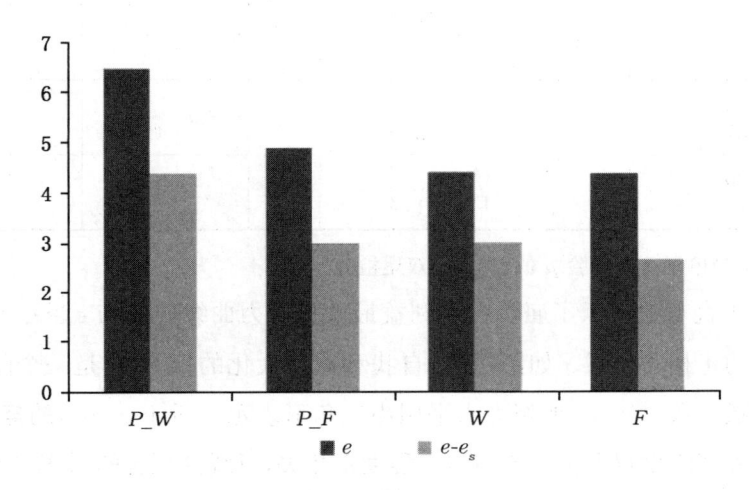

图 11-3 被接受的合约中的平均实际努力程度

如果无强制约束力的建议值 e^* 从心理上约束了雇员,那么在其他条件相同的情况下,包含 e^* 的实验设置中的努力程度相较于其他实验设置应更高。如果承诺由自己提出时人们更倾向于履行承诺,那么在 P_W 中的努力程度应该高于在 P_F 和 W 中的努力程度;如果雇主对努力程度的建议是有心理约束力的,那么在 P_F 中的努力应该高于在 F 中的努力。

表 11-5 显示了任意两个实验设置之间的秩和检验结果。与不含建议值 e^* 的参照设置相比,雇员提出的建议值 e^* 对雇员的实际努力程度有促进效果(P_W 与 W 相比),而雇主提出的建议值 e^* 并不具有明显效果(P_F 与 F 对比)。表格的左面板和中面板所讨论的是被接受的合约,在四种实验设置里,P_W 的 e 和 $e-e_s$ 最高。表格的右面板所讨论的是全部合约,其中,被拒绝合约的努力程度以 0 计。秩和检验结果表明,考虑被拒绝合约后,P_W 的努力程度仍显著高于其他 3 个实验设置。

表 11－5　　　　　　　　实际努力程度的描述统计与秩和检验

	被接受合约中的努力程度				被接受合约中,实际努力程度与自我利益最大化努力程度之差				全部合约中的努力程度（被接受合约中取实际努力与自我利益最大化努力之差,合约被拒绝,则取0）			
	均值（标准误）	P_F	W	F	均值（标准误）	P_F	W	F	均值（标准误）	P_F	W	F
P_W	6.47 (2.71)	0.018	0.020	0.016	4.40 (2.33)	0.015	0.043	0.012	3.47 (2.75)	0.013	0.003	0.016
P_F	4.89 (3.04)		0.638	0.319	2.97 (2.71)		0.932	0.423	2.82 (2.72)		0.614	0.465
W	4.42 (2.87)			0.949	3.00 (2.52)			0.638	1.8 (2.44)			0.970
F	4.39 (2.79)				2.67 (2.11)				2.4 (2.16)			

注：斜体字为单尾秩和检验 p 值，其余为双尾检验 p 值。

图 11－4 直观地展示了雇员自我利益最大化努力曲线以及与 $e > e_s$ 时工资与努力程度之间的正相关关系。如图所示，自我利益最大化的努力 e_s 是一个随工资增加而上升的阶跃函数。$e \leqslant e_s$ 的努力水平用小三角形表示。对于 $e > e_s$ 的努力选择，我们观察到四种实验设置下工资皆与努力程度正相关，且线性拟合的斜率差异不大。

在表 11－6 中，关于努力程度（Effort）的有序 probit（Ordered-probit）回归表明，工资（Wage）系数在 1‰ 水平上显著为正。在模型 2 中，测度四个实验设置下的工资与努力程度相关系数是否全部相等的 χ^2 检验结果为 $p = 0.239$。这验证了我们在图 11－4 中观察到的情况。

表 11－6　　　　　　　　关于实际努力程度的有序 probit 回归

	Effort（合约被接受,且 $e > e_s$）	
	模型 1	模型 2
W		−1.057　　(1.368)
P_F		−1.700*　　(0.892)
P_W		1.109　　(0.992)
Wage	0.071***　　(0.009)	
F * Wage		0.076***　　(0.014)
W * Wage		0.113***　　(0.031)
P_F * Wage		0.054***　　(0.014)

续表

	Effort （合约被接受,且 $e > e_s$）	
P_W Wage		0.081*** （0.018）
观察值数量	74	74
R^2	0.216 0	0.256 5
对数似然函数值	−124.108 2	−117.704 1

注：* 表示在10%的水平上显著，*** 表示在1%的水平上显著。括号内为标准误。

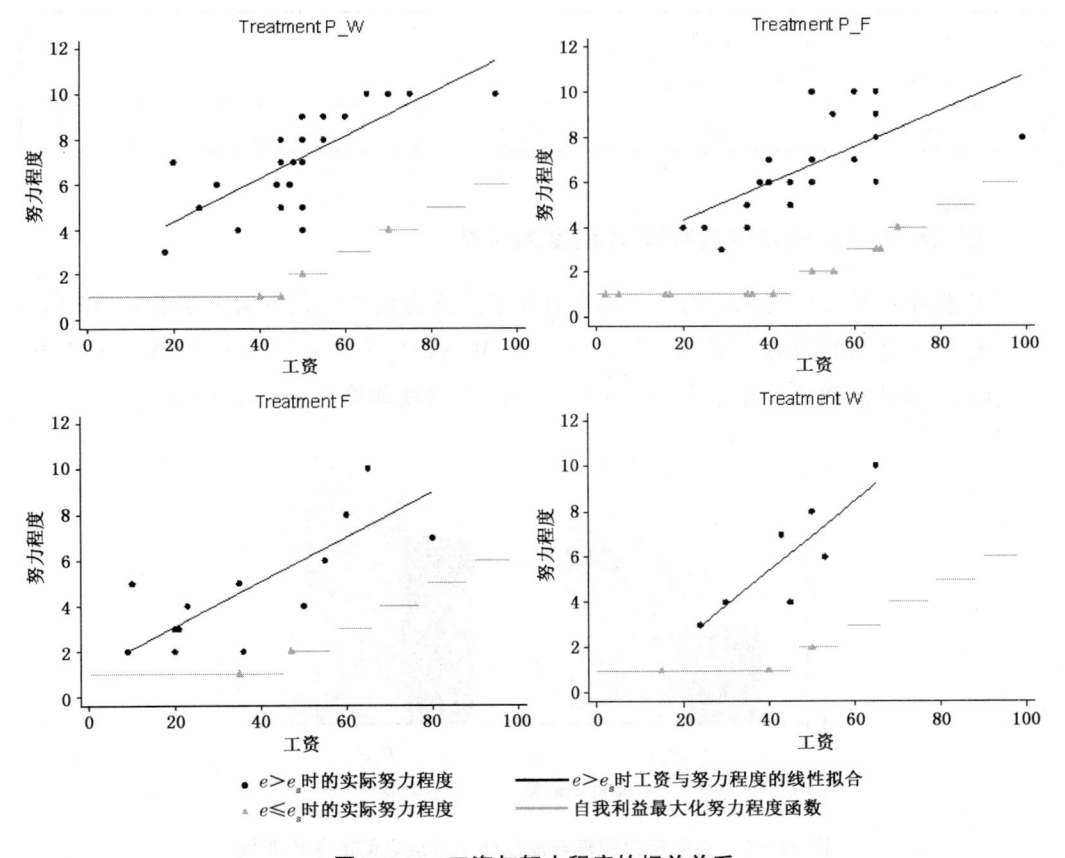

图 11-4　工资与努力程度的相关关系

一旦合约被接受,生产过程中所创造的总盈余是雇员实际努力的非线性转换。雇员的盈余份额是雇员从合约中获得的报酬占雇员所创造的盈余总额的比重。盈余份额反映了博弈双方的讨价还价地位,也反映了工资与雇员自我利益最大化努力程度之间的非线性关系。我们关注那些付出努力后使得雇主最终所得至少为起始的 35 实验币的雇员,即那些索取盈余份额不超过 100% 的雇员。令 e_0 为给定工资 w 的情况下

使得 $10e-w \geqslant 0$ 满足的最低努力程度,即 $e \geqslant e_0$ 的雇员的盈余份额不超过 100%。

在表 11-7 中,我们计算了 $e \geqslant e_0$ 的雇员的盈余份额。在所有四个实验设置中,无论是中位数(Kruskal-Wallis 检验,$p=0.658$)还是分布(χ^2 检验,$p=0.276$),雇员的盈余份额在统计意义上都没有差异。这些检验结果证实,所有实验设置下不自私的雇员的工资-努力相关系数无显著差异;同时检验结果也表明,当雇员的盈余份额不超过 100% 时,不同的实验设置并未给雇员带来不同的谈判地位。表 11-7 的结果也与图 11-3 和表 11-6 中的结果一致。

表 11-7　　　　　　　　　　　　　雇员的盈余份额

$e \geqslant e_0$	P_W	P_F	W	F
中位数	0.571	0.577	0.714	0.630
均值	0.585	0.595	0.659	0.624

三、建议努力程度与实际努力程度的选择

检验雇员是否信守承诺的一个简单方法是检查合约中提议的努力程度 e^* 和实际努力程度 e 之间的距离。图 11-5 给出了 P_W 和 P_F 中 e^*-e 的均值。P_F 中 e^* 与 e 之间的距离显著小于 P_W 中的 e^*-e(双尾秩和检验 $p=0.008$)。

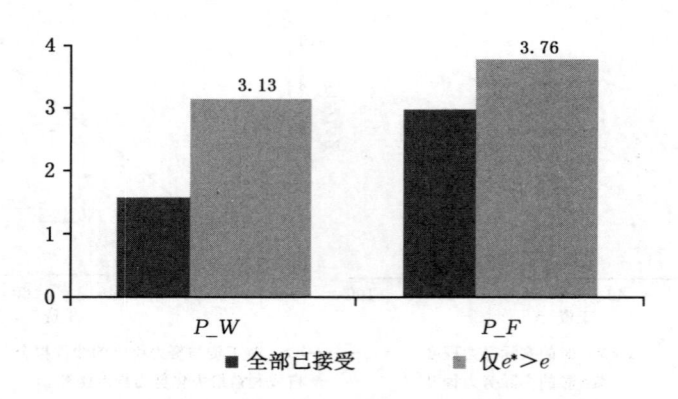

图 11-5　实际努力程度与建议努力程度之间的平均距离

需要注意的是,在 P_W 和 P_F 中,合约既包括工资 w,也包括建议努力程度 e^*,从而雇员所选择的实际努力程度 e 是基于 (w, e^*) 的整体考虑,只有控制了工资水平后再讨论建议努力程度与实际努力程度之间的距离才有意义。表 11-8 汇报了对比 P_W 和 P_F 的有序 probit 回归。回归结果表明,工资 w 和建议努力程度 e^* 都对雇员的实际努力程度具有显著的正向影响。控制了 (w, e^*) 之后,模型 1 中实验设

置虚拟变量 P_F 的系数为负且显著,表明 P_F 的平均努力程度低于 P_W。模型 2 中虚拟变量 P_W 与建议努力程度的交叉项系数为正且显著,意味着在给定工资水平下 P_W 中 e^* 对实际努力程度的约束力比 P_F 中 e^* 的约束力更强。

表 11—8　　　　　　　　　对比 P_W 与 P_F 的有序 probit 回归

	努力程度	
	模型 1	模型 2
工资	0.033***　　(0.010)	0.023　　(0.017)
建议努力程度	0.190*　　(0.107)	0.630***　　(0.190)
P_W * 建议努力程度		0.079**　　(0.038)
P_F	−0.590**　　(0.265)	
观察值数量	66	49
R^2	0.132 8	0.259 6
对数似然函数值	−127.310 7	−72.652 7

为了更深入地探究 e 和 e^* 之间差异的根源,我们将雇员按类型分类。

一种方法是将雇员分为"守信者"和其他类型。守信者是指在被接受合约中选择努力程度 $e \geqslant e^*$,使雇主在合约实施后享有不低于合约所建议的雇主盈余份额的雇员,其余的是选择 $e < e^*$ 的雇员。关于守信者的比例,t 检验和比例检验均表明,P_F 组的 7/36 显著低于 P_W 组的 15/30(两种情况下均有 $p=0.001$)。因此,在达到建议的努力程度方面,雇主提出合约的实验设置(P_F)与雇员自己提出合约(P_W)的情况相比,雇主提出合约时雇员更容易让雇主失望。然而,值得注意的是,如果仅讨论那些实际努力程度未达到合约建议值的雇员,P_W 与 P_F 之间的努力程度比较没有显著差异(双尾秩和检验 $p=0.272$)。

另一种对雇员进行分类的方法是,将那些付出努力不高于自我利益最大化努力程度 e_s 的人与其他人分开。P_W 中选择 $e \leqslant e_s$ 的雇员比例为 13%(4/30),明显低于 P_F 组的 36%(13/36),单尾比例检验 $p=0.017$。这从另一个角度表明,P_W 下的高盈余可能是由于 $e \leqslant e_s$ 的雇员较少所致。

综上所述,与 P_F 相比,P_W 的订约程序中由雇员掌控双方盈余份额的提议,在引导雇员付出努力方面 P_W 也更高效。

四、内疚感评分

为什么 P_F 设置下不合作的雇员与 P_W 相比会更多?我们的问卷数据表明这不是由于实验被试的样本选择偏差造成的(实验中我们将被试随机分配到不同实验设

置中去,问卷数据为被试个人特征提供了随机化检验),而是由于机制转换的影响:雇员自己在合约中建议努力程度更容易诱发内疚感情绪,从而守约。

TOSCA-3 问卷测量了人们对内疚感的总体倾向。这种个人内在的性格特征不应受到实验室实验中瞬时决策的影响。基于 χ^2 检验,雇主和雇员的负疚感评分没有显著差异($p=0.943$);拒绝提议的参与者和接受提议的参与者之间的评分没有显著差异($p=0.630$),四种实验设置之间也没有显著差异($p=0.958$)。这些统计结果意味着我们的实验样本没有选择偏差,也意味着受试者在实验室内的选择对 TOSCA-3 没有影响。

在所有实验设置中,我们都发现 TOSCA-3 评分与雇员的努力程度呈显著正相关:单尾 Spearman 检验得出 $\rho=0.295(p=0.002, N=96)$。我们还发现,在 P_W 和 P_F 设置下,TOSCA-3 评分与 e^*-e 呈负相关,单尾 Spearman 检验得出 $\rho=-0.194(p=0.059, N=66)$。

TOSCA 测试了在同一场景下人们对内疚感的普遍敏感性,事实证明,实验参加者的这种敏感性在不同的实验设置下是一致的。与 P_F 相比,P_W 的作用是提供了违背承诺心理成本更高的场景。另一种解释是,P_W 严格限制了雇员给自己不履约找借口的空间(Dana, Weber and Kuang, 2007)。与此相一致,当我们比较 $e \geqslant e_0$ 的雇员的内疚感评分时,我们观察到 P_W 中的内疚感评分低于 P_F(单尾秩和检验 $p=0.065$),这意味着在 P_W 中即便是内疚感不高的雇员也会被自我承诺所约束。

第五节 总结性评注

我们进行了单轮次的礼物互换实验,以探讨合约设计中承诺的意义。我们尚未发现在我们之前的礼物互换博弈实验中,由员工首先向企业发起沟通的实例。在以往的文献中,简单的格式化承诺在很大程度上是无效的(如 Charness and Dufwenberg, 2010)。然而,在我们的实验设计中,让剩余索取权的拥有者(这里是员工)用格式化的努力承诺提出建议,可以抑制机会主义。与传统的投资博弈中的二元选择不同("订约"或"退出"),包含员工提出的建议努力程度的合约是内生的。我们的研究表明,内生合约的沟通可能更有效。如相关文献(查尼斯,2000;查尼斯等人,2012)所指出,责任感是亲社会行为的动因。本项目的后续研究方向之一是探究合约的内生性能否造就员工的责任感,并确定格式化承诺发挥作用的具体条件。

我们的研究发现,员工在合约中所提出的工资高于企业提出的工资。当员工的合约提案包含员工自己的努力承诺时,高工资更有可能被企业接受;当企业的合约提案包含企业对员工努力程度的要求时,提案中的工资水平不会提高。

本项目的主要发现是,由员工而不是企业建议努力程度时,社会总盈余(即员工所选择的努力程度)更高。控制了合约中工资水平的影响以后,员工承诺的努力与实际努力选择之间的距离明显小于企业要求的努力与实际努力之间的距离。

根据研究假说,言行不一会给人们带来潜在的道德负担。为避免因果混淆、实验的内部有效性遭到破坏,我们没有在实验决策过程中进行含物质激励的信念诱导(Belief Elicitation),而是在实验决策全部完成之后安排了 TOSCA-3 问卷调查。不同实验设置之间的 TOSCA-3 内疚感评分没有差异,这意味着各个实验设置下参加者的个人特征是平衡的,不存在选择偏差。我们发现负疚感评分和努力程度之间存在正相关关系。当合约中包括无强制约束力的努力程度建议值时,负疚感评分与守约程度正相关(即 TOSCA-3 负疚感评分与 P_W 和 P_F 中的 e^*-e 呈负相关)。

结合员工在做出关于努力程度的承诺时所付出的实际努力最大、努力程度与内疚感评分正相关的事实,我们发现,即使内疚评分较低的员工,如果他们承诺了较高的努力程度,在实际行动中他们也会付出较大的努力。这表明承诺自己努力的员工会受到内在心理压力的影响,从而为低内疚感员工提供了付出努力的动机。

本研究项目是一个实验室实验的实例。在这个实例里,合约中不具有强制约束力的承诺能敦促订约者创造盈余。我们的研究结果对劳动力市场的启示:让员工提出合约并指定产出目标可能会更有效地产生生产盈余。

附录

实验说明(P_W)

欢迎参加经济决策实验。本实验的经费来自多个科研基金。如果你有疑问,随时可以举手示意,我们则将十分乐于回答你的问题。从现在起直到实验结束你离开实验室以前,严格禁止实验参加者之间相互交谈。

你将得到 5 元的参与费。如果你在实验说明所描述的规则下认真进行了决策,则你将在实验中得到收入。你在实验中的所得将用实验币来计算。4 个实验币相当于人民币 1 元。你最终得到的实验币将被折换成人民币,以现金的形式支付给你。你在实验中所得的实验币越多,实验后所得的人民币就越多。

实验概述

实验开始前你会得到 35 个实验币的初始可支配金额。20 名参加者将被分配为 10 名雇主和 10 名雇员,你成为雇主或雇员的机会各一半。实验中雇主会和 1 名雇员匹配成 1 组,雇主(雇员)并不知道与其同组的雇员(雇主)是哪一个实验参加者。你的决策只有与你同组的实验参加者能观察到,其他人无法观察到。

双方同意交易后,先由雇主向雇员支付基本工资 w。收到工资 w 以后,雇员选择提供给雇主的努力水平 e。实验的详细过程如下:

• 在第 1 阶段,由雇员提出雇佣意向。雇佣意向不但包括雇主在成交时需要立即支付的工资 w(w 为 0 到 100 之间的任意整数),而且包括雇员预计提供的努力水平 e^*(e^* 是从 1 到 10 的任意整数)。

• 在第 2 阶段,在看到雇员所提出的雇佣意向以后,雇主将选择是否雇用。如果雇主选择雇佣,则雇佣关系成立,雇主立即支付工资 w 并进入第 3 阶段;如果雇主拒绝雇佣,则雇佣关系不成立,实验结束。

• 在第 3 阶段,(雇主向雇员按照雇佣意向支付工资 w 后)雇员将选择实际的努力水平 e。雇员的实际决策 e 既可以与建议值 e^* 相同,也可以比建议值高或低。至此实验结束。

注意:双方交易后的最终收入由实际决策 w,e 决定,与雇员的建议值 e^* 无关。

所得的计算

• 如果雇佣关系不成立,则双方的所得皆为初始的 35 个实验币。

• 如果雇佣关系成立,则双方所得的具体计算如下:

雇主的所得:

雇主的所得 = 35(初始实验币) + 10×努力水平(e) − 工资(w)

雇员的所得:

雇员的所得 = 35(初始实验币) + 工资(w) − 实际努力水平 e 的成本

雇员要为所提供的努力水平支付成本。如果雇员所选择的实际努力水平越高,则该雇员所支付的成本就越高。努力水平与成本之间的关系如表 1 所示:

表 1

努力水平 e	1	2	3	4	5	6	7	8	9	10
成本	0	1	3	5	8	12	16	20	25	30

注:因为雇主的所得不得为负值,所以雇主最多只能支付($10e+35$)。当工资 w 小于($10e+35$)时,雇主的所得为 0,而雇员的所得为 35(初始实验币) + 雇主所有资产($10e+35$) − 实际努力水平 e 的成本。

所得计算器:

为帮助你计算你自己和与你同组的另一方的所得,我们为你提供了所得计算器。你可以通过按"Alt+Tab"键在决策屏幕和所得计算器之间切换。在所得计算器上,选择工资 w 并点击"确定",你将会看到从 1 到 10 的各种努力水平下雇主和雇员的所得。

你对实验说明和实验过程还有什么疑问吗？如果有疑问,请举手,我们将走到你的座位前回答你的问题。

实验说明(P_F)

实验的详细过程如下：

• 在第 1 阶段,由雇主提出雇佣意向。雇佣意向不但包括雇主承诺支付的工资 w(w 为 0 到 100 之间的任意整数),还包括雇主期望雇员提交的努力水平 e^*(e^* 是从 1 到 10 的任意整数)。

• 在第 2 阶段,在看到雇主所提出的雇佣意向以后,雇员将选择是否同意受雇。如果雇员选择同意,则雇佣关系成立,进入第 3 阶段;如果雇员选择拒绝,则雇佣关系不成立,实验结束。

• 在第 3 阶段,(雇主向雇员按照雇佣意向支付工资 w 后)雇员将选择实际的努力水平 e。雇员的实际决策 e 既可以与雇主的建议值 e^* 相同,也可以比建议值高或低。至此实验结束。

注意：双方交易后的最终收入由实际决策 w,e 决定,与雇主的建议值 e^* 无关。

(剩余部分的实验说明与 P_W 相同。)

实验说明(W)

实验的详细过程如下：

• 在第 1 阶段,由雇员提出雇佣意向。雇佣意向包括雇主在成交时需要立即支付的工资 w(w 为 0 到 100 之间的任意整数)。

• 在第 2 阶段,在看到雇员所提出的雇佣意向以后,雇主将选择是否雇佣。如果雇主选择雇佣,则雇佣关系成立,雇主立即支付工资 w 并进入第 3 阶段;如果雇主拒绝雇佣,则雇佣关系不成立,实验结束。

• 在第 3 阶段,(雇主向雇员按照雇佣意向支付工资 w 后)雇员将选择努力水平 e。至此实验结束。

(剩余部分的实验说明与 P_W 相同。)

实验说明(F)

实验的详细过程如下：

• 在第 1 阶段,由雇主提出雇佣意向。雇佣意向包括雇主承诺支付的工资 w(w 为 0 到 100 之间的任意整数)。

• 在第 2 阶段,在看到雇主所提出的雇佣意向以后,雇员将选择是否同意受雇。如果雇员选择同意,则雇佣关系成立,进入第 3 阶段;如果雇员选择拒绝,则雇佣关系不成立,实验结束。

• 在第 3 阶段,(雇主向雇员按照雇佣意向支付工资 w 后)雇员将选择努力水平 e。至此实验结束。

(剩余部分的实验说明与 P_W 相同。)

参考文献

1. Abeler, J., S. Altmann, S. Kube, M. Wibral(2010). "Gift Exchange and Workers' Fairness Concerns: When Equality Is Unfair", *Journal of the European Economic Association*, 8: 1299—1324.

2. Arrow, K. (1972). "Gifts and Exchanges", *Philosophy and Public Affairs*, 1: 343—367.

3. Battigali, P., M. Dufwenberg(2007). "Guilt in Games", *American Economic Review*, Papers & Proceedings, 97: 170—76.

4. Battigali, P., M. Dufwenberg(2009). "Dynamic Psychological Games", *Journal of Economic Theory*, 144: 1—35.

5. Bauernschuster, S., P. Duersch, J. Oechssler, R. Vadovic(2010). "Mandatory Sick Pay Provision: A Labor Market Experiment", *Journal of Public Economics*, 94: 870—877.

6. Bracht, J., N. Feltovich(2009). "Whatever You Say, Your Reputation Precedes You: Observation and Cheap Talk in the Trust Game", *Journal of Public Economics*, 93: 1036—1044.

7. Brandts, J., G. Charness(2004). "Do Labour Market Conditions Affect Gift Exchange? Some Experimental Evidence", *Economic Journal*, 114: 684—708.

8. Brandts, J., D. J. Cooper(2007). "It's What You Say, Not What You Pay: An Experimental Study of Manager—employee Relationships in Overcoming Coordination Failure", *Journal of the European Economic Association*, 5: 1223—1268.

9. Brown, M., A. Falk, E. Fehr(2004). "Relational Contracts and the Nature of Market Interactions", *Econometrica*, 72: 747—780.

10. Brown, M., A. Falk, E. Fehr(2012). "Competition and Relational Contracts: The Role of Unemployment as a Disciplinary Device", *Journal of the European Economic Association*, 10: 887—907.

11. Camerer, C. F., E. Fehr(2006). "When Does 'Economic Man' Dominate Social Behavior?", *Science*, 311: 47—52.

12. Charness, G. (2000). "Responsibility and Effort in an Experimental Labor Market", *Journal of Economic Behavior and Organization*, 42: 375—384.

13. Charness, G. (2004). "Attribution and Reciprocity in an Experimental Labor Market", *Journal of Labor Economics*, 22: 665—688.

14. Charness, G., R. Cobo-Reyes, N. Jiménez, J. A. Lacomba, F. Lagos (2012). "The Hidden Advantage of Delegation: Pareto-improvements in a Gift-exchange Game", *American Economic Review*, 102:2358—2379.

15. Charness, G., N. Du, C-L. Yang, L. Yao(2013). "Promises in Contract Design", *European Economic Review*, 64:194—208.

16. Charness, G., M. Dufwenberg(2006). "Promises and Partnership", *Econometrica*, 74:1579—1601.

17. Charness, G., M. Dufwenberg(2010). "Bare Promises: An Experiment", *Economics Letters*, 107:281—183.

18. Charness, G., M. Dufwenberg(2011). "Participation", *American Economic Review*, 101:1213—1239.

19. Charness, G., P. Kuhn(2007). "Does Pay Inequality Affect Worker Effort? Experimental Evidence", *Journal of Labor Economics*, 25:693—724.

20. Charness, G., P. Kuhn(2011). "Lab Labor: What Can Labor Economists Learn from the Lab?", Handbook of Labor Economics, Vol. 4, Part A, Ashenfelter, Orley and Card, David (eds.)

21. Charness, G., M. Rabin(2002). "Understanding Social Preferences with Simple Tests", *Quarterly Journal of Economics*, 117:817—869.

22. Chen, Y. (2000). "Promises, Trust, and Contract", *Journal of Law, Economics, and Organization*, 16:209—232.

23. Dana, J., R. Weber, J. Kuang(2007). "Exploiting Moral Wriggle Room: Experiments Demonstrating an Illusory Preference for Fairness", *Economic Theory*, 33:67—80.

24. Duersch, P., J. Oechssler, R. Vadovic(2012). "Sick Pay Provision in Experimental Labor Markets", *European Economic Review*, 56:1—19.

25. Falk, A., D. Huffman, W. B. MacLeod(2015). "Institutions and Contract Enforcement", *Journal of Labor Economics*, 33:571—590.

26. Fehr, E., A. Falk(1999). "Wage Rigidity in a Competitive Incomplete Contract Market", *Journal of Political Economy*, 107:106—134.

27. Fehr, E., A. Falk, C. Zehnder(2006). "The Behavioral Effects of Minimum Wage Laws", *Quarterly Journal of Economics*, 121:1347—1381.

28. Fehr, E., S. Gächter, G. Kirchsteiger(1997). "Reciprocity As a Contract Enforcement Device: Experimental Evidence", *Econometrica*, 65:833—860.

29. Fehr, E., E. Kirchler, A. Weichbold, S. Gächter(1998). "When Social Norms Overpower Competition: Gift Exchange in Experimental Labor Markets", *Journal of Labor Economics*, 16:324—351.

30. Fehr, E., G. Kirchsteiger, A. Riedl(1993). "Does Fairness Prevent Market Clearing? An Experimental Investigation", *Quarterly Journal of Economics*, 108:437—459.

31. Fehr, E., A. Klein, K. M. Schmidt(2007). "Fairness and Contract Design", *Econometrica*, 75:121—154.

32. Fehr, E., S. Kremhelmer, K. M. Schmidt(2008). "Fairness and the Optimal Allocation of Ownership Rights", *The Economic Journal*, 118:1262—1284.

33. Fehr, E., K. M. Schmidt(1999). "A Theory of Fairness, Competition, and Cooperation", *Quarterly Journal of Economics*, 114:817—868.

34. Fischbacher, U. (2007). "z-Tree: Zurich Toolbox for Ready—made Economic Experiments", *Experimental Economics*, 10:171—78.

35. Gintis, H., S. Bowles, R. T. Boyd, Ernst Fehr (eds.)(2005). Moral Sentiments and Material Interests: The Foundations of Cooperation in Economic Life (Economic Learning and Social Evolution). MIT.

36. Grossman, S., O. Hart(1986). "The Costs and Benefits of Ownership: A Theory of Vertical and Lateral Integration", *Journal of Political Economy*, 94:691—719.

37. Hart, O., J. Moore(1990). "Property Rights and the Nature of the Firm", *Journal of Political Economy*, 98:1119—1158.

38. Healy, P. J. (2007). "Group Reputations, Stereotypes, and Cooperation in a Repeated Labor Market", *American Economic Review*, 97:1751—1773.

39. Irlenbusch, B., and D. Sliwka(2005). "Incentives, Decision Frames and Crowding Out: An Experimental Investigation", Discussion Paper No. 1758 (Institute for the Study of Labor).

40. Maximiano, S., S. Randolph, J. Sonnemans(2007). "Gift Exchange in a Multi-worker Firm", *Economic Journal*, 117:1025—1050.

41. Owens, M., J. Kagel(2010). "Minimum Wage Restrictions and Employee Effort in Incomplete Labor Markets: An Experimental Investigation", *Journal of Economic Behavior and Organization*, 73:317—326.

42. Tangney, J. P., R. L. Dearing, P. E. Wagner, R. Gramzow(2000). The Test of Self-Conscious Affect-3 (TOSCA-3). Fairfax, VA: George Mason University.

43. Vanberg, C. (2008). "Why Do People Keep Their Promises? An Experimental Test of Two Explanations", *Econometrica*, 76:1467—1480.

第十二章　资本市场中的行为机制设计：
小微信贷中的守约行为研究

我们以"小微信贷"为例讨论资本市场中的行为机制设计。小型企业和个人在获取正规金融服务的过程中往往受到各种限制，从而只能依赖向亲友借款、高利贷等非正规渠道的融资手段。在此背景下，过去10年我国P2P（Peer to Peer，即点对点）网贷获得了迅猛发展。P2P网贷平台具有出借人投资门槛低、收益率高、借款人易于获得放款等优势。与此同时，由于P2P网贷平台上项目众多、履约的监管难度大、借款人"卷款跑路"、出借人投资难以追回的情况屡见不鲜，部分P2P网贷平台被迫倒闭，因此，设计恰当的行为机制，提高P2P网贷市场的信任度和诚信度，成为当下亟待解决的问题。

本章内容源于杜宁华、李玲芳、陆天和卢向华合作进行的小微信贷守约行为的自然实地实验研究。[①] 本项研究的合作者按姓名字母排序，所有合作者贡献等同。本书作者已征得全部合作者同意，将此项研究作为行为机制设计的实例。

第一节　研究动机介绍

双边经济关系中的效率常常受到道德风险问题的阻碍。在道德风险问题中，交易中的一方可以采取隐藏的行动，以损害另一方的利益为代价来改善自己的所得。道德风险问题具有许多实质性的现实意义。在产品市场上，这种情况包括电子商务欺诈；在要素市场上，例子包括金融市场的信用违约和劳动力市场的委托代理问题。

不完善的监督和交易成本往往使得运用传统的法律强制措施来解决道德风险问题的办法变得不可行。此外，研究表明，这些传统的（如法院强制执行的）解决方案不

---

① Du, N., Li, L., Lu, T. & Lu, X. Prosocial Compliance in P2P Lending: a Natural Field Experiment, *Management Science*, 2020, 66: 315—333.

仅成本高昂,而且效率低下,因为传统的解决方案可能会对一个人的动机产生不利影响(Falk and Kosfeld,2006;Fehr and Rockenbach,2003;Fehr et al.,2007)。因此,作为传统解决方案的替代方案,最近的行为经济学研究集中于发展行为机制来缓解道德风险问题。这些行为机制包括提供可供遵循的社会规范,通过社会比较,树立有效的榜样,在提醒信息中使用恰当的语言表达和提示对方潜在的后果等(Hallsworth 等人,2015;Lu 等人,2016;Chen 等人,2017)。

在本研究中,我们在一个自然实地实验中比较了几种行为机制,以检验其缓解道德风险问题的效果。实验在某个 P2P(Peer to Peer)借贷平台上进行。P2P 贷款作为金融创新之所以能蓬勃发展,是因为它是解决小企业和个人融资需求的便捷手段。尽管互联网技术的进步使得 P2P 平台上的贷款人和借款人的匹配过程更加方便、高效和透明,信用风险仍然是 P2P 市场面临的一个挑战,这一点与传统金融市场并无二致,甚至 P2P 平台的违约风险可能高于传统信贷市场。在传统信贷市场中,借款人必须提供抵押品才能获得贷款(Stiglitz and Weiss,1981;Freedman and Jin,2016),但以小微信贷为主的 P2P 网贷往往不需要抵押。因此,如何缓解借款人的道德风险是 P2P 贷款的一个核心问题。由于大多数行为机制都是无成本且易于实现的,因此在 P2P 平台上建立有效的行为机制是降低信用风险的一种切实可行的手段。

我们感兴趣的第一个行为机制是,在 P2P 贷款中,出于内疚厌恶的动机,我们希望了解通过传达贷款人对还款的正向期待是否会促使借款人还款。根据内疚厌恶文献,一般来说,人们关心别人对他们的期望,如果他们的行为没有达到这些期望,他们就会感到内疚(Baumeister,Stillwell and Heatherton,1994)。"内疚厌恶"这一心理约束往往是在沟通的过程中形成的,因为沟通可以通过影响人们的信念来影响他们的动机和行为(Battigalli and Dufwenberg,2007)。查尼斯和杜夫温伯格(2006)通过实验研究了沟通对信任和合作的影响,其发现与以往的内疚厌恶文献是一致的:人们努力满足他人的期望,以避免产生内疚感。行为经济学理论和实验室实验都证明,通过事前沟通传达正向期待会影响交易行为。然而,据我们所知,这种行为机制在现实世界的商业实践中尚未得到验证。

我们期望检验的第二个行为机制是,提醒借款人不及时还款的不利后果(即"后果威慑"机制)是否会促进 P2P 贷款中的还款率提高。后果威慑机制通常会强调借款人在与贷款人的双边经济关系恶化时必须承担的不利后果。许多财务依从性研究表明,向借款人发出威胁性提醒可以立即提高依从水平(Perez Truglia and Troiano,2015;Luo 等人,2017)。尽管如此,强调不利后果的机制可能会导致不信任感(Falk and Kosfeld,2006),进而抑制借款人的内在动机并抑制借款人的依从行为和亲社会行为(Benabou and Tirole,2006;Falk and Kosfeld,2006;Fehr and Rockenbach,2003;Fehr et al. ,2007)。此外,心理学文献表明,对潜在不利后果的恐惧只在短期内起作用(Verduyn and Lavrijsen,2015;Verduyn et al. ,2012)。因此,后果威慑机制在引导经济行为人方面的有效性在文献中是有争议的,我们需要更全面和系统的研究来进一步理解这一机制。

第三,我们研究了披露贷款人的信息是否会促使借款人还款。根据格尼茨(Gneezy,2005)的研究,人们在决定是否欺诈对方时,对欺诈所造成的损失大小很敏感:当欺诈给对方带来的损失不严重又于己有利时,相当一部分人会采取欺诈行动;而欺诈给对方带来严重损害时,绝大部分人会避免采取欺诈行动。赫肯斯和卡蒂克(Hurkens and Kartik,2009)也发现,人们会考虑谎言对他人的伤害。然而,菲施巴赫尔和福来·赫西(Fischbacher and Föllmi Heusi,2011)进行了一系列实验室实验,发现即使报酬规模、匿名性等实验变量发生变化,为了个人利益而说谎的现象仍持续存在。因此,目前尚不清楚这种伤害显著性的考量是否会在自然市场中发挥作用。在我们的实例中,我们提出了这样一个假设,即披露个人贷款人的信息可能会增加对欺诈所造成的伤害的感知。P2P平台整体与通过平台放贷的个人相比,P2P平台的资金池远高于个人资金拥有量,欺骗个人贷款人的伤害显著性应高于欺骗P2P平台的伤害显著性。在部分实验设置中,我们向借款人透露贷款人的姓氏,并告知借钱给他们的是一个人,而不是一群人;如果借款人违约,则他们知道自己在伤害一个人,而不是一群人。因此,披露贷款人的信息可能会增加对欺诈造成的伤害的感知,从而导致借款人还款的可能性更高。

我们在2016年5月至2017年2月期间进行了实验,收集了2 012名贷款申请人及其10个月还款行为的面板数据集。因为借贷网站已经有了在贷款到期日之前发送提醒信息的系统,所以我们将行为机制嵌入提醒信息中,作为实验干预。我们设计了一个2×3的实地实验。实验干预的一个维度是信息内容的变化(中性、正向期待或不利后果),另一个维度是贷款人的身份是否被揭示(即伤害显著性的变化)。我们发现:(1)传达出贷款人正向期待的信息显著增加了借款人偿还贷款的可能性;(2)强调那些未能偿还贷款的人的不利后果的信息只会在短期内(第一个月的分期付款)增加还款,而从长远来看(剩余的分期付款)效果不明显;(3)披露贷款人的身份对借款人是否偿还贷款没有影响。我们的实验结果表明,与以往相比,样本期内有更多的借款人严格地遵守约定还款,而我们干预措施的实施并不会给P2P平台增加额外成本,这证明了此类干预措施具有潜在的推广可能性。

本书对文献有三方面的贡献:(1)据我们所知,这应是第一项实证分析大型网络P2P平台上不同行为依从机制有效性的研究。(2)本书对短信提醒内容的有效性提供了实证证据,并揭示了正向期待信息比不利后果信息更有效,这为自然市场中的内疚厌恶行为提供了证据。与其他财务依从性研究的结果相比,我们发现不利后果信息对还款依从性没有显著的持久影响;然而,不利后果信息具有即时影响。这一发现为文献中关于后果威慑机制的具有争论的结果提供了一个可能的解释,并为今后的研究指明了方向。(3)这项研究进一步补充了不断增长的、以引导依从行为与亲社会行为为目的的市场设计文献。

本章的后续内容结构如下:第二部分概述了相关文献,第三部分总结了研究假说,第四部分描述了实验设计和数据收集方法,第五部分介绍了数据分析和结果,第六部分陈述了结论并讨论了研究局限性。

第二节　文献综述

我们的实验基于"经济活动发生前的沟通交流会影响人们的经济活动中的行为"这一文献中的基本认知。本部分讨论了有关这一主题的理论和实验文献。

近年来,越来越多的研究工作探讨了通过实施行为机制来加强亲社会的依从行为,如遵守法律和交通法规。例如,阿佩斯特吉亚(Apesteguia et al.,2013)在巴塞罗那的公共图书馆进行了实地实验,发现用户在收到包含简单提示信息的电子邮件后会提前归还图书。此外,作者发现,在这个简单的提示邮件中添加其他内容并不能显著提高依从性。费尔纳(Fellner et al.,2013)在奥地利进行了一项大规模的自然实地实验,向潜在的电视许可费逃费者发送邮件。研究人员在这些信件中加入了不同的内容,发现法律威胁显著提高了依从率,而道德诉求的效果不明显。陆方文(Lu等人,2016)和陈岩(Chen等人,2017)各进行了一项大规模的实地实验,在这项实验中交通管理部门向中国的驾车者发送短信。陆方文等人(2016)的研究表明,收到关于其交通罚单的个性化信息的驾驶员在随后的一个月内违规行为较少。陈岩等人(2017)向驾驶员发送包含不同类型社会比较信息的短信,发现驾驶员在接收到与自己相似的驾驶人的驾驶行为信息和拥有更高级汽车的驾驶人的驾驶行为信息后,减少了未来的违规行为。戴志新(Dai等人,2018)的研究表明,实验参与者在实验室实验中的违规行为倾向与其现实生活中的违规倾向具有一致性。

在减轻金融道德风险的行为机制方面,一些研究工作考察短信在各个应用场景下加强金融依从的效果。这些应用场景包括小额贷款还款、消费者债务催收、信用卡还款、其他债务还款及税收依从等。通常,这些研究工作所考察的事前沟通短信按照所包含的内容可划分为三类:信息性短信、正面积极短信和威胁性短信。

一、信息性短信

信息性短信通常提供有关最低到期应还金额和到期日期的信息。卡德纳和施沙尔(Cadena and Schoar,2011)在乌干达的一家小额贷款机构进行了一项实地实验,发现在贷款到期日前3天发送简单的提醒信息对还款率的影响与将贷款利息降低25%的效果相似。卡兰(Karlan et al.,2016)依托3家银行进行了实地实验,发现短信提示增加了小额信贷客户的储蓄存款。佩科宁(Pekonen,2014)与北欧债务催收机构合作进行了一项实地实验,其中,向芬兰的债务人随机发送了11 949条短信服务提醒。结果显示,短信提醒提高还债率3.7个百分点。

二、正面积极短信

正面积极短信包含道德诉求、道德规范和社会关系等内容。布尔兹廷(Bursztyn et al.,2015)进行了一项实地实验,通过发送包含道德呼吁的提醒信息来鼓励信用卡还款。卡兰(Karlan et al.,2015)依托小额贷款机构进行了实地实验,发送有关贷款还款的短信提醒。实验结果表明,包含账户管理人员姓名的短信显著提高了还款率。霍尔斯沃思(Hallsworth et al.,2014)的实地实验发现,将社会规范和公共品信息纳入标准纳税提醒函中,可以提高税收依从性。

三、威胁性短信

威胁性短信包括法律威胁、经济处罚警告和社会压力等内容。许多财务依从性研究已经确定,威胁性提示可以提高依从性。例如,罗(Luo et al.,2017)的研究表明,发送社会压力信息有助于追讨消费性债务。莱姆罗德(Slemrod et al.,2001)报告了在明尼苏达州税务局进行的大规模实地实验的结果。作者发现,向纳税人发出被审计的概率将上升的警告,大大增加了中低收入纳税人提交的纳税申报表的数量,但这对高收入群体产生了适得其反的影响。克莱文(Kleven et al.,2011)从丹麦税务局的大规模实地实验中获得了类似的结果。然而,一些研究表明,不利信息可能是无效的。例如,温泽尔和泰勒(Wenzel and Taylor,2004)在澳大利亚进行了一项大型实地实验。在该实验中,研究人员依托政府向纳税人发送了包含不同内容的税务申报函,发现仅仅一封警告信并不能减少纳税人的税务减免诉求。此外,采用社会压力惩罚可能会适得其反,因为这种惩罚可能会激起受罚者的愤怒或敌意(Woodyatt,2015)。

尽管上述研究表明,特定类型的提醒信息在某些应用场景下可能有效,但克莱文等人(2016a)认为,"以往研究中对此类短信发挥作用的原因、发送时机以及相关机制的探讨仍显不足。"我们将上述三种类型的短信集成到一个实验中,从而可以比较每种机制的有效性。具体来说,在我们的实验里,"积极期望"实验设置背后的研究动机是内疚厌恶这一心理约束,发给借款人的短信里明确陈述贷款人对还款的期待和预期,从而引发借款人的内疚厌恶、约束借款人的行为。在"不利后果"实验设置下的短信里强调了借款人不偿还债务所带来的不利后果。正如部分后果威慑的文献(Becker,1968)所指出的,不利后果信息有可能会增强责任人的依从性;但另外,也有文献表明不利后果信息会抑制责任人采取依从行为和亲社会行为的内在动机(Benabou and Tirole,2006;Falk and Kosfeld,2006;Fehr and Rockenbach,2003;Fehr et al.,2007)。

除了事前沟通机制外,文献还包含违约发生后事后沟通机制的研究。例如,佩雷斯·特鲁格里亚和特罗亚诺(Perez-Truglia and Troiano,2015)的实地实验向美国3个州的欠税个人发送了信函,实验表明增加财务处罚和耻辱性处罚的显著性总体上可以减少欠税,但耻辱性处罚的效果仅对负债较小的个人显著。霍尔斯沃思(Hallsworth et al.,2015)进行了一项运用表述框架来促进债务偿还的实地实验。实验发现,当催款信息让债务人感觉到再不偿还债务就属于主观故意行为、未偿债务并不属于遗漏未处理事项时,偿还率几乎提高了1倍。

事后评价信息也是事后沟通机制中的一类。如果经济活动参与者在决策前就知道其决策会被利益相关方评价(如雇主评价雇员的表现、项目组成员相互评价各自在项目中的贡献等),即便评价仅限于口头,不涉及物质激励,经济活动中的决策与绩效也会受到这些评价的影响。实验经济学文献中的相关实例包括公共品提供博弈中的评价信息(Masclet et al.,2003),协同博弈中的评价信息(Dugar,2010),礼物互换博弈中雇主对雇员的口头评价(杜宁华和Shahriar,2018),以及独裁者博弈中接受者对分配者的评价(Ellingsen and Johannesson,2008;Xiao and Houser,2009)。

据我们所知,在我们之前还没有研究人员在由私人提供贷款资金的商业P2P平台上进行过实地实验。在Prosper.com和LendingClub.com等大型P2P网站上有不少观察性实证研究,研究主要集中在评估影响贷款审批或合同利率的因素、评估影响信贷风险的因素等(如Ravina,2008;Herzenstein et al.,2011;Larrimore et al.,2011;Duarte et al.,2012)。相比之下,在P2P平台上设计和实施行为机制来改善借款人还款行为的研究相对较少。本项研究试图填补这一空白,并阐明提醒短信发挥作用的机制,从而为产业财务依从实践提供积极的贡献。我们的研究不仅表明了简单的短信提醒可以提高P2P借贷市场的依从性,而且指出包含哪些内容的提醒信息可以更有效地提高依从性。

第三节 行为假说

尽管依从性在文献中已被广泛讨论，但诱发依从性的行为机制仍是相对较新的概念，需要在研究中进一步阐明。在本研究项目中，我们为 P2P 市场设计了易于实现的机制，该机制不会破坏现有的平台。由于该平台在我们进行实地实验干预之前，在贷款到期日前向借款人发送提醒信息已经成为常规操作，我们认为只要调整提醒信息的内容就可以有效地引导依从合约还款的行为。因此，我们设计了以下 3 种实验干预：

第一种机制是正向期待（内疚厌恶机制）。在心理学研究中，如鲍迈斯特、史迪威和希瑟顿（Baumeister, Stillwell and Heatherton, 1994）所指出的，"如果人们因为伤害了他们的伙伴而感到内疚……并且没有达到他们的伙伴的期望，人们会改变自己的行为（以避免内疚）。"运用"内疚厌恶"这一心理约束的经济学研究中，无论是行为经济学理论（Battigalli and Dufwenberg, 2007）还是实验室实验（Charness and Dufwenberg, 2006）都表明，如果受托人相信委托人期望他们的行为是值得信赖的，那么他们更有可能表现出值得信赖的行为特征。因此，我们提出第一个假说：

行为假说Ⅰ（H1）：在 P2P 贷款中，向借款人发送的信息传达了贷款人对还款的正向期待时，会增加贷款得到偿还的可能性。

第二种机制是强调不利后果（后果威慑机制）。根据对后果威慑和行为依从性的研究，警告借款人不利后果（如法律或社会惩罚）的信息在引导依从行为方面是有效的（Becker, 1968）。费尔纳（Fellner et al., 2013）表明，向潜在的违约人强调高查获风险的法律威胁具有强大且显著的威慑效果。佩雷斯·特鲁格里亚和特罗亚诺（Perez Truglia and Troiano, 2015）以及罗等人（2017）发现施加社会压力的信息会导致守约依从。斯莱姆罗德等人（2001）和克莱文等人（2011）发现，警示高审计概率的信件会促使中低收入个人依从法律进行纳税申报。由此，我们提出第二个假说：

行为假说Ⅱ（H2）：在 P2P 贷款中，向借款人发送的信息强调不偿还贷款给借款人带来的不利后果，会增加贷款得到偿还的可能性。

此外，生活经验和心理学文献都表明，一个人的心理负担会长期发生作用，而他们对潜在不利后果的恐惧只在短期内起作用（Verduyn and Lavrijsen, 2015; Verduyn et al., 2012）。凡尔登和拉夫鲁森（Verduyn and Lavrijsen, 2015）研究了 27 种情绪持续时间，发现恐惧是持续时间最短的情绪。

在内疚厌恶的心理学文献中，当借款人偏离"按时还款"的目标行为时，无法满足贷款人对于还款的"正向期待"的感觉会导致强烈的心理负担,这可能会产生长期影响;相反,不利后果信息只在短期内起作用,因为由此产生的恐惧感只会暂时持续。因此,我们提出以下行为假说:

行为假说Ⅲ(H3):在P2P贷款中,向借款人发送强调未能偿还贷款的不利后果的信息仅会在短期内增加偿还贷款的可能性,而向借款人发送贷款人对还款的正向期待的信息无论长期还是短期都会增加偿还贷款的可能性。

第三种机制是个体贷款人信息披露。在理论和实证研究中,研究者发现人们的行为受到信息披露显著性的影响。例如,阿克洛夫(Akerlof,1991)强调了显著性在解释拖延症行为中的关键作用,博达洛、根纳伊利和施莱费尔(Bordalo、Gennaioli and Shleifer,2013)的理论表明显著性能作为消费者选择的动因。布尔兹廷(Bursztyn et al.,2015)发现,突出道德考量的显著性能引导用户依从规定期限进行信用卡还款。卡尔安等人(2016b)发现强调未来支出的显著性能增加储蓄。在我们的研究中,我们通过向借款人揭示匹配贷款人的身份来强调伤害的显著性。根据格尼茨(Gneezy,2005)的研究,人们在决定是否欺诈对方时对欺诈造成的伤害的显著性很敏感。然而,其他研究表明,显著性可能无效。例如,费尔纳等人(Fellner,2013)、布卢门撒尔(Blumenthal et al.,2001)及温策尔和泰勒(Wenzel and Taylor,2004)发现,突出道德诉求的显著性并不影响依从行为。因此,本项研究通过控制信息披露条件,实证评估了伤害显著性所造成的影响。在我们的实例中,我们认为基于借款人的感知和视角,欺骗个人贷款人所造成的伤害会高于欺骗P2P平台所造成的伤害,因为P2P平台应当比大多数个人贷款人更能承受损失。因此,透露贷款人的信息可能会增加对欺诈造成的危害感知,从而导致更高的还款率。假说如下:

行为假说Ⅳ(H4):在P2P贷款中,如果向借款人发送的信息中披露个人贷款人的身份,借款人则更有可能偿还贷款。

第四节 实验设计

资本市场中的"小微信贷"也是合约设计问题中的一种。小型企业和个人在获取正规金融服务的过程中往往受到各种限制,从而只能依赖向亲友借款、高利贷等非正规渠道的融资手段。在此背景下,进入21世纪以来我国P2P网贷获得了迅猛发展。P2P网贷平台具有出借人投资门槛低、收益率高、借款人易于获得放款等优势。根据中新网报道,中国有超过500家小微信贷网站,截至2013年6月,已发放互联网P2P贷款超过250亿元。随着小微信贷的日益发展,设计适当的行为机制、提高借款人的还款率、解决小微信贷中的道德风险问题,是当下行为经济学应用于资本市场的热点。

一、实验背景

我们在中国的一个中型 P2P 借贷网站上进行了实验。该网站为 2 万多借款人提供贷款,资金池超过 2 亿元。该网站的借款人以来自中国各地的大学本科生和大专生为主。由于大学生通常没有资格申请信用卡,即使申请获得批准,也只能获得非常低的信用额度,小微信贷市场成为大学生重要的融资渠道。该网站借款人自报的贷款用途包括旅行、高价值消费(如购买 iPhone)、创业启动资金、婚礼及租金支付等。

为了在实验中引入个人信息披露同时又要避免在未经允许的情况下泄露 P2P 网站贷款人的个人隐私,在实验中我们只使用了平台的股东和经理的投资进行贷款。由于借款人和贷款人在放贷过程中无法直接相互联系,借款人只知道这是一对一的贷款而且贷款来自某个网站上的投资者,因此借款人无从得知实验期间总共有多少贷款人参与贷款。

本次实验的研究对象是该平台自 2016 年 5 月 1 日至 2016 年 5 月 31 日所批准的全部贷款。申请贷款时借款人需要提供身份证复印件、个人详细资料与联系人信息。为了核实申请人所提供的信息,1 名网站客服会通过在线视频电话与申请人交谈以验证真伪。在我们的数据集中,贷款规模在 500—4 500 元之间,平均为 2 945 元;贷款的还款期限在 1—7 个月之间,平均为 6.36 个月。每笔贷款的年利率为 16% 或 17%:截至 5 月 13 日,该网站提供的贷款利率为 16%,随后发放的贷款利率为 17%。由于该网站未在 5 月 13 日之前宣布加息,因此借款人没有动力提前申请以获得较低的利率。在中国,信用卡的年利率约为 13%。主要银行的按揭利率约为 6%—9%。因此,该网站的 16%—17% 的利率高于市场银行利率,从而冲抵了与小微信贷较高估计违约概率相关的风险(Bhaduri,1977)。小微信贷借款人通常缺乏抵押品、稳定的就业和可核实的信用记录,因此,对他们来说,从银行或其他正规金融机构借款较困难。当他们需要钱的时候,P2P 借贷是他们最理想的选择之一。

在我们的研究所依托的 P2P 平台上,根据贷款的年利率、金额和分期还款期限等条款,平台要求借款人在 t 个月内还清贷款的本金加利息总计 Y,每个月借款人所需要偿还的分期付款金额相同(即 Y/t)。借款人在收到贷款一个月以后开始还款,平台只允许借款人在还款期限内偿还约定的分期付款金额,不允许借款人所偿还的金额低于或高于约定的金额。如果借款人未能全部还清,造成违约(网站在最后一期到期日后 2 个月确认是否违约),网站则会将这笔贷款的后续事宜随机分配给一名网站客服进行处理;如果客服催收成功,网站则会以一定的比例奖励客服。客服所能够采取的催收行动包括电话联系借款人,或致电借款人的联系人。网站会以一定的概率起诉违约的借款人,违约的借款人将被记录在由多个P2P平台共享的黑名单中。一旦进入黑名单,借款人此后将永远无法在这些P2P平台获得贷款。

二、实验设置安排

在我们的实验中,网站向借款人的手机发送3条提醒短信,如图12—1所示。对于2016年5月1日至31日期间获得批准的所有贷款申请,平台在贷款批准后立即发出第一条短信,第二条短信在第一个还款到期日前一天发出,如果贷款持续未能还清,则最后一条短信在最终的还款到期日之后30天发出。换言之,所有借款人都会收到前两条短信,只有那些在最终到期日30天后仍未还清贷款的人会收到第三条短信。我们的实验观察期为2016年5月1日至2017年2月17日(约9.5个月)。由于我们的实验所包含的贷款的最长还款期限为7个月,网站仅在最后一期到期日后2个月确认坏账(即违约),因此,还款过程可能会持续9个月以上。在我们所研究的贷款里,最后一期还款到期日是2016年12月12日。我们于2017年2月17日结束观察期,以确保捕捉所有贷款的全部还款过程和还款行为。

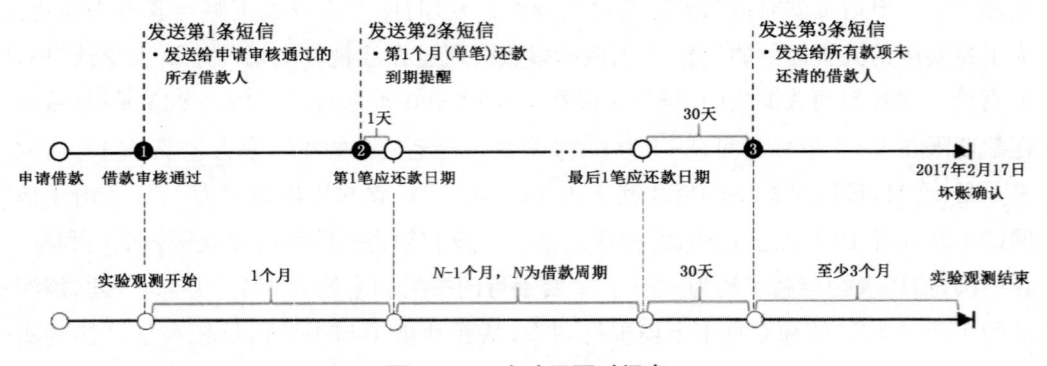

图12—1 实验干预时间表

我们的实地实验对网站发送给借款人的短信内容进行了干预。为了研究我们的行为假说,我们在实验中采用了2×3的设计,实验设置在两个维度上有所变化:(1)短信中是否披露了贷款人的身份;(2)发送给借款人的信息中是否包含贷款人的正向期待或不按时还款的不利后果。2016年5月,该P2P平台共有来自1 539所大学的2 012名借款人(同一所大学就读的借款人最多为45人),每人得到一笔贷款,我们将这2 012笔贷款随机分配到6个实验设置中(见表12—1)。借款人不知道他们正在参与实验。在我们进行实验干预以前,该P2P平台一直向借款人发送表12—1中"不披露×中性"的短信。

表12—1　　　　　　　　　　　　　实验设置设计

		消息的内容		
		中性	积极的预期	不利后果
投资者的身份（危害显著性）	披露	362个观察值	331个观察值	341个观察值
	不披露	332个观察值	331个观察值	315个观察值

实验中网站发送给借款人的短信内容见表12—2。为了运用信息披露来检验危害显著性假说,在披露条件下,贷款人的姓氏在短信中被披露给借款人,而在不披露条件下短信中的"贷款人"被替换为平台名称。为了避免表格中重复性信息过多、过于冗长,我们在表12—2中只包括披露姓名的实验提醒。

表12—2　　　　　　　　　　　　　实验短信内容

短信发送时间	实验组别		
	中性	正向期待	不利后果
借款审核人通过后	×××你好,你已获得审核成功!你需要的这笔款项由[贷款人姓名]向你放款。	×××你好,你已获得审核成功!你需要的这笔款项由[贷款人姓名]向你放款。<u>[贷款人姓名]在你需要的时候帮助了你;与此同时,[贷款人姓名]信任并期待你能按期还款,履行你在借款时的承诺!</u>	×××你好,你已获得审核成功!你需要的这笔款项由[贷款人姓名]向你放款。<u>若未能按时还款,[贷款人姓名]会向你进行催收,告知你的联系人,同时保留一切法律所赋予的权利!</u>
第一笔应还款日前1天	×××你好,由[贷款人姓名]向你出借的款项已到还款日期,请登录平台官网充值还款。	×××你好,由[贷款人姓名]向你出借的款项已到还款日期,请登录平台官网充值还款。<u>相信你一定会履行承诺,不让帮助了你的[贷款人姓名]失望!</u>	×××你好,由[贷款人姓名]向你出借的款项已到还款日期,请登录平台官网充值还款。<u>再次提醒你按时还款,否则[贷款人姓名]会向你采取催收行动!</u>
最后一笔应还款日之后30天	×××你好,由[贷款人姓名]向你出借的借款已逾期30天,你还未还清所有借款,请尽快登录平台还款!	×××你好,由[贷款人姓名]向你出借的借款已逾期30天,你还未还清所有借款。<u>请不要辜负[贷款人姓名]对你的信任,尽快登录平台还款!</u>	×××你好,由[贷款人姓名]向你出借的款项已逾期30天,你还未还清所有借款。<u>这是最后一次提醒,请尽快登录平台还款,否则[贷款人姓名]会向你采取催收行动!</u>

注:下划线标识的文字是体现"正向期待"或"后果威慑"的设计内容。贷款人的部分姓名被星号隐去。

从短信所包含的内容来看,中性信息是中性提醒,该网站发出的三条提醒短信分别通知借款人贷款已经获批、第一个到期日即将到来、债务至今未还。正向期待信息包括贷款人对还款的正向期待。贷款获批后,借款人立即被告知:"贷款人在你需要的时候帮助了你;与此同时,贷款人信任并期待你能按期还款。"在第一个到期日之前,借款人被告知,"相信你一定会履行承诺,不让帮助了你的贷款人失望。"最后一个到期日后30天,如果还没有还清贷款,借款人则被告知,"请不要辜负贷款人对你的信任。"不利后果信息描述了不按时还款的不利后果。贷款获批后,借款人立即被告知,"若未能按时还款,贷款人则会向你进行催收,告知你的联系人,同时保留一切法律所赋予的权利。"在第一个到期日前,借款人被告知,"再次提醒你按时还款,否则贷款人会向你采取催收行动。"最后,如果借款人未能在最后一个到期日后30天偿还,借款人则被警告"这是最后一次提醒,请尽快登录平台还款,否则贷款人姓名会向你采取催收行动"。

在我们的实验设计中只有第一个月的分期还款到期日前有催款信息,而后续各月的到期日都没有实验干预下的催款信息。理由如下:如果我们在每个月的到期日前都发送催款短信,那么短信内容将依赖于借款人各月的还款决策。比如,借款人在第一个月已按时还款,第二个月的催款短信就需要在感谢借款人配合的基础上催款;如果借款人第一个月未还,那么第二个月平台就需要敦促借款人一并归还前两个月的金额。以6个月的还款期为例,连续6个月的催款短信,根据前5个月的还款情况需要囊括($2\times2\times2\times2\times2=$)32种可能性,从而造成实验设计过于复杂,无法进行现实操作。

第五节 实验结果

一、随机化检验

我们收集了选定的2 012名借款人的完整数据,数据包括贷款信息和借款人的特征以及借款人每月的分期还款记录和还清记录。我们总共获得了所有借款人的12 793笔月分期还款观察值。包括我们所依托的平台在内,大多数的P2P平台都是按月分期还款的,从而我们的数据也是在月分期还款的水平上进行统计的。我们的数据分析分别在每笔贷款的汇总层面和月分期还款的层面进行。

表12—3列出了6个实验设置的随机化检验结果。我们比较了借款人特征和贷款特征。在借款人特征中,收入是借款人自报的;鉴于借款人希望获得贷款批准,收入可能倾向于高估。因此,我们还对每个借款人所在城市的人均可支配个人收入(DPI)进行比较,作为实施随机化检验的补充。结果表明,6个实验设置下的借款人在性别、教育程度和收入水平上的分布相似。贷款特征包括4个变量,即用途、金额、还款期限和利率。如果借款人计划将贷款用于购物、旅游等消费,则贷款用途用1表示;如果借款人有其他用途,如启动资金或紧急开支,则贷款用途用0表示。我们发现,这些实验设置下的贷款特征也是近乎相同的。因此,数据通过了实验数据集的随机化检验,表

明实验设置之间的差异主要是由于实验干预产生的效果。

我们运用4个变量来反映借款人的还款行为：是否还清贷款、每月分期还款比例（即还款率）、月分期还款是否已还及每月分期还款逾期时间。我们所依托的 P2P 平台使用这些变量来监控借款人对小额贷款合同的遵守情况,并衡量每个借款人给 P2P 平台带来的利润水平和借款人信誉。这些关键变量的定义如表12－4所示。

表 12－3　　　　　　　　　　　实验参加者分组的随机化验证

		观察值	借款人特征				贷款特征			
			性别（男=0）	教育*	自报收入**	家乡城市 DPI（人民币）	贷款用途（消费=1,其他=0）	金额（人民币）	期限（月）	利率（%）
披露	中性	362	0.23	1.27	1.98	53 809.81	0.61	2 940.88	6.39	16.49
	正向期待	331	0.23	1.31	2.05	53 131.67	0.66	2 947.13	6.31	16.48
	不利后果	341	0.26	1.26	2.04	53 010.47	0.70	2 944.87	6.38	16.50
不披露	中性	332	0.25	1.25	1.98	53 323.74	0.64	2 940.36	6.35	16.49
	正向期待	331	0.22	1.29	2.01	54 218.67	0.66	2 946.53	6.39	16.49
	不利后果	315	0.23	1.33	1.97	53 786.56	0.68	2 959.37	6.32	16.48

注：＊表示学历：1＝大专；2＝本科；3＝研究生。

＊＊表示（月）收入：1＝1 000元以下；2＝1 000－2 000元；3＝2 000－3 000元；4＝3 000－4 000元；5＝4 000－5 000元；6＝5 000元以上。

表 12－4　　　　　　　　　　　　主要变量的定义

数据水平	变　　量	定　　义
贷款水平	是否还清	虚拟变量,贷款是否在 2017 年 2 月 17 日前还清；1＝是,0＝否。
	还款率	已还月分期数/还款期限。例：贷款期限为 6 个月,借款人只偿还了 4 次月分期,还款率为 4/6＝66.7%。
月分期还款水平	每月还款	虚拟变量,是否还了月分期还款；1＝是,0＝否。
	逾期时间	每笔月分期还款,在还款到期日之后逾期的天数；提前还款以 0 天计,已成坏账的月分期还款以 260 天计。

二、描述性统计分析

（一）还清率比较（贷款水平）

我们首先比较了借款人在每种实验设置下的还清率。图12－2表明,最优的实验设置是不披露贷款人身份（NotRev.）的正向期待（Pos. Exp.）实验设置,其还清率为73.11%。相比之下,最不理想的实验设置是在贷款人信息披露（Rev.）情况下的不利后果(Adv. Cons.)实验设置,其收益率仅为63.64%。我们还发现,在不披露的条件下,3种实验设置(Neutral, Pos. Exp., Adv. Cons.)的平均还清率没有显著差异。然而,当贷款人身份被披露时,不利后果实验设置下的平均还清率明显低于其他两种实验设置下的还清率。

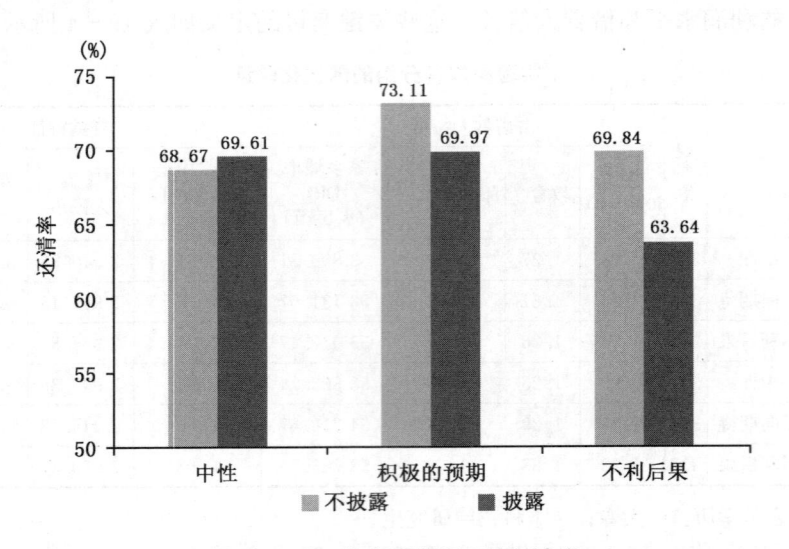

图12—2　6种实验设置下的还清率

表12—5给出了平均值比较,表明当贷款人身份被揭示时,不利后果设置和正向期待实验设置($p=0.083$)、不利后果设置和中性实验设置($p=0.093$)之间的差异都是显著的。要注意的是,我们的实验包括多种实验设置和相应的多种结果,因此,表12—5中未调整的p值可能有偏差,因为它是单一实验设置的检验结果。我们遵循List等人(2016)在《实验经济学多假设检验》中提出的多重假设检验(MHT)方法,同时检验多重假设。调整后的p值列于表12—5的最后一列。结果仍证实了不利后果和积极期望实验设置之间的差异。

表12—5　　　　　　　　6种实验设置下的还清率比较

结果	对照组/干预组	平均值差异	未调整的 p 值	多重性调整后的 p 值(List等人,2016)
还清率	NotRev.×(Neutral) vs. NotRev.×(Pos. Exp.)	0.044 4	0.209	0.209
	NotRev.×(Neutral) vs. NotRev.×(Adv. Cons.)	0.011 7	0.748	0.890
	NotRev.×(Pos. Exp.) vs. NotRev.×(Adv. Cons.)	−0.032 7	0.358	0.358
	Rev.×(Neutral) vs. Rev.×(Pos. Exp.)	0.001 8	0.960	0.960
	Rev.×(Neutral) vs. Rev.×(Adv. Cons.)	−0.059 7	0.093*	0.103
	Rev.×(Pos. Exp.) vs. Rev.×(Adv. Cons.)	−0.0615	0.083*	0.083*

注:* 表示 $p<0.10$,** 表示 $p<0.05$,*** 表示 $p<0.01$。

(二)还款率比较(贷款水平)

图 12—3 中所显示的还款率比较的结果与还清率的结果类似。在这 6 种实验设置中,不披露贷款人身份的正向期待实验设置下的还款率最高,为 85.29%;披露贷款人身份的不利后果实验设置下的还款率最低,为 77.32%。

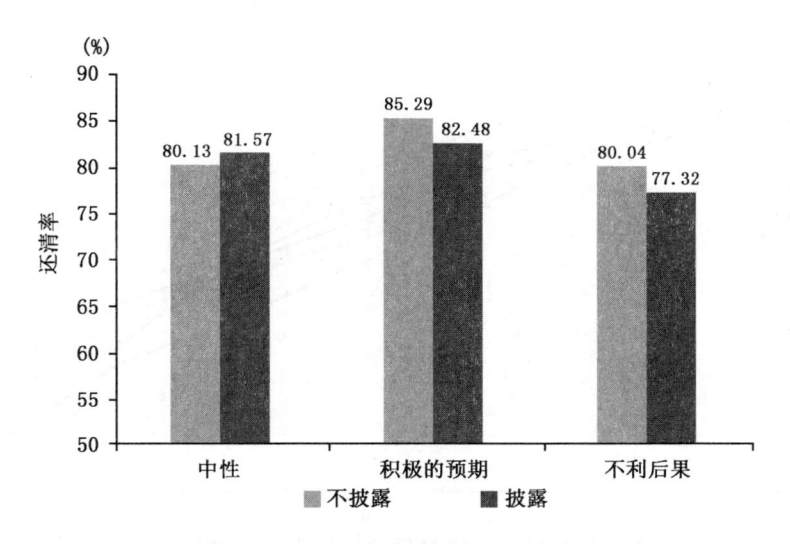

图 12—3　6 种实验设置下的还款率

当贷款人身份被披露时,不利后果实验设置的平均还款率显著低于其他两种设置(不利后果设置和正向期待设置比较,$p=0.044$;不利后果设置和中性设置比较,$p=0.052$)。当贷款人身份未被披露时,均值比较结果只是略有不同。积极期望实验设置的还款率显著高于其他两种设置(正向期待设置和不利后果设置比较,$p=0.038$;正向期待设置和中性设置比较,$p=0.037$)。根据李斯特(List et al.,2016)给出的方法,调整后 p 值与我们未调整的结果一致。6 种实验设置下的还款率比较见表 12—6。

表 12—6　6 种实验设置下的还款率比较

结果	对照组/干预组	平均值差异	未调整的 p 值	多重性调整后的 p 值(List 等人,2016)
还款率	NotRev.×(Neutral) vs. NotRev.×(Pos. Exp.)	0.051 6	0.037**	0.058*
	NotRev.×(Neutral) vs. NotRev.×(Adv. Cons.)	−0.000 9	0.973	0.973
	NotRev.×(Pos. Exp.) vs. NotRev.×(Adv. Cons.)	−0.052 5	0.038**	0.059*
	Rev.×(Neutral) vs. Rev.×(Pos. Exp.)	0.009 1	0.710	0.852
	Rev.×(Neutral) vs. Rev.×(Adv. Cons.)	−0.042 5	0.052**	0.095*
	Rev.×(Pos. Exp.) vs. Rev.×(Adv. Cons.)	−0.051 6	0.044**	0.065*

注:* 表示 $p<0.10$,** 表示 $p<0.05$,*** 表示 $p<0.01$。

(三)每月还款与逾期时间比较(月分期还款水平)

我们比较了不同实验设置下借款人在月分期还款水平上的还款行为,计算了每月分期还款率和每月分期还款的逾期时间。图 12-4 和图 12-5 显示了每种实验设置下的还款行为趋势。

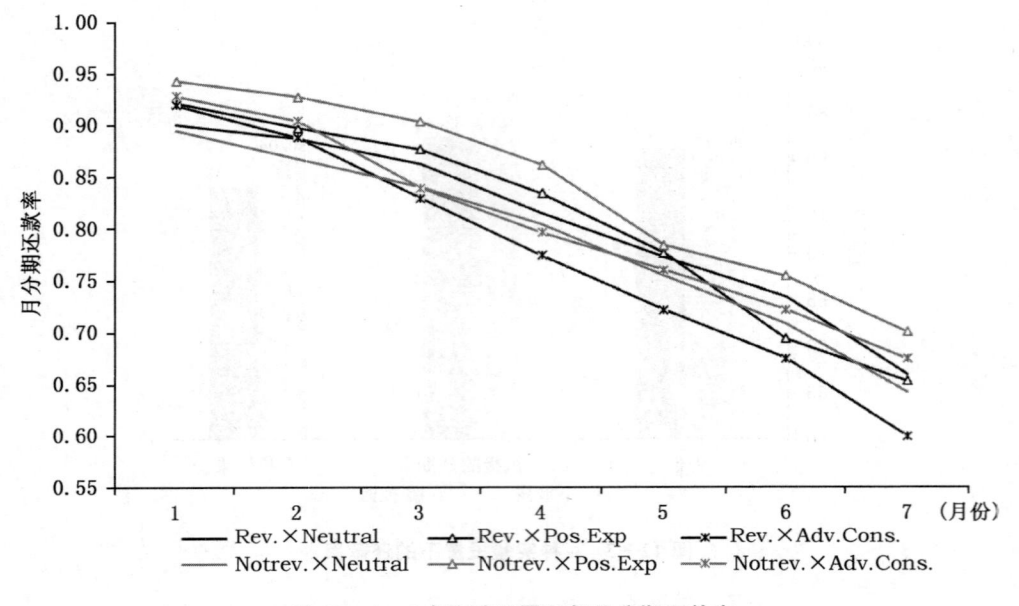

图 12-4　6 个实验设置下每月分期还款率

月分期还款水平上的分析结果与贷款水平上的分析结果一致。总的来说,不披露贷款人身份的正向期待实验设置下的每月分期还款率最高、每月分期还款逾期时间最短;披露贷款人身份的不利后果实验设置下的每月分期还款率最低、每月分期还款逾期时间最长。

当我们仔细地分析两种不利后果实验设置(贷款人身份被披露和未被披露两种情况)在第一个月的表现时,我们发现它们的效果与正向期待实验设置的效果相似。如图 12-6 和图 12-7 所示,我们进一步比较了第一期的月分期还款率和分期还款逾期时间(即短期效应),发现不良后果设置优于中性设置。这些结果支持了"强调不利后果的讯息可能只具有短期效应,而强调正向期待的讯息有可能发挥持久效应"的观点,与我们的行为假说 H3 一致。

我们的描述性分析显示了借款人在还款提醒短信的多种信息内容干预下的行为差异。下面我们将进一步进行计量经济学的回归分析,以展示"是否还清贷款""每月分期还款比例(即还款率)""月分期还款是否已还"及"每月分期还款逾期时间"四个关键变量在各个实验设置下所发生的变化。

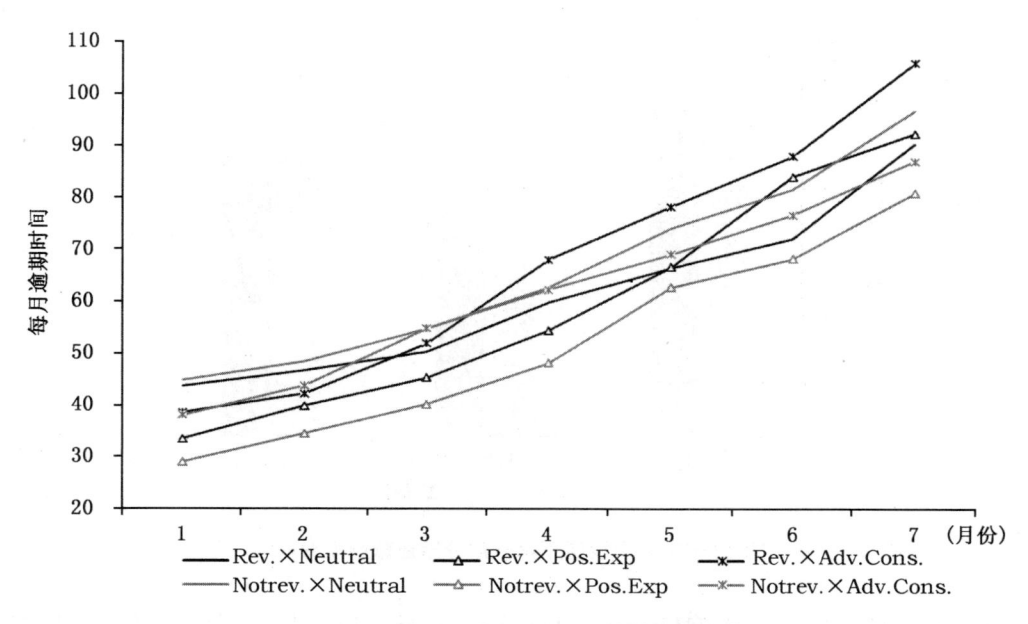

图 12－5　6 个实验设置下每月分期还款逾期时间

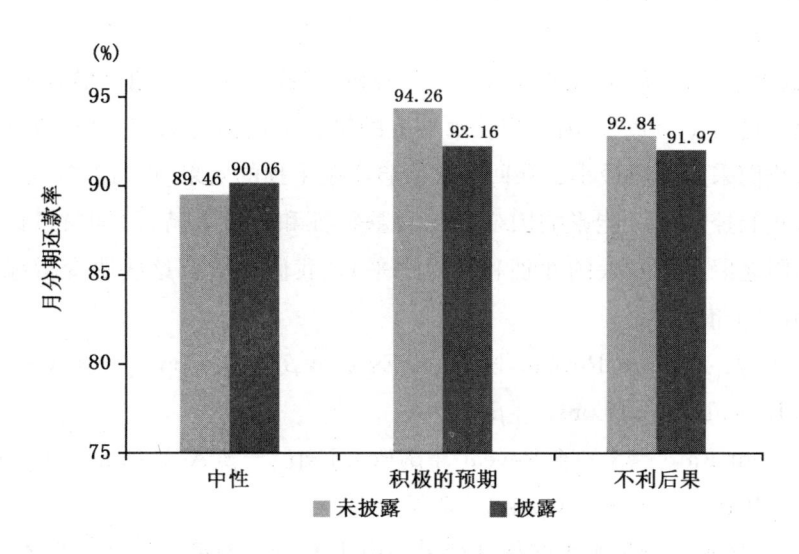

图 12－6　6 种设置下第一期分期还款率

三、回归分析

根据实验设计,我们的实验变量包括 3 个虚拟变量:是否披露贷款人身份(Reveal)、是否包含正向期待信息(Pos. Exp.)以及是否包含不利后果信息(Adv. Cons.)。我们用 4 个独立的回归方程分别来估计上述 3 个实验变量对借款人还款行为的影响。此外,身份

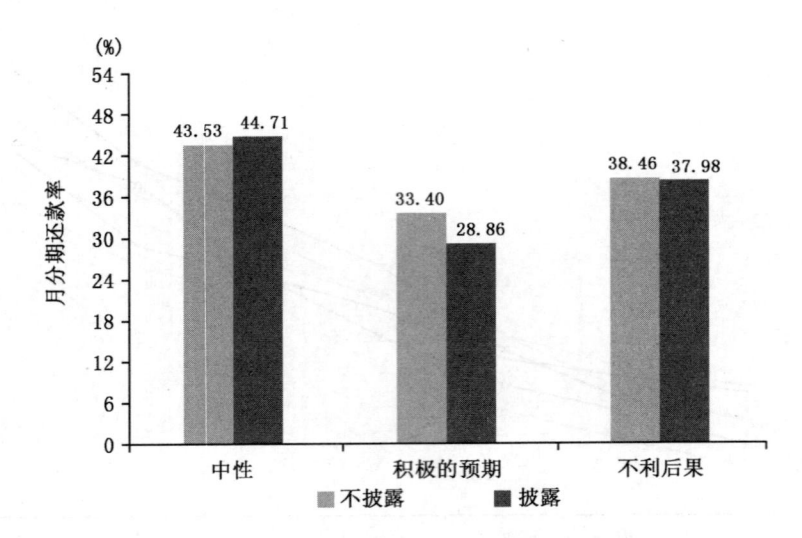

图 12—7　6 个设置下第一期分期还款逾期时间

披露与正向期待的交互影响（Reveal×Pos. Exp.）、身份披露与不利后果的交互影响（Reveal×Adv. Cons.）也纳入回归分析中。

(一) 贷款水平上的回归结果

在贷款水平上，我们进行了 probit 回归分析，以确定实验干预对借款人能否还清贷款的影响[见(12.1)式]。因为贷款水平上的第二个还款行为变量"还款率"是一个连续变量，我们采用普通最小二乘回归来检验实验干预的效果[见(12.2)式]。在这两个方程中，我们控制了可能影响因变量的贷款特征和借款人特征（即贷款的金额、期限、利率和用途以及借款人的性别和教育水平）。我们将所有这些协变量标记为 X，下标 i 表示单个借款人。

$$Pay-off_i = \beta_0 + \beta_1 Reveal_i + \beta_2 Pos.\ Exp._i + \beta_3 Adv.\ Cons._i + \beta_4 Reveal \times Pos.\ Exp._i + \beta_5 Reveal \times Adv.\ Cons._i + \beta_6 X_i + u_i \tag{12.1}$$

$$Repayment\ Rate_i = \beta_0 + \beta_1 Reveal_i + \beta_2 Pos.\ Exp._i + \beta_3 Adv.\ Cons._i + \beta_4 Reveal \times Pos.\ Exp._i + \beta_5 Reveal \times Adv.\ Cons._i + \beta_6 X_i + \varepsilon_i \tag{12.2}$$

表 12—7 显示了贷款水平的估计结果。由于 probit 模型的估计系数不是每个自变量的边际效应，因此我们采用部分效应法来计算每个实验变量对还清概率的边际效应。以正向期待（Pos. Exp.）的边际效应为例，我们将其他变量设置为其均值，再分别计算正向期待取值为 0 和 1 时借款人还清的概率。因此，正向期待的边际效应是后一种概率减去前一种概率，可以直接解释为正向期待对借款人还清概率的影响。

结果表明，在控制了协变量后，在提醒信息中传递正向期待对提高借款人在贷款水平上的还清率和还款率有显著的正向影响。具体而言，当贷款人信息未被披露时，收到正向期待信息的借款人的还清概率比收到中性信息的借款人高 4.6%，还款率高 5.2%。因此，行为假说 H1 在贷款层面得到支持。此外，上述差异的大小与表 12—5 中的数据一致。例如，表 12—5 表明，当贷款人信息未披露时，正向期待讯息和中性讯息之间的差异为 0.044 4，非常接近 4.6%。

表 12—7　　　　　　　　　　　　贷款水平的估计结果

（probit 模型中括号内为边际效应）

变量	被解释变量：是否还清		被解释变量：还款率	
	probit		OLS	
常量	13.410	13.151	2.414*	2.372*
Reveal	−0.076 (−0.026)	0.038 (0.012)	0.012	−0.016
Pos. Exp.	0.078* (0.027)	0.134* (0.046)	0.046**	0.052**
Adv. Cons.	−0.053 (−0.019)	0.022 (0.008)	−0.025	−0.011
Reveal × (Pos. Exp.)		−0.156 (−0.056)		−0.026
Reveal × (Adv. Cons.)		−0.191* (−0.069)		−0.018
金额	−0.004*** (−0.002)	−0.004*** (−0.002)	−0.106**	−0.108**
期限	−0.146*** (−0.051)	−0.147*** (−0.051)	−0.012***	−0.011***
利率	−0.637 (−0.223)	−0.625 (−0.218)	−0.076	−0.078
是否为女性	0.052 (0.018)	0.055 (0.019)	0.044	0.044**
受教育水平	0.162*** (0.056)	0.160*** (0.056)	0.048***	0.047***
家乡 DPI	0.020** (0.009)	0.024** (0.009)	0.003**	0.003**
收入	−0.009 (−0.003)	−0.008 (−0.003)	−0.010	−0.010
贷款用途（消费）	−0.066 (−0.023)	−0.063 (−0.022)	−0.019	−0.018
R^2 级或伪 R^2	0.228	0.236	0.239	0.245
观察值数量	2 012	2 012	2 012	2 012

注：* 表示 $p<0.10$，** 表示 $p<0.05$，*** 表示 $p<0.01$。

尽管如此，在催款短信中包含不利后果信息对借款人的长期还款行为没有显著影响，因此，行为假说 H2 不受支持。不利后果机制具有潜在的负面影响，比如借款人可能不喜欢不利后果信息，或者借款人认为不利后果的威胁意味着贷款人对他们不信任。这种不信任很可能对借款人积极表现的动机（Falk and Kosfeld，2006）和履行承诺的意愿（Cho，2006）产生负面影响。对不利后果的恐惧随着时间推移而衰减，不利后果机制对借款人遵循社会规范的内在愿望的负面影响可能会掩盖其积极的威慑作用。因此，寻求缓解道德风险问题的平台应谨慎使用该机制（Perez Truglia and Troiano，2015）。此外，以不利后果进行威胁的信息可能会引发该平台还款率普遍较低的解读，这有可能会促使借款人"破罐破摔"（Hinkel and Weisburd，2008）。

我们还发现，是否披露贷款人信息并不影响借款人的还款行为。因此，伤害显著性的影响不显著,行为假说 H4 在贷款水平上不受支持。这一结果很可能是由于实验设计中仅仅披露了贷款人的部分姓名、信息披露程度不够强造成的。要说明的是,在披露贷款人信息的操作过程中我们受到保护贷款人隐私的限制。另外,即便没有保护隐私的限制,披露贷款人姓名之外的其他特征很可能会带来因果混淆。比如,生活经验和经济学文献都表明男女之间在利他偏好上存在性别差异(Eckel and Grossman,1998),对待风险的态度上存在着差异(Levin et al.,1988),对待竞争的态度也有所不同(Niederle and Vesterlund,2007)。因此,披露性别信息很可能在"伤害显著性"之外的其他维度上造成影响,形成因果混淆。

(二)月分期还款水平上的回归结果

在月分期还款层面,我们进行了固定效应 probit 回归分析,以估计实验干预对每月还款行为的影响[见(12.3)式],其中被解释变量"每月还款"(Monthly Repayment)为虚拟变量,即借款人是否偿还了第 t 期的分期还款。我们所关注的另一个还款行为变量是逾期时间(Overdue Duration),定义为借款人在还款到期日之后的还款逾期天数。我们用(12.4)式进行了固定效应 Tobit 回归:回归中,我们将那些在到期日之前还款的借款人的逾期时间记为 0,同时我们将坏账的逾期时间记为 260,这是由于我们在数据集中观察到的最长逾期时间是 250 天。在(12.3)式和(12.4)式中,我们控制了用 γ_i 表示的每笔贷款的固定效应,以捕捉与每笔贷款相关的额外特征;同时我们也控制了用 $Month_t$ 表示的时间固定效应,以捕捉特定月份的潜在外生冲击。回归分析中还包括月度虚拟变量与"正向期待"和"不利后果"之间的交互项(即 Month×Pos. Exp. 与 Month×Adv. Cons.)。下标 i 和 t 分别表示每个借款人和第 t 期(或第 t 个月)的分期还款。

$$Monthly\ Repayment_{it} = \beta_0 + \beta_1 Reveal_i + \beta_2 Pos.Exp._i + \beta_3 Adv.Cons._i + \beta_4 Reveal \times Pos.Exp._i + \beta_5 Reveal \times Adv.Cons._i + \beta_6 Month \times Pos.Exp._i + \beta_7 Month \times Adv.Cons._i + X_i + Month_t + \gamma_i + u_{it} \quad (12.3)$$

$$Overdue\ Duration_{it} = \beta_0 + \beta_1 Reveal_i + \beta_2 Pos.Exp._i + \beta_3 Adv.Cons._i + \beta_4 Reveal \times Pos.Exp._i + \beta_5 Reveal \times Adv.Cons._i + \beta_6 Month \times Pos.Exp._i + \beta_7 Month \times Adv.Cons._i + X_i + Month_t + \gamma_i + u_{it} \quad (12.4)$$

表 12-8 展示了在月分期还款水平上的估计结果,括号中再次包括 probit 模型的边际效应。这些回归结果与表 12-6 所示的结果相似。与中性信息相比,传递出贷款人正向期待的信息增加了借款人还款的可能性,缩短了贷款逾期时间,行为假说 H1 再次得到支持。披露贷款人身份和警告不利后果的影响并不显著;因此,行为假说 H2 和 H4 在分期还款层面也不受支持。

我们发现月度虚拟变量与"正向期待"的前四个交互项是显著的,这表明正向期待信息所发挥的作用至少会持续 4 个月。这与行为假说 H3 相一致，H3 认为正向期待具有相对持久的效果。相比之下，月度虚拟变量与"不利后果"的交互项仅在第一个月和第二个月显著，表明不利后果信息的影响随时间衰减，这也与 H3 一致。我们的实验结果表明，后果威慑机制只有短期效果。这一结论能否推广，需要进一步的汇总分析（Meta Analysis）。尽管如此，我们的研究为未来的研究提供了方向，有可能解决先前有关后果威慑机制的文献中的争议性结论。

表 12-8　　月分期还款水平估计结果

（Probit 模型中，括号内为边际效应）

变量	被解释变量：每月还款 面板数据 Probit 模型			被解释：逾期时间 面板数据 Tobit 模型		
常量	9.800	9.723	9.522	−2 544.598***	−2 536.842**	−2 370.968**
Reveal	−0.046 (−0.018)	0.071 (0.018)	0.071 (0.018)	6.719	−11.318	−10.332
Pos. Exp.	0.111** (0.054)	0.217** (0.054)	0.168** (0.042)	−33.976***	−51.428***	−34.668**
Adv. Cons.	−0.031 (−0.003)	−0.011 (−0.003)	0.022 (0.006)	−16.511	−27.514	−6.620
Reveal×(Pos. Exp.)		−0.207 (−0.056)	−0.201 (−0.057)		34.092	32.181
Reveal×(Adv. Cons.)		−0.155 (−0.042)	−0.155 (−0.042)		21.152	19.803
(Pos. Exp.)×Month 1			0.155*** (0.037)			−45.050***
(Pos. Exp.)×Month 2			0.126*** (0.030)			−14.074*
(Pos. Exp.)×Month 3			0.115*** (0.028)			−17.366*
(Pos. Exp.)×Month 4			0.082*** (0.020)			−22.295*
(Pos. Exp.)×Month 5			−0.012 (−0.003)			−4.079
(Pos. Exp.)×Month 6			−0.054 (−0.014)			−1.879
(Adv. Cons.)×Month 1			0.063** (0.032)			−80.422***
(Adv. Cons.)×Month 2			0.069* (0.025)			−23.926*
(Adv. Cons.)×Month 3			−0.096 (−0.018)			−10.937
(Adv. Cons.)×Month 4			−0.031 (−0.008)			−12.437
(Adv. Cons.)×Month 5			−0.017 (−0.004)			−6.314
(Adv. Cons.)×Month 6			−0.014 (−0.004)			−1.665
金额	−0.002*** (−0.001)	−0.002*** (−0.001)	−0.002*** (−0.001)	0.113***	0.113***	0.111***
期限	0.044** (−0.011)	−0.043** (−0.011)	−0.043** (−0.011)	−5.347**	−5.101**	−15.498**
利率	−0.485 (−0.124)	−0.484 (−0.124)	−0.472 (−0.121)	134.592**	134.603**	132.956**
是否为女性	0.181** (0.045)	0.184** (0.045)	0.183** (0.045)	−36.317***	−36.573***	−36.855***
受教育水平	0.199*** (0.051)	0.199*** (0.051)	0.199*** (0.051)	−31.176***	−30.973***	−30.636***
家乡 DPI	0.006** (0.003)	0.006** (0.003)	0.006** (0.003)	0.002	0.002	−0.001
收入	0.029 (0.007)	0.028 (0.007)	−0.028 (0.007)	2.101	2.043	2.075
贷款用途（消费）	−0.072 (−0.018)	−0.071 (−0.018)	−0.071 (−0.018)	11.243	10.867	10.645
月固定效应（月虚拟变量）	包括	包括	包括	包括	包括	包括
贷款固定效应（贷款虚拟变量）	包括	包括	包括	包括	包括	包括
对数似然值	−5 847.76	−5 842.23	−5 830.51	−24 700.40	−24 699.61	−23 295.26
观察值数量	12 793	12 793	12 793	12 793	12 793	12 793

注：* 表示 $p<0.10$，** 表示 $p<0.05$，*** 表示 $p<0.01$。

对于控制变量，我们也发现了一些重要的结果。贷款规模（变量"金额"）和贷款偿还期限（变量"期限"）对借款人的还款行为有负向影响，表明如果债务较高且还款期限较长,借款人偿还贷款的可能性则较小。借款人个人特征对还款行为的影响也显著。例如,女性比男性表现出更高的分期还款的可能性。这一结果与波普和希德诺(Pope and Sydnor,2011)的研究结果一致:后者指出,贷款市场青睐女性,女性违约的可能性比男性小。我们还发现受教育水平与还清率和还款率呈正相关,对这一结果的合理化解释是受教育程度与家庭收入水平高度相关,从而受教育程度越高,还款能力越强。

(三)附加分析

在回归分析的表格中,仅 p 值并不能提供足够的证据来支持给定模型或相关假设(Gill,2018)。因此,在进行严格的统计推断的时候,除 p 值外还应考虑统计功效等其他信息。本章以马尼亚迪斯(Maniadis,2014)提供的研究后概率(Post-Study Probability,PSP)信息作为 p 值的补充。马尼亚迪斯(2014)认为统计功效和先验概率都会影响统计结果的稳健性。先验概率表示真正产生作用的观察值在所有观察值中所占的比例。以得到实验结果强力支持的行为假说 H1 为例,先验概率指的是,真正因为收到"正向期待"信息而提高还款水平的借款人,在所有实验所研究的借款人中所占的比例。显然,先验概率是研究人员无法观察到的。我们预设先验概率值从极小(0.01)到极大(0.55),以判定先验概率的改变会在多大程度上影响我们的统计推断。首先,基于平均值、标准差和样本量,我们得到正向期待对四个还款行为变量所造成影响的统计功效;随后,我们基于统计功效和各种可能的先验概率得到 PSP 估计值,详见表 12—9。

表 12—9　　　　作为先验概率和统计功效的函数的 PSP 估计值

是否还清		还款率	
先验概率	统计功效=0.19	先验概率	统计功效=0.55
0.01	0.04	0.01	0.10
0.10	0.30	0.10	0.55
0.35	0.67	0.35	0.86
0.55	0.82	0.55	0.93
每月还款		逾期时间	
先验概率	统计功效=0.94	先验概率	统计功效=0.97
0.01	0.16	0.01	0.16
0.10	0.68	0.10	0.68
0.35	0.91	0.35	0.91
0.55	0.96	0.55	0.96

我们发现在相同的先验概率下,月分期还款数据所得到的 PSP 高于贷款水平数

据的 PSP,这表明我们的研究结果对月分期还款行为的预测能力高于贷款水平还款行为的预测能力。这可能是因为在贷款水平上对行为的测度是在 6 个月内累积的,而鉴于在如此长的时间内可能涉及各种不可观察的因素,这种测度在预测行为方面的有用性可能会降低。

第六节　结束语

"道德风险"是金融市场中的一个经典问题。由于缺乏抵押品和有效的信用检查,在金融市场中的道德风险可能更为严重。我们在一个自然实地实验中设计并实现了几个行为机制来缓解道德风险问题。实验基于两个维度:信息的内容(正向期待、不利后果或中性信息)和贷款人身份是否披露。总的来说,实验证据支持了正向期待信息的有效性。我们发现正向期待信息比起不利后果信息和披露贷款人身份的做法更能有效地缓解道德风险。不利后果信息在短期内对还款也有积极影响,但在长期其影响会下降。这一发现或许为金融依从文献中关于后果威慑信息的不一致结论提供了一个可能的解释。未来关于不利威慑信息的汇总研究可能会从时间的维度调和先前相关文献中结论不一的发现。

我们的研究结果表明,在小微信贷中,事前沟通会影响借款人的还款行为,对沟通提醒还款的信息内容进行管理,能有效缓解信用违约。此外,我们的研究结果证实了行为机制干预对提高小微信贷的亲社会守约依从性的潜在必要性。与法院强制执行等成本密集型的传统解决方案相比,缓解道德风险的行为机制是近于无成本且易于实施的。支持这一结论的是,本研究完成后,所依托的 P2P 平台在其持续的业务运营中采纳了"正向期待＋不披露"的事前短信提醒机制。

我们的研究结果提供了强有力的证据,证明不仅仅是在实验室中,在现实世界中采用某些行为机制也可以提高亲社会依从性。除小微信贷之外,我们关于正向期待的研究结果也对买方－卖方和雇主－雇员等其他双边经济关系有借鉴意义。

参考文献

1. Ai, W., R. Chen, Y. Chen, Q. Mei, W. Phillips(2016). "Recommending Teams Promotes Prosocial Lending in Online Microfinance", *Proceedings of the National Academy of Sciences*, 113: 14944－14948.

2. Akerlof, G. (1991). "Procrastination and Obedience", *American Economic Review*, 81: 1－

19.

3. Andreoni, J. (1995). "Warm-glow Versus Cold-prickle: the Effects of Positive and Negative Framing on Cooperation in Experiments", *Quarterly Journal of Economics*, 110:1—21.

4. Apesteguia, J. , P. Funk, N. Iriberri(2013). "Promoting Rule Compliance in Daily-life: Evidence from A Randomized Field Experiment in the Public Libraries of Barcelona", *European Economic Review*, 64:266—284.

5. Battigalli, P. , M. Dufwenberg(2007). "Guilt in Games", *American Economic Review*, Papers & Proceedings, 97:170—176.

6. Baumeister, R. F. , A. M. Stillwell, T. F. Heatherton(1994). "Guilt: An Interpersonal Approach", *Psychological Bulletin*, 115:243—267.

7. Becker, G. S. (1968). "Crime and Punishment: An Economic Approach", In the Economic Dimensions of Crime (pp. 13—68). Palgrave Macmillan, London.

8. Benabou, R. , J. Tirole(2006). "Incentives and Pro-social Behavior", *American Economic Review*, 96:1652—1678.

9. Bhaduri, A. (1977). "On the Formation of Usurious Interest Rates in Backward Agriculture", *Cambridge Journal of Economics*, 1:341—352.

10. Blumenthal, M. , C. Christian, J. Slemrod, M. G. Smith(2001). "Do Normative Appeals Affect Tax Compliance? Evidence from a Controlled Experiment in Minnesota", *National Tax Journal*, 54:125—138.

11. Bohnet, I. , B. S. Frey(1999). "Social Distance and Other-regarding Behavior in Dictator Games: Comment", *American Economic Review*, 89:335—339.

12. Bordalo, P. , N. Gennaioli, A. Shleifer(2013). "Salience and Consumer Choice", *Journal of Political Economy*, 121:803—804.

13. Bursztyn, L. , S. Fiorin, D. Gottlieb, M. Kanz(2015). "Moral Incentives: Experimental Evidence from Repayments of an Islamic Credit Card", Social Science Electronic Publishing.

14. Cadena, X. , S. Antoinette(2011). "Remembering to Pay? Reminders vs. Financial Incentives for Loan Payments", (NBER Working Paper No 17020), online at http://papers.ssrn.com/sol3/papers.cfm?abstract_id=1833157.

15. Charness, G. , M. Dufwenberg(2006). "Promises and Partnership", *Econometrica*, 74:1579—1601.

16. Charness, G. , M. Dufwenberg(2011). "Participation", *American Economic Review*, 101:1211—1237.

17. Cho, J. (2006). "The Mechanism of Trust and Distrust Formation and Their Relational Outcomes", *Journal of Retailing*, 82:25—35.

18. ChinaNews, October 30(2013). "Microfinancing in China", See http://finance.chinanews.com/it/2013/10—30/541716.shtml.

19. Chen, Y. , F. Lu, J. Zhang(2017). "Social Comparisons, Status and Driving Behavior", *Journal of Public Economics*, 155:11—20.

20. CreditEase(2011). "2011 小微企业调研报告.(2011－A Report on Micro-and Small-Enterprises's Management and Financing)", See http://www. creditease. cn/special2011/xwzt.

21. Crockett,M. J. ,Z. Kurth-Nelson,J. Z. Siegel,P. Dayan,R. J. Dolan(2014). "Harm to Others Outweighs Harm to Self in Moral Decision Making", *Proceedings of the National Academy of Sciences*,111:17320－17325.

22. Dai,Z. ,F. Galeotti,M. C. Villeval(2018). "Cheating in the Lab Predicts Fraud in the Field: An Experiment in Public Transportations", *Management Science*,64:1081－1100.

23. Davenport, T. C. , A. S. Gerber, D. P. Green, C. W. Larimer, C. B. Mann, C. Panagopoulos (2010). "The Enduring Effects of Social Pressure: Tracking Campaign Experiments over a Series of Elections", *Political Behavior*,32:423－430.

24. Du,N. ,L. Li,T. Lu,X. Lu(2020). "Pro-Social Compliance in P2P Lending: A Natural Field Experiment", *Management Science*,66:315－333.

25. Du,N. ,Q. Shahriar(2018). "Cheap-talk Evaluations in Contract Design", *Journal of Behavioral and Experimental Economics*,77:78－87.

26. Duarte,J. ,S. Siegel,L. Young(2012). "Trust and Credit: The Role of Appearance in Peer-to-Peer Lending", *Review of Financial Studies*,25:2455－2483.

27. Dufwenberg,M. ,G. Kirchsteiger(2004). "A Theory of Sequential Reciprocity", *Games and Economic Behavior*,47:268－298.

28. Dugar, S. (2010). "Nonmonetary Sanctions and Rewards in an Experimental Coordination Game", *Journal of Economic Behavior and Organization*,73:377－386.

29. Eckel,E. ,P. Grossman(1998). "Are Women Less Selfish than Men? Evidence from Dictator Experiments", *Economic Journal*,108:726－735.

30. Ellingsen, T. , M. Johannesson (2008). "Anticipated Verbal Feedback Induces Pro-social Behavior", *Evolution and Human Behavior*,29:100－105.

31. Falk, A. , M. Kosfeld(2006). "The Hidden Cost of Control", *American Economic Review*, 96:1611－1630.

32. Fehr, E. , A. Klein,K. M. Schmidts(2007). "Fairness and Contract Design", *Econometrica*, 75:121－154.

33. Fehr, E. , B. Rockenbach(2003). "Detrimental Effects of Sanctions on Human Altruism", *Nature*,422:137.

34. Fellner,G. ,R. Sausgruber,C. Traxler(2013). "Testing Enforcement Strategies in the Field: Threat,Moral Appeal and Social Information", *Journal of the European Economic Association*,11: 634－660.

35. Fischbacher, U. , F. Föllmi-Heusi(2013). "Lies in Disguise—An Experimental Study on Cheating",*Journal of the European Economic Association*,11:525－547.

36. Freedman,S. ,G. Z. Jin(2008). "Do Social Networks Solve Information Problems for Peer-to-Peer Lending? Evidence from Prosper. com", Working Paper.

37. Freedman,S. ,G. Z. Jin(2016). "The Information Value of Online Social Networks:Lessons

fromPeer-to-Peer Lending", *International Journal of Industrial Organization*, 51:185—222.

38. Hinkle, J. C. , D. Weisburd(2008). "The Irony of Broken Windows Policing: A Micro-Place Study of the Relationship between Disorder, Focused Police Crackdowns and Fear of Crime", *Journal of Criminal Justice*, 36:503—512.

39. Gao, Q. , M. Lin(2014). "Linguistic Features and Peer-to-Peer Loan Quality: A Machine Learning Approach", Social Science Electronic Publishing.

40. Gerber, A. S. , T. Rogers(2009). "Descriptive Social Norms and Motivation to Vote: Everybody's Voting and so Should you", *Journal of Politics*, 71:178—191.

41. Gill, J. (2018). "Comments from the New Editor", *Political Analysis*, 26:1—2.

42. Gneezy, U. (2005). "Deception: The Role of Consequences", *American Economic Review*, 95:384—394.

43. Goeree, J. , J. Zhang(2014). "Communication and Competition", *Experimental Economics*, 17:421—438.

44. Hallsworth, M. , J. A. List, R. D. Metcalfe, I. Vlaev(2014). "The Behavioralist As Tax Collector: Using Natural Field Experiments to Enhance Tax Compliance", *Journal of Public Economics*, 148:14—31.

45. Hallsworth, M. , J. A. List, R. D. Metcalfe, I. Vlaev(2015). "The Making of Homo Honoratus: From Omission to Commission", (No. w21210), National Bureau of Economic Research.

46. Hermes, N. , R. Lensink(2007). "The Empirics of Microfinance: What Do We Know?", *Economic Journal*, 117:1—10.

47. Herzenstein, M. , U. M. Dholakia, U. M. , R. L. Andrews(2011). "Strategic Herding Behavior in Peer-to-Peer Loan Auctions", *Journal of Interactive Marketing*, 25:27—36.

48. Herzenstein M, S. Sonenshein, U. M. Dholakia(2011). "Tell Me a Good Story and I May Lend YouMoney: The Role of Narratives in Peer-to-Peer Lending Decisions", *Journal of Marketing Research*, 48:138—149.

49. Hoffman, E. , K. McCabe, A. Shachat, K. , V. L. Smith, 1994. "Preferences, Property Rights, and Anonymity in Bargaining Games", *Games and Economic Behavior*, 7:346—80.

50. Hoffman, E. , K. McCabe, V. L. Smith(1996). "Social Distance and Other—regarding Behavior in Dictator Games", *American Economic Review*, 86:653—660.

51. Hurkens, S. , N. Kartik(2009). "Would I Lie to You? On Social Preferences and Lying Aversion", *Experimental Economics*, 12:180—192.

52. Kachelmeier, S. , M. Shehata(1997). "Internal Auditing and Voluntary Cooperation in Firms: a Cross-cultural Experiment", *Accounting Review*, 72:407—431.

53. Karlan, D. , M. Morten, J. Zinman(2016a). "A Personal Touch in Text Messaging Can Improve Microloan Repayment", *Behavioral Science and Policy*, 1:25—31.

54. Karlan, D. , M. McConnell, S. Mullainathan, J. Zinman, (2016b). "Getting to the Top of Mind: How Reminders Increase Saving", *Management Science*, 62:3393—3411.

55. Kleven, H. J. , M. B. Knudsen, C. T. Kreiner, S. Pedersen, E. Saez(2011). "Unwilling or Una-

ble to Cheat? Evidence from A Randomized Tax Audit Experiment in Denmark", *Econometrica*, 79: 651—692.

56. Krumme, K. A., S. Herrero(2009). "Lending Behavior and Community Structure in an Online Peer-to-Peer Economic Network", In Computational Science and Engineering, CSE'09. International Conference on (Vol. 4, pp. 613—618). IEEE.

57. Larrimore, L., L. Jiang, J. Larrimore, D. Markowitz, S. Gorski(2011). "Peer to Peer Lending: The Relationship between Language Features, Trustworthiness, and Persuasion Success", *Journal of Applied Communication Research*, 39:19—37.

58. Levin, I. P., M. A. Snyder, D. P. Chapman(1988). "The Interaction of Experiential and Situational Factors and Gender in a Simulated Risky Decision-Making Task", *Journal of Psychology*, 122:173—181.

59. Lin, M., N. R. Prabhala, S. Viswanathan(2013). "Judging Borrowers by the Company They Keep:Friendship Networks and Information Asymmetry in Online Peer-to-Peer Lending", *Management Science*, 59:17—35.

60. Lin, M., S. Viswanathan(2015). "Home Bias in Online Investments:An Empirical Study of An Online Crowdfunding Market", *Management Science*, 62:1393—1414.

61. List, J. A., A. M. Shaikh, Y. Xu(2016). "Multiple Hypothesis Testing in Experimental Economics", (No. w21875), National Bureau of Economic Research.

62. Lu, F., J. Zhang, J. M. Perloff(2016). "Genral and Specific Information in Deterring Traffic Violations:Evidence from A Randomized Experiment", *Journal of Economic Behavior and Organization*, 123:97—107.

63. Luo, X., K. Wittkowski, Z. Fang, J. Aspara(2017). "Consumer Debt Collection with Social Pressure and Financial Incentives:Field Experiments", Working Paper.

64. Maniadis, Z., F. Tufano, J. A. List(2014). "One Swallow Doesn't Make a Summer:New Evidence on Anchoring Effects", *American Economic Review*, 104:277—290.

65. Masclet, D., C. Noussair, S. Tucker, M. C. Villeval. (2003). "Monetary and Non-Monetary Punishment in the VCM", *American Economic Review*, 93:366—380.

66. Niederle, M., L. Vesterlund(2007). "Do Women Shy Away From Competition? Do Men Compete Too Much?", *Quarterly Journal of Economics*, 122:1067—1101.

67. Nowak, M. A., K. Sigmund(1998). "Evolution of Indirect Reciprocity by Image Scoring", *Nature*, 393:573—577.

68. Pekonen, P. (2014). "Are Text Message Reminders Effective in Debt Collection? Randomized Controlled Trial in Debt Collection in Finland", See https://aaltodoc. aalto. fi/handle/123456789/14613.

69. Perez-Truglia, R., U. Troiano(2015). "Shaming Tax Delinquents:Theory and Evidence from a Field Experiment in the United States" (No. w21264), National Bureau of Economic Research.

70. Pope, D. G., J. R. Sydnor(2011). "What's in a Picture? Evidence of Discrimination from Prosper. com", *Journal of Human Resources*, 46:53—92.

71. Ravina, E. (2008). "Beauty, Personal Characteristics and Trust in Credit Markets", Columbia University.

72. Slemrod, J. , M. Blumenthal, C. Christian(2001). "Taxpayer Response to An Increased Probability of Audit: Evidence from A Controlled Experiment in Minnesota", *Journal of Public Economics*, 79:455—483.

73. Smith, A. (1976). "The Theory of Moral Sentiments", Oxford University Press.

74. Stiglitz, J. E. , A. Weiss(1981). "Credit Rationing in Markets with Imperfect Information", *American Economic Review*, 71:393—410.

75. Vanberg, C. (2008). "Why Do People Keep Their Promises? An Experimental Test of Two Explanations", *Econometrica*, 76:1467—1480.

76. Verduyn, P. , S. Lavrijsen(2015). "Which Emotions Last Longest and Why: The Role of Event Importance and Rumination", *Motivation and Emotion*, 39:119—127.

77. Verduyn, P. , I. Van Mechelen, E. Kross, C. Chezzi, C. , F. Van Bever(2012). "The Relationship between Self-distancing and the Duration of Negative and Positive Emotional Experiences in Daily Life", *Emotion*, 12:1248.

78. Wei, Z. , M. Lin(2016). "Market Mechanisms in Online Peer-to-Peer Lending", *Management Science*, 63:4236—4257.

79. Wenzel, M. , N. Taylor(2004). "An Experimental Evaluation of Tax-Reporting Schedules: A Case of Evidence-Based Tax Administration", *Journal of Public Economics*, 88:2785—2799.

80. Woodyatt L. (2015). "The Power of Public Shaming, For Good and For Ill", http://theconversation.com/the-power-of-public-shaming-for-good-and-for-ill-38920.

81. Xiao, E. , D. Houser(2009). "Avoiding the Sharp Tongue: Anticipated Written Messages Promote Fair Economic Exchange", *Journal of Economic Psychology*, 30:393—404.

82. Zhang, J. , P. Liu(2012). "Rational Herding in Microloan Markets", *Management Science*, 58:892—912.